westermann

Martin Voth

Warenwirtschaft und E-Commerce

Anwendung von Warenwirtschaftssystem und Onlineshop

1. Auflage

Bestellnummer 14160

Die in diesem Produkt gemachten Angaben zu Unternehmen (Namen, Internet- und E-Mail-Adressen, Handelsregistereintragungen, Bankverbindungen, Steuer-, Telefon- und Faxnummern und alle weiteren Angaben) sind i. d. R. fiktiv, d. h., sie stehen in keinem Zusammenhang mit einem real existierenden Unternehmen in der dargestellten oder einer ähnlichen Form. Dies gilt auch für alle Kunden, Lieferanten und sonstigen Geschäftspartner der Unternehmen wie z. B. Kreditinstitute, Versicherungsunternehmen und andere Dienstleistungsunternehmen. Ausschließlich zum Zwecke der Authentizität werden die Namen real existierender Unternehmen und z. B. im Fall von Kreditinstituten auch deren IBANs und BICs verwendet.

Die in diesem Werk aufgeführten Internetadressen sind auf dem Stand zum Zeitpunkt der Drucklegung. Die ständige Aktualität der Adressen kann vonseiten des Verlages nicht gewährleistet werden. Darüber hinaus übernimmt der Verlag keine Verantwortung für die Inhalte dieser Seiten.

service@westermann.de
www.westermann.de

Bildungsverlag EINS GmbH
Ettore-Bugatti-Straße 6-14, 51149 Köln

ISBN 978-3-427-**14160**-0

westermann GRUPPE

E-Commerce, der Handel über das Internet, verändert den Einzelhandel äußerst stark. Der traditionelle stationäre Einzelhandel sieht sich teilweise in seiner Existenz bedroht, weil Kunden einen immer größeren Anteil ihrer Käufe über das Internet abwickeln.

Der Onlinehandel hat aber auch Einfluss auf die Geschäftsprozesse z. B. im Großhandel, in der Industrie und im Handwerk. Vielfach werden die bisherigen Vertriebskanäle durch die Einrichtung von Onlineshops ergänzt und Kunden auf diese Weise direkt angesprochen.

Der vorliegende Band will Auszubildenden, deren Betriebe im Onlinehandel tätig sind, ein grundlegendes Verständnis über den Ablauf von Geschäftsprozessen im E-Commerce vermitteln. Er wendet sich aber auch an Schülerinnen und Schüler, die sich auf eine kaufmännische Ausbildung in vollzeitschulischen Bildungsgängen vorbereiten, z. B. in Berufsfachschulen, Höheren Berufsfachschulen oder beruflichen Gymnasien. Denn die Einrichtung und der Betrieb eines Onlineshops sind zu elementaren Kompetenzen für alle kaufmännischen Mitarbeiter geworden.

Das Buch ist in zwei Abschnitte eingeteilt.

Abschnitt 1 **Lernsituationen**
Es handelt sich um pädagogisch aufbereitete Geschäftsprozesse aus der kaufmännischen Praxis, die von Auszubildenden/Schülerinnen/Schülern selbstständig bearbeitet werden können. Durch die Bearbeitung lernen sie die wesentlichen Leistungen eines Warenwirtschaftssystems und eines Onlineshops aktiv kennen.

Abschnitt 2 **Informationen**
In diesem Abschnitt werden die Informationen zur Verfügung gestellt, die für die Bearbeitung der Lernsituationen erforderlich sind. Viele Funktionen des Programms sind aber selbsterklärend.

Jeder Abschnitt hat wiederum drei Kapitel. Im 1. und 2. Kapitel (Warenwirtschaftssystem 1 und 2) wird zunächst der Umgang mit einem Warenwirtschaftssystem vorgestellt. Das Warenwirtschaftssystem bildet die Grundlage für den Onlinehandel, weil es die Warenbestände über verschiedenen Verkaufskanäle verwaltet. Im 3. Kapitel geht es um die eigentliche Einrichtung und den Betrieb eines Onlineshops. Der Shop wird aus dem Warenwirtschaftssystem heraus erzeugt und erfordert keinen Zugang zum Internet.

Alle Arbeitsschritte werden mit der Begleitsoftware „INTWASYS" (**Int**egriertes **Wa**renwirtschafts**sys**tem) durchgeführt. Dabei handelt es sich um ein pädagogisches Warenwirtschaftssystem, in dem zusätzlich ein Onlineshop eingebunden ist. Einfache Handhabung und anschauliche Prozessschritte waren die Grundprinzipien bei der Entwicklung des Programms. Für jede Lernsituation stehen vorbereitete Start-Datensätze zur Verfügung, die den Umgang mit dem Programm wesentlich erleichtern.

Buch +Web

Das Programm mit den Datensätzen und zusätzliches digitales Arbeitsmaterial sind als kostenloser Download von der Website des Westermann Verlages im Angebot BuchPlusWeb verfügbar.

Das digitale Arbeitsmaterial beinhaltet:
- Programm INTWASYS (einschließlich Datensätze)
- Bilder (für den Onlineshop)
- Digitales Begleitmaterial
- Didaktische Jahresplanung

Die Lernsituationen bewegen sich im Modellunternehmen City-Warenhaus Bauer, und zwar in der Abteilung Schreibwaren/Büro. Die Begrenzung auf eine Abteilung liefert überschaubare Daten für die Bearbeitung der Lernsituationen.

Autor und Verlag im Frühjahr 2020

LERNSITUATIONEN Warenwirtschaftssystem 1: Kassenwesen

LERNSITUATIONEN Warenwirtschaftssystem 2: Beschaffung

LERNSITUATIONEN E-Commerce

INFORMATIONEN Warenwirtschaftssystem 1

INFORMATIONEN Warenwirtschaftssystem 2

INFORMATIONEN E-Commerce

INFORMATIONEN Der Onlineshop im Warenwirtschaftssystem INTWASYS

Modellunternehmen City-Warenhaus Bauer

Firma:	City-Warenhaus Bauer
Anschrift:	OberstraBe 17, 40878 Ratingen
Rechtsform:	Einzelunternehmung
Inhaber:	Sven Bauer
Handelsregister:	Düsseldorf
Finanzamt:	Düsseldorf, Steuer-Nr.: 407/4398/0843
USt-IdNr.:	DE433711343
Telefon:	02102 56742-0
Fax:	02102 56733
E-Mail:	City-Warenhaus@t-online.de
Bankverbindung:	Sparbank Ratingen IBAN: DE92 3015 1660 4565 0510 00, BIC: WELADED1RAT

■ Organigramm des City-Warenhauses Bauer

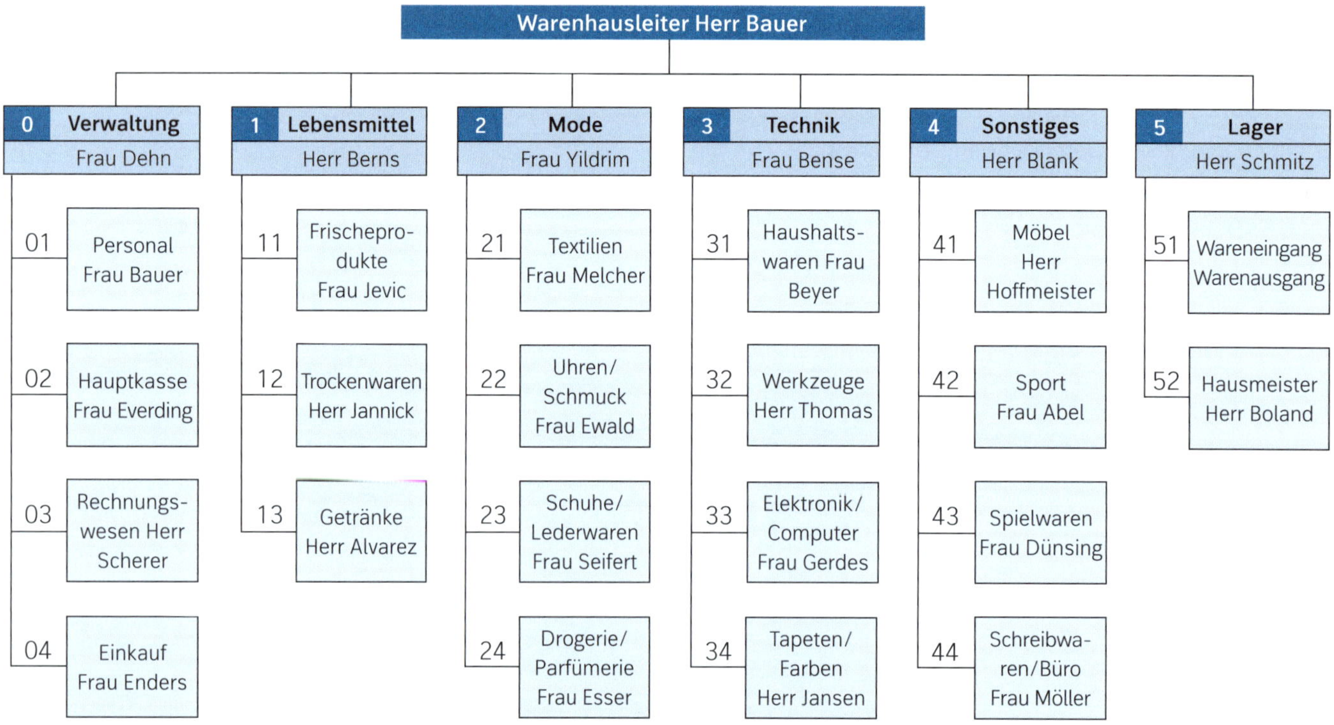

LERNSITUATIONEN

Warenwirtschaftssystem 1: Kassenwesen

1 Das Warenwirtschaftssystem INTWASYS 4.0 kennenlernen

Ayse ist seit einigen Wochen Auszubildende in der Abteilung Schreibwaren/Büro des City-Warenhauses Bauer. Heute soll sie zu Frau Bauer in die Personalabteilung kommen, damit sie das Warenwirtschaftssystem des Warenhauses kennenlernt.

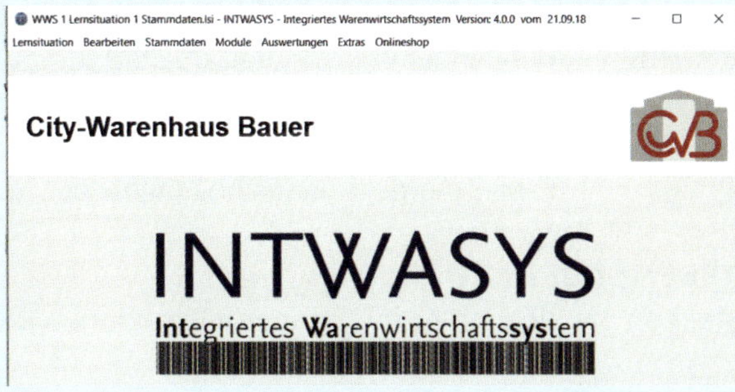

Frau Bauer: „Hallo, Ayse. Ich hoffe, Sie kennen sich mit Computern ein wenig aus.“

Ayse: *„Guten Morgen, Frau Bauer. Mit einem Computer kann ich umgehen, aber von einem Warenwirtschaftssystem habe ich keine Ahnung.“*

Frau Bauer: „Ich denke, Sie werden das schnell lernen. Das Programm hat eine Trainingseinheit, um die wichtigsten Funktionen zu erfassen. Schauen Sie bitte einmal auf die Eingangsmaske. Einen Menüpunkt wie ‚Bearbeiten‘ finden Sie doch in jedem Programm.“

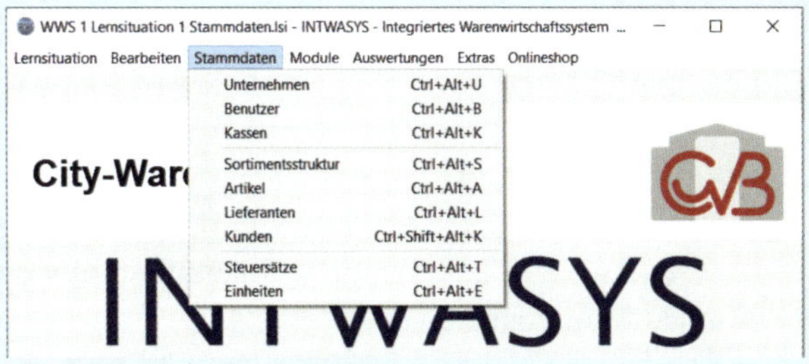

Ayse: *„Dateien laden, abspeichern, kopieren – das ist kein Problem. Aber ‚Stammdaten‘ – was kann das sein?“*

Frau Bauer: „Wenn ich das Menü einmal anklicke, sehen Sie, was sich dahinter verbirgt. Über dieses Menü erreicht man die grundlegenden Daten unseres Warenhauses.“

Ayse: *„Artikel sind sicher die Waren, die wir führen – aber ‚Benutzer‘“?*

Frau Bauer: „Das sind z. B. Sie. Wenn Sie an der Kasse in Ihrer Abteilung kassieren wollen, müssen Sie vorher als berechtigter Benutzer erfasst werden.“

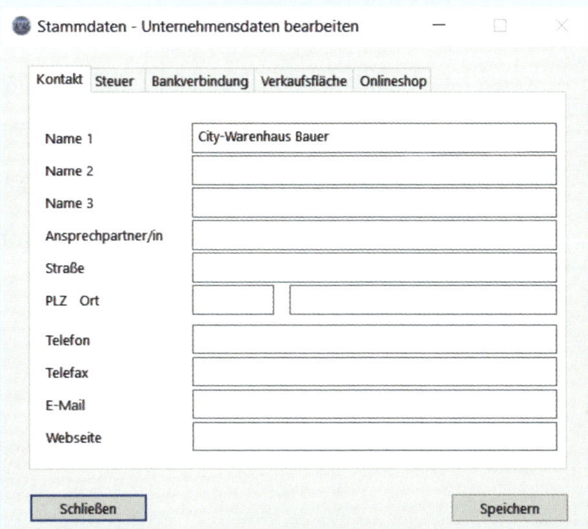

Ayse: *„Das gefällt mir. Aber dann können Sie sicher auch erkennen, wie oft ich mich vertippt oder falsch kassiert habe.“*

Frau Bauer: „Ganz so schlimm ist es nicht. Da aber z. B. jeder Verkauf über die Kasse im Warenwirtschaftssystem registriert wird, kann man natürlich jederzeit feststellen, wie viel Umsatz die Abteilung oder auch einzelne Mitarbeiter gemacht haben.“

Ayse: *„Mm – na gut. Darf ich denn jetzt mal an den PC – ich bin sehr gespannt.“*

Frau Bauer: „Klar. Es kann losgehen. Ich habe Ihnen hier einige Informationen aufgeschrieben, die Sie im Programm ermitteln sollen. Anschließend geht es darum, Stammdaten zu ergänzen oder zu verändern.“

Unternehmensstammdaten

City-Warenhaus Bauer, Oberstraße 17, 40878 Ratingen
Ansprechpartner: Sven Bauer
Telefonnummer: 02102 56742-0
Telefax: 02102 56733
E-Mail: City-Warenhaus@t-online.de
Webseite: www.city-warenhaus-bauer.de
Umsatzsteuer-ID: DE 433 711 343, Finanzamt: Düsseldorf, Steuernummer: 407/4388/0843
Bankverbindung: Sparbank Ratingen, Konto-Nr. 4565051000, BLZ 301 516 60, IBAN: DE92 3015 1660 4565 0510 00, BIC: WELADED1RAT
Verkaufsfläche: 3.500 m²

ID = Identifikationsnummer

Kundendaten

1. Kunde: Kundennummer 11, Sandra Ehling, Grenzweg 22, 40882 Ratingen, Telefon 02102 23445
2. Kunde: Kundennummer 12, Petra Seifert, Christinenstraße 44, 40880 Ratingen, Telefon 02102 55327, E-Mail-Adresse: petra.seifert@t-online.de
3. Kunde: Kundennummer 13, Klaus Holt, Provinzialstraße 331, 40878 Ratingen, Telefon 02102 43276, E-Mail-Adresse: klaus.holt@gmx.de

ARBEITSAUFTRAG

Machen Sie sich mit grundlegenden Funktionen des Warenwirtschaftssystems INTWASYS vertraut.

VORSCHLÄGE ZUM VORGEHEN

1. Ermitteln Sie aus dem Warenwirtschaftssystem INTWASYS die nachfolgenden Informationen:
   - Starten Sie das Programm INTWASYS und öffnen Sie die Datei **WWS 1 Lernsituation 1 Stammdaten.lsi**.
   - Suchen Sie den Verkaufspreis für eine Tintenpatrone, Artikelnummer 44060201.
   - Stellen Sie folgende Lagerbestände der ELBA-Ordner fest:
     * Mindestbestand,
     * Aktueller Bestand,
     * Höchstbestand.
   - Ermitteln Sie die Bezugskosten für den Tischkopierer Artikelnummer 44050101.
   - Halten Sie den Namen und die Telefonnummer der Sachbearbeiterin/des Sachbearbeiters des Lieferanten ELBA Bürosysteme GmbH fest.

2. Ergänzen oder verändern Sie folgende Stammdaten im Warenwirtschaftssystem:
   - Geben Sie die Unternehmens-Stammdaten ein (siehe oben).
   - Erfassen Sie die Daten der oben aufgeführten Kunden.
   - Richten Sie die Kasse für die Abteilung Schreibwaren/Büro ein. Der Kassentyp lautet: EPSON MD 2000, die Verkaufsfläche beträgt 150 m².
   - Korrigieren Sie gleichzeitig die Verkaufsfläche der Kasse des Standorts „Non-Food“ von 2.750 m² auf 2.600 m².
   - Verschaffen Sie Frau Möller und Ayse den Zugang zur Kasse, indem Sie folgende Benutzerdaten eintragen:
     Benutzernamen: Susanne Möller — Ayse Özdemir
     Kennworte (8 Zeichen): SuMöller — AÖzdemir

Der Benutzer Nr. 4 darf nicht überschrieben werden.

3. Speichern Sie die veränderten Daten unter einem neuen Dateinamen und im Verzeichnis „Benutzer” ab (Lernsituation – Speichern als).

AUFGABEN

1

Die Kundin Petra Seifert möchte zukünftig keine Werbung mehr per E-Mail erhalten. Bei den Daten der Kundin (STAMMDATEN – KUNDEN – ATTRIBUTE) kann dieser Kundenwunsch berücksichtigt werden.

Markieren Sie in den Kundendaten das entsprechende Kästchen.

2

Beim Lieferer Pelikan GmbH & Co. KG hat es einen Wechsel beim Sachbearbeiter gegeben: An die Stelle von Frau Kirchner tritt Herr Stade.

Ändern Sie die Stammdaten des Lieferers entsprechend.

3

Im City-Warenhaus Bauer werden die meisten Preise mit der Endung „,45 €" oder „,95 €" ausgezeichnet, z. B. der Heftapparat Standard mit 6,45 €. Die Kalkulation des Bruttoverkaufspreises durch das Warenwirtschaftssystem erbringt aber häufig davon abweichende Preise, beim Heftapparat z. B. 6,38 €.

Suchpfad: Stammdaten – Artikel – Verkaufskalkulation

Erhöhen Sie folgende kalkulierte Bruttoverkaufspreise so, dass am Ende „,45" oder „,95" steht:

* Briefpapier Marmor, EAN 4062275186656
* Bleistift Noris
* Tintenstrahl-Faxgerät

4

Die Artikelstammdaten verfügen über eine Suchfunktion. Nehmen Sie an, Sie suchen Briefpapier.

a **Geben Sie die Buchstaben „pap" in das Suchfeld ein und starten Sie die Suche.**
b **Beschreiben Sie anhand der Suchergebnisse, wie die Suchfunktion des Programms arbeitet.**
c **Überprüfen Sie Ihre Lösung zu b, indem Sie die Zahlenfolge „4402" eingeben und den Suchvorgang starten.**

5

Bei der Anwendung eines Warenwirtschaftssystems muss man häufig überlegen, wo bestimmte Daten zu finden sind.

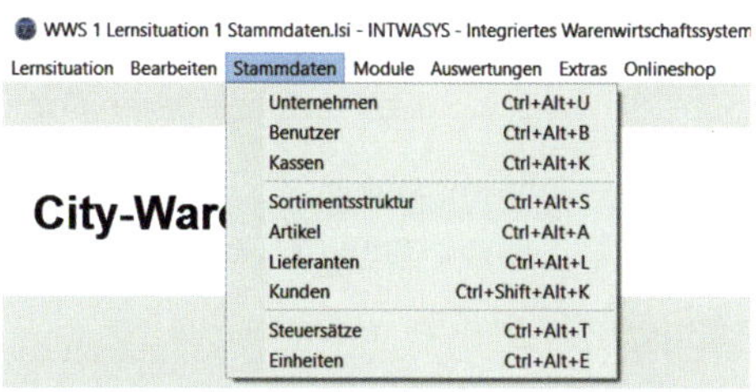

Geben Sie an, wo Sie die nachfolgenden Informationen im Menü „Stammdaten" suchen würden.

1 Sie möchten wissen, wie groß die Verkaufsfläche der Abteilung Schreibwaren/Büro im Modellunternehmen ist.
2 Sie brauchen die Adresse der Kundin Sandra Ehling.
3 Für die Einkaufsplanung benötigen Sie den aktuellen Lagerbestand der Füllfederhalter „Faktor" und „Junior".
4 Zu welcher Warengruppe gehört Kopier-Toner?
5 Wer hat die Berechtigung, an der Kasse der Abteilung Schreibwaren/Büro zu kassieren?
6 Die Bank-Verbindungsdaten eines Lieferanten haben sich geändert und müssen angepasst werden.

6

Sie möchten eine neue Lernsituation öffnen, erhalten aber die nebenstehende Fehlermeldung.

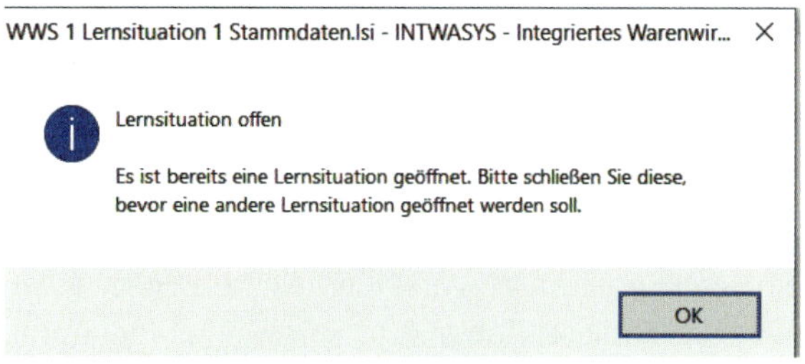

Beschreiben Sie anhand des Menüs „Datei" genau, was Sie unternehmen müssen, damit Sie die neue Lernsituation aufrufen können.

2 Verkäufe über eine Datenkasse erfassen

Ayse ist heute an der Kasse der Abteilung Schreibwaren/Büro eingesetzt. Verschiedene Kunden möchten ihre eingekauften Produkte bezahlen.

Ayse hat sich zunächst mit ihrem Benutzernamen an der Kasse angemeldet:

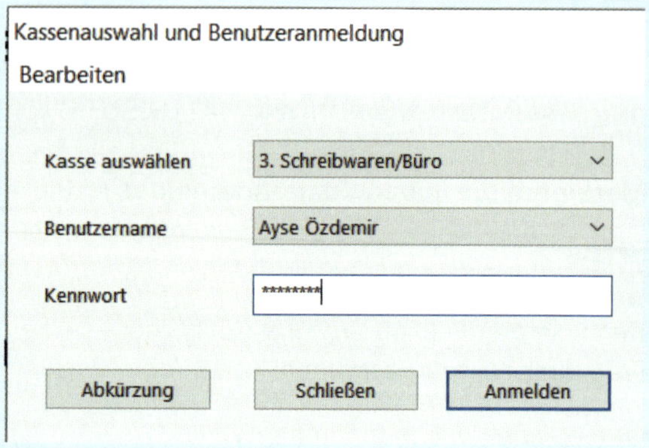

Menü MODULE – KASSE.

Danach erscheint das Kassendisplay. Aus der Kassenschulung weiß sie, dass sie die Artikelnummer aus dem Sortiment aufrufen kann, indem sie den Button „?“ anklickt.

In der Sortimentsübersicht gibt es eine Suchfunktion.

Mit „Enter“ (über die Kasse oder die Computertastatur) wird jeder Arbeitsschritt abgeschlossen.

Für Preisänderungen stehen zwei Buttons zur Verfügung:

PÄ€ = Preisänderung in €
PÄ% = Preisänderung in Prozent

Der Schalter PÄ ist nach Eingabe der Menge zu betätigen.

Jetzt ist alles klar – die Kunden können kommen.

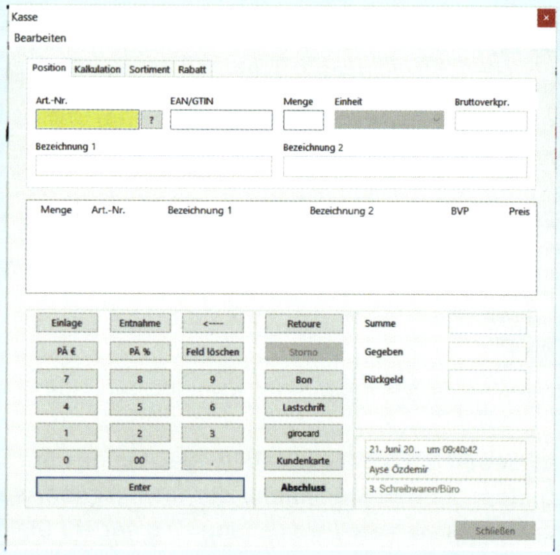

Kunde 1:

Ayse: „Guten Tag.“

Kunde 1: *„Guten Tag. Einmal das Kopierpapier Plana Plus.*

Ayse: (Sie gibt die Daten für den Kauf in das Warenwirtschaftssystem ein.)

Kunde: *(Er legt noch weitere Ware auf die Kassentheke.)*
„Und diese zwei farbigen Kunststoff-Ordner und einmal Kopierer-Toner.“

Ayse: „Sehr gerne.“
(Ayse registriert auch diese beiden Produkte.)

Kunde: *„Ich zahle bar.“*

Ayse: (Sie beendet die Eingabe der Käufe mit dem Button „Abschluss“, nennt dem Kunden den Kaufbetrag und gibt das Rückgeld heraus, nachdem der Kunde drei 50 €-Scheine auf die Kassentheke gelegt hat.)

Kunde 2:

Der Kunde kauft zwei Tischkopierer. Er erhält einen Rabatt in Höhe von 3 % vom Bruttoverkaufspreis. Die Preisänderung (PÄ) ist bei der Registrierung des Kaufs zu berücksichtigen.

Der Kunde zahlt mit girocard.

Kunde 3:

ELBA-Ordner, 100 Stück, 2 % Mengenrabatt: Der Kunde zahlt per Lastschrift (ELV).

Kunde 4:

ein Bürokopierer, der Preis wird um 11,45 € von 691,45 € auf 680,00 € „gerundet“, Zahlung per Lastschrift.

Kunde 5:

ein Tischkopierer: Wegen einer leichten Beschädigung wird der Preis von 499,45 € auf 470,00 € (–29,45 €) gesenkt. Kopierer-Toner, fünf Stück, 3 % Mengenrabatt auf den Toner, Zahlung mit girocard.

ARBEITSAUFTRAG
Erfassen Sie die Verkäufe über die Datenkasse im Warenwirtschaftssystem.

VORSCHLÄGE ZUM VORGEHEN
1. Starten Sie das Programm INTWASYS und öffnen Sie die Datei **WWS 1 Lernsituation 2 Verkaeufe.lsi**.
2. Melden Sie sich im Modul Kasse mit dem Benutzernamen Ayse Özdemir (Kasse 3. Schreibwaren/Büro, Kennwort AÖzdemir) an.
3. Kassieren Sie die Verkäufe. Beachten Sie dabei die Preisnachlässe.
4. Speichern Sie die Lernsituation unter einem neuen Dateinamen im Verzeichnis „Benutzer" ab.

AUFGABEN

1

Ayse hat noch weitere Verkäufe an der Kasse zu registrieren.

a Erfassen Sie die Käufe der nachfolgenden fünf Kunden im Kassenmodul.

Kunde 1	ein Bürokopierer, Kunde zahlt per Lastschrift
Kunde 2	ein Laser-Faxgerät, Zahlung mit girocard
Kunde 3	20 Ordner-Register, A – Z, 20-teilig, Zahlung mit Kundenkarte
Kunde 4	fünf Bleistifte Grip 2001, zehn Heftklammern, Kupfer 24/6, Barverkauf
Kunde 5	zwei Füllfederhalter Junior, Barverkauf

b Registrieren Sie folgende Verkäufe an der Kasse:

Kunde 6	100 Elba-Ordner, 5 % Rabatt
	200 Kunststoff-Ordner, 5 % Rabatt
	50 Pakete Plana Plus, 5 % Rabatt, Zahlung mit Kundenkarte
Kunde 7	200 Pakete Plana Jet, 10,00 € Rabatt, Zahlung mit Lastschrift

c Speichern Sie den Datensatz im Verzeichnis „Benutzer" ab. Ergänzen Sie die Dateibezeichnung mit „Aufgabe 1" (der Datensatz soll in der Aufgabe 4 erneut aufgerufen werden).

2

Ein Warenwirtschaftssystem registriert nicht nur die Verkäufe an der Kasse, sondern verwaltet gleichzeitig auch die Warenbestände. Dies soll beispielhaft am Kauf eines Bürokopierers gezeigt werden.

a Stellen Sie fest, welchen aktuellen Bestand an Bürokopierern das Warenwirtschaftssystem ausweist (siehe Artikelstammdaten).
b Kassieren Sie den Verkauf eines Bürokopierers an einen Kunden.
c Prüfen Sie, wie viele Bürokopierer das Warenwirtschaftssystem nun als aktuellen Bestand anzeigt und stellen Sie fest, ob das Warenwirtschaftssystem den Verkauf korrekt berücksichtigt hat.

3

Die Kasse und damit das Warenwirtschaftssystem akzeptiert vom Kunden Barzahlung, Lastschriftzahlung (ELV), girocard und Kundenkarte.

Beschreiben Sie die wichtigsten Unterschiede der nachfolgend abgebildeten Kassenbons und begründen Sie, warum der Bon jeweils eine Bar-, eine Lastschriftzahlung, eine girocard-Zahlung oder eine Zahlung mit Kundenkarte wiedergibt.

Bon Nr. 1

Bon-Drucker

City-Warenhaus Bauer
Oberstraße 17
40878 Ratingen

5	x Bleistift Grip 2001	2,25 €
10	x Heftklammern Kupfer	4,50 €
	* Summe	6,75 €
	* Bar	10,00 €
	* Rückgeld	3,25 €
	MwSt 1 19%	1,08 €

Kassierer(in): Ayse Özdemir
Bon-Nr. 61
24.06.20.. 19:28:36

Drucken

Bon Nr. 2

Bon-Drucker

City-Warenhaus Bauer
Oberstraße 17
40878 Ratingen

1	x Laser-Faxgerät	242,95 €
	* Summe	242,95 €
	* girocard	242,95 €
	MwSt 1 19%	38,79 €

IBAN: DE37 81491370 3376712516
TC: 643003384725770537

Kassierer(in): Ayse Özdemir
Bon-Nr. 57

Drucken

Bon Nr. 3

Bon-Drucker

City-Warenhaus Bauer
Oberstraße 17
40878 Ratingen

1	x Bürokopierer	691,45 €
	* Summe	691,45 €
	* Lastschrift	691,45 €
	MwSt 1 19%	110,40 €

IBAN: DE17 69526221 3424165431
BIC: RTHTDECVPXC
TC: 723332470357998099

Hiermit erkenne ich die umseitig abgedruckten Zahlungsbedingungen an.

Unterschrift
Kassierer(in): Ayse Özdemir
Bon-Nr. 63
24.05.20.. 19:50:49

Drucken

Bon Nr. 4

Bon-Drucker

City-Warenhaus Bauer
Oberstraße 17
40878 Ratingen

40	x PLANA Plus	138,00 €
	* Summe	138,00 €
	* Kundenkarte	138,00 €
	MwSt 1 19%	22,03 €

KdNr: 100000
Kassierer(in): Ayse Özdemir
Bon-Nr. 64
24.05.20.. 19:54:44

Drucken

4

Immer wieder kommt es vor, dass gebuchte Verkäufe während des Kassiervorgangs an der Kasse rückgängig gemacht werden müssen. Man spricht von **Stornierung**. Ursache können Fehleingaben der Kassenmitarbeiter sein oder auch Kundenwünsche, wenn Kunden an der Kasse noch kurzfristig ihre Einkaufsentscheidungen ändern. Für die Änderung eines bereits im System erfassten Verkaufs während des Kassiervorgangs steht der Button „**Storno**" in der Kassentastatur zur Verfügung.

Ein Kunde hat folgende Artikel an der Kasse abgeliefert, damit sie registriert werden:

- Plana Jet, fünf Stück
- Füllfederhalter Faktor, ein Stück
  Tintenpatrone Farb-Set, ein Stück

Bon-Drucker

City-Warenhaus Bauer
Oberstraße 17
40878 Ratingen

5	x PLANA Jet	19,75 €
1	x Füllfederhalter Faktor	21,45 €
1	x Tintenpatrone Farb-Set	25,95 €

a Öffnen Sie dazu den unter Aufgabe 1 c abgespeicherten Datensatz (oder WWS 1 Lernsituation 2 Verkaeufe.lsi).

b Stellen Sie zunächst fest, mit welchem aktuellen Bestand die Artikel Tintenpatrone Farb-Set und Tintenpatrone schwarz im Warenwirtschaftssystem geführt werden.

c Geben Sie nun die oben aufgeführten Verkäufe ein, schließen Sie den Kassiervorgang aber noch nicht ab (den Button „Abschluss" noch nicht drücken).

Der Kassenbon zeigt bis zu diesem Zeitpunkt das obenstehende Bild.
Nun stellt der Kunde allerdings fest, dass er keine farbige Tintenpatrone, sondern eine mit schwarzer Farbe benötigt. Er bittet Sie daher, die Registrierung der Tintenpatrone Farb-Set rückgängig zu machen (zu stornieren) und stattdessen eine Tintenpatrone schwarz zu registrieren.

d Stornieren Sie die Tintenpatrone Farb-Set (Artikel markieren, Storno-Taste drücken).
e Registrieren Sie den Artikel Tintenpatrone schwarz und schließen Sie den Kassiervorgang ab („Abschluss", Zahlung bar).
f Vergleichen Sie den nun erzeugten Kassenbon mit der obenstehenden Abbildung.
g Ermitteln Sie, wie sich die aktuellen Bestände der Artikel Tintenpatrone Farb-Set sowie Tintenpatrone schwarz im WWS verändert haben, und beschreiben Sie die Wirkungsweise der Kassenfunktion „Storno".
h Speichern Sie die Daten im Verzeichnis „Benutzer" ab.

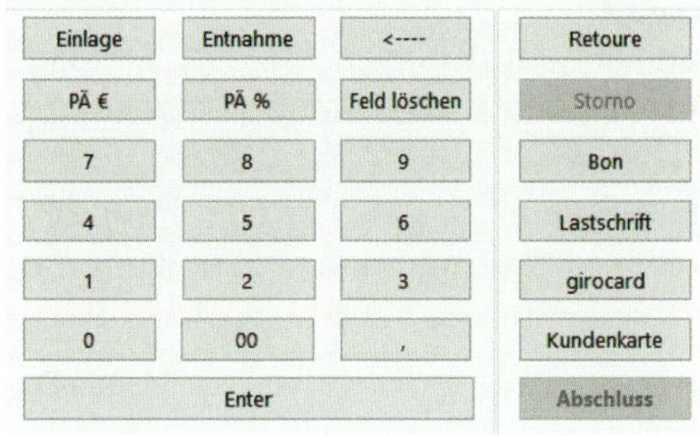

5

Noch am gleichen Tag kommt der Kunde aus Aufgabe 4 und wünscht nun doch die farbige Tintenpatrone (Tintenpatrone Farb-Set). Die Tintenpatrone schwarz möchte er in unversehrter Originalpackung zurückgeben (als Retoure).

a Öffnen Sie die unter Aufgabe 4 h gespeicherte Datei aus dem Verzeichnis „Benutzer".
b Betrachten Sie die aktuellen Warenbestände der Tintenpatronen (schwarz und Farb-Set).
c Geben Sie die Tintenpatrone schwarz als Retoure ein.
d Registrieren Sie den Verkauf der farbigen Tintenpatrone.
e Stellen Sie fest, welche Warenbestände das WWS für die Tintenpatronen nun ausweist.

6

Kunden des City-Warenhauses können eingekaufte Waren innerhalb von sieben Tagen umtauschen (bis auf einige Ausnahmen wie Lebensmittel und Hygieneartikel) oder sich den Kaufbetrag erstatten lassen.

Heute äußert eine Kundin an der Kasse der Abteilung Schreibwaren/Büro den Wunsch, einen vor zwei Tagen gekauften Toner für Kopiergeräte zurückzugeben. Das Produkt ist originalverpackt. Die Kundin legt den Kassenbon vor und wünscht die Auszahlung des Kaufbetrages.

a Öffnen Sie die unter Aufgabe 4 h gespeicherte Datei (oder die Ursprungsdatei **WWS 1 Lernsituation 2 Verkaeufe.lsi**).
b Erfassen Sie die Retoure an der Kasse.

Nehmen Sie folgende Änderung der Situation an: Aus dem Kassenbon ist ersichtlich, dass die Kundin den Kopierer-Toner mit einem Preisnachlass erworben hat (für 130,00 € statt 134,95 €).

c Erfassen Sie die Retoure zum reduzierten Kaufpreis an der Kasse.

7

Das Kassendisplay enthält unter anderem folgende Buttons:
- <----
- Feld löschen
- Bon

Erfassen Sie beliebige Verkäufe an der Kasse und stellen Sie fest, welche Wirkung von den Buttons ausgeht, wenn Sie diese betätigen.

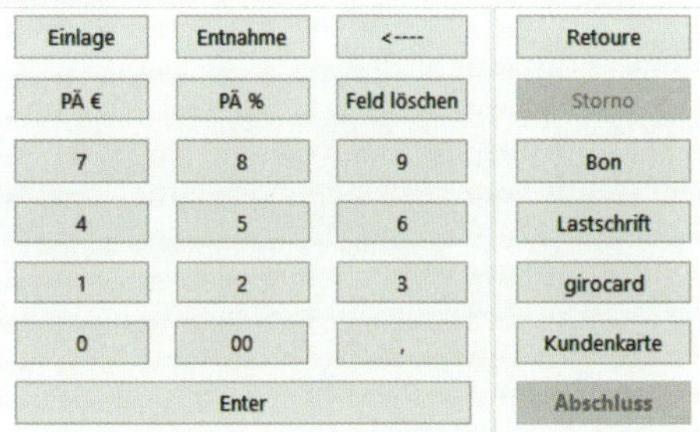

8

Auf dem Kassenbon steht Platz für kundenfreundliche Schlusszeilen zur Verfügung (Gruß o. Ä.). Insgesamt können drei Zeilen formuliert werden (siehe Abbildung unten rechts: EXTRAS – OPTIONEN – KASSE).

Entwickeln Sie einen kundenfreundlichen Abschluss für den Kassenbon. Geben Sie den Text in die Maske des Programms ein und überprüfen Sie das Ergebnis.

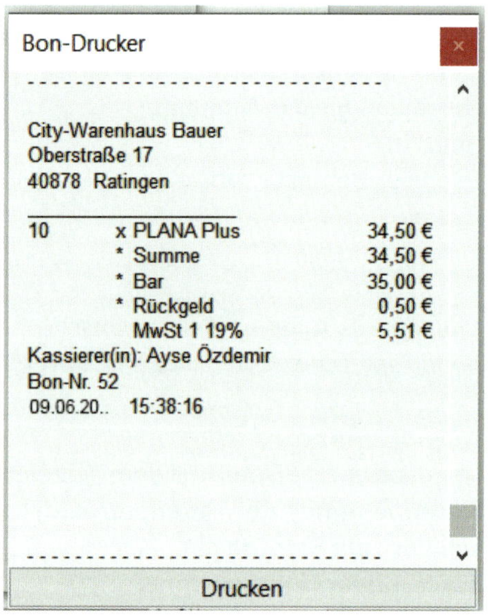

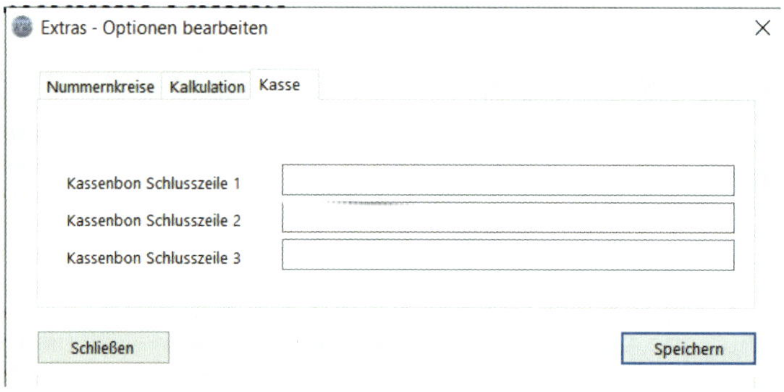

3 Kassendaten aus dem Warenwirtschaftssystem auswerten

Jeden Abend nach Geschäftsschluss wertet Herr Bauer die drei Kassen seines Hauses aus, um aus den Zahlen Informationen über den aktuellen Stand seines Unternehmens zu erhalten.

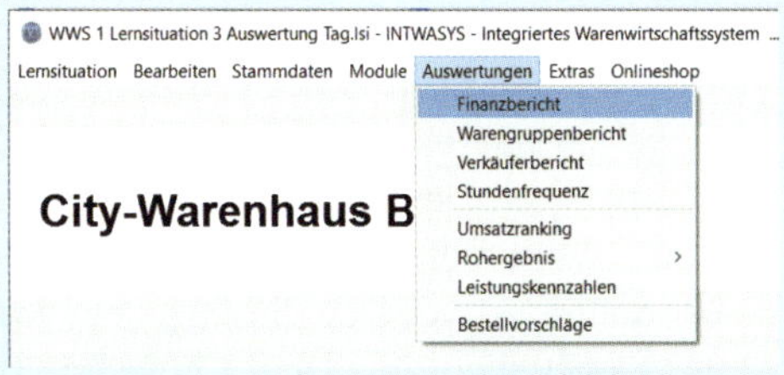

Das Warenwirtschaftssystem bietet ihm dazu verschiedene Auswertungsmöglichkeiten (siehe Abbildung rechts). Ganz wichtig ist z. B. der Finanzbericht, der die Umsätze eines Tages oder eines Monats sichtbar macht.

Der Geschäftsinhaber möchte aus den Daten auch möglichst frühzeitig Trends in der Umsatzentwicklung und der Kundennachfrage erkennen. Dazu vergleicht er aktuelle Zahlen mit den Vorjahreswerten.

Darüber hinaus kann er den Kassen auch Informationen über die Leistungen seiner Mitarbeiter und über die zeitliche Verteilung der Kundeneinkäufe entnehmen.

Nach der Auswahl der Auswertungsart (z. B. Finanzbericht) ist in einem ersten Schritt der Auswertungszeitraum festzulegen, z. B. ein bestimmter Tag (siehe rechts).

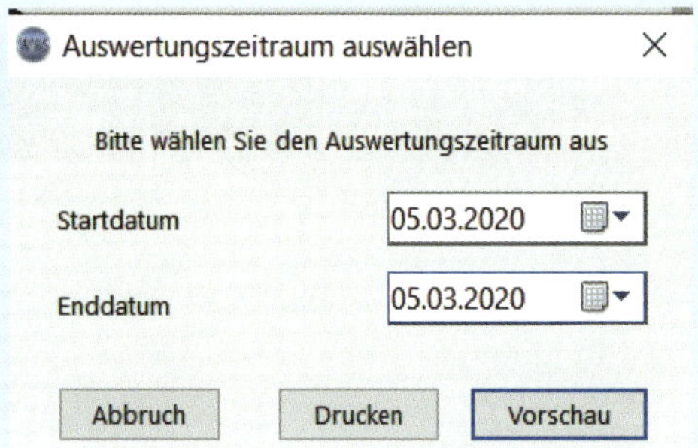

ARBEITSAUFTRAG 1

Erstellen Sie einen Finanzbericht für den 05.03.2020 in der Abteilung Schreibwaren/Büro mithilfe des Warenwirtschaftssystems INTWASYS, indem Sie die Tagesumsätze mit den Zahlen des Vorjahrestages vergleichen.

VORSCHLÄGE ZUM VORGEHEN

1. Öffnen Sie das Programm mit der Datei **WWS 1 Lernsituation 3 Auswertung Tag.lsi**.
2. Ändern Sie das Programmdatum auf den 05.03.2020, 19:00 Uhr.
3. Rufen Sie das Menü AUSWERTUNGEN – FINANZBERICHT auf und geben Sie als Start- und Enddatum 05.03.2020 ein.
4. Übernehmen Sie die angegebenen Werte in die untenstehende Auswertungstabelle.
5. Beurteilen Sie die Finanzzahlen im Jahresvergleich.
6. Begründen Sie, ob die Umsatzentwicklung Anlass gibt, Maßnahmen zu ergreifen, um den Geschäftserfolg des Unternehmens für die Zukunft zu sichern. Beachten Sie, dass Sie nur einen einzigen Tag betrachten.

Finanzbericht	Vorjahr Donnerstag 07.03.2019	Donnerstag 05.03.2020
Umsatz brutto/€	730,85	
Kundenzahl	19	
Artikelzahl	123	
Umsatz pro Kunde (Ø-Bon)/€	38,47	

Fortsetzung der Situation

Für den Geschäftsinhaber ist auch interessant, wie sich die Umsatzzahlen bei den einzelnen Warengruppen entwickelt haben. Hier vergleicht er ebenfalls die aktuellen Zahlen mit den Zahlen des Vorjahres.

ARBEITSAUFTRAG 2

Erstellen Sie einen Warengruppenbericht für den 05.03.2020 und vergleichen Sie das Ergebnis mit den Vorjahreszahlen.

VORSCHLÄGE ZUM VORGEHEN

1. Rufen Sie im Menü AUSWERTUNGEN den WARENGRUPPENBERICHT auf.
2. Übernehmen Sie die angegebenen Werte in die untenstehende Auswertungstabelle und berechnen Sie die Umsatzveränderungen in Prozent.
3. Beurteilen Sie, wie sich die einzelnen Warengruppen im Jahresvergleich entwickelt haben.
4. Berücksichtigen Sie auch die Auswertungen „Umsatzranking" bei Ihrer Beurteilung.
5. Begründen Sie, ob die Zahlen Anlass geben, das Sortiment des Unternehmens aufgrund von Nachfrageveränderungen anzupassen.

Warengruppenbericht/ Umsatz in €	Vorjahr Donnerstag 07.03.2019	Donnerstag 05.03.2020	Veränderung in %
Kleiner Bürobedarf	38,30		
Papier	49,85		
Schreibgeräte	72,30		
Ordnungsmittel	71,35		
Technik	177,95		
EDV-Zubehör	321,10		

Fortsetzung der Situation

Wird jeder Verkauf einem bestimmten Verkaufsmitarbeiter zugeordnet, kann mithilfe des Warenwirtschaftssystems festgestellt werden, welche Umsätze jede Person in einem bestimmten Zeitraum (z. B. pro Tag oder Monat) erzielt hat.

Beachten Sie, dass Frau Möller am 05.03. und am gleichen Tag des Vorjahres von 09:00 bis 13:00 Uhr in der Abteilung Schreibwaren/Büro gearbeitet hat, Ayse an beiden Tagen jeweils von 13:00 bis 19:00 Uhr.

ARBEITSAUFTRAG 3

Erstellen Sie einen Verkäuferbericht für den 05.03.2020 und vergleichen Sie das Ergebnis mit den Vorjahreszahlen.

VORSCHLÄGE ZUM VORGEHEN

1. Rufen Sie im Menü AUSWERTUNGEN den VERKÄUFERBERICHT auf.
2. Beurteilen Sie die Verkaufsleistungen der Mitarbeiterinnen.

Verkäuferbericht/ Umsatz in €	Vorjahr Donnerstag 07.03.2019	Donnerstag 05.03.2020
Susanne Möller	503,50	
Ayse Özdemir	227,35	

Fortsetzung der Situation

Ein Warenwirtschaftssystem kann vielfältige Gesichtspunkte von Verkäufen festhalten, z. B. Kaufbetrag, Artikel, Warengruppe, Kaufzeitpunkt, Verkäufer/in. Mithilfe der Auswertung „Stundenfrequenz" lassen sich die stündlichen Umsätze über die Verkaufszeiten eines Geschäftes ermitteln.

ARBEITSAUFTRAG 4

Erstellen Sie den Bericht „Stundenfrequenz" für den 05.03.2020 und vergleichen Sie das Ergebnis mit den Vorjahreszahlen.

VORSCHLÄGE ZUM VORGEHEN

1. Rufen Sie im Menü AUSWERTUNGEN den Bericht STUNDENFREQUENZ auf.
2. Beurteilen Sie die Kundenzahl und die Kundenverteilung im Jahresvergleich und stellen Sie fest, ob Veränderungen im zeitlichen Einkaufsverhalten der Kunden sichtbar geworden sind.
3. Prüfen Sie, ob der Bericht „Stundenfrequenz" evtl. die Leistungsunterschiede im Verkäuferbericht erklären kann.

Stundenfrequenz/ Uhrzeit/Kundenzahl	Vorjahr Donnerstag 07.03.2019	Donnerstag 05.03.2020
09:00 – 10:00	2	
10:01 – 11:00	2	
11:01 – 12:00	2	
12:01 – 13:00	2	
13:01 – 14:00	1	
14:01 – 15:00	3	
15:01 – 16:00	3	
16:01 – 17:00	2	
17:01 – 18:00	1	
18:01 – 19:00	1	

AUFGABEN

1

Neben den Tagesauswertungen erstellt Herr Bauer mithilfe des Warenwirtschaftsytems INTWASYS auch regelmäßig Monatsauswertungen der Kassendaten. Dazu vergleicht er den aktuellen Monat mit dem Monat des Vorjahres.

Erstellen Sie eine Kassenauswertung für den Monat März 2020 in der Abteilung Schreibwaren/Büro, indem Sie die Monatszahlen mit den Zahlen des Monats März 2019 vergleichen. Gehen Sie dabei wie im Arbeitsauftrag oben vor und stellen Sie fest, ob die Monatszahlen die Tageszahlen vom 05.03.20 bestätigen. Beantworten Sie dazu die nachfolgenden Fragen.

1. Gibt die Umsatzentwicklung Anlass Maßnahmen zu ergreifen?
2. Deuten sich bei den Warengruppen Änderungen im Nachfrageverhalten an?
3. Wie sind die Verkaufsleistungen der Mitarbeiterinnen zu beurteilen?

a Öffnen Sie das Programm mit der Datei **WWS 1 Lernsituation 3 Auswertung Monat.lsi**.

b Ändern Sie das Programmdatum auf den 31.03.2020, 19:00 Uhr.

c Rufen Sie das Menü AUSWERTUNGEN –FINANZBERICHT auf und geben Sie als Start- und Enddatum 01.03.2020 und 31.03.2020 ein. Gehen Sie bei den übrigen Berichten ähnlich vor.

d Übernehmen Sie die angegebenen Werte in die untenstehende Auswertungstabelle.

e Beantworten Sie die oben stehenden Fragen 1 bis 3.

Auswertungstabelle Kasse (Monat)

Finanzbericht	März 2019	März 2020
Gesamtumsatz brutto/€	22 588,75	
Kundenzahl	540	
Artikelzahl	3.329	
Umsatz pro Kunde (Ø-Bon)/€	41,83	
Warengruppenbericht/Umsatz in €		
01 Kleiner Bürobedarf	1 057,85	
02 Papier	1 492,45	
03 Schreibgeräte	3 550,80	
04 Ordnungsmittel	1 789,10	
05 Technik	5 767,85	
06 EDV-Zubehör	8 930,75	
Verkäuferbericht/Umsatz in €		
Susanne Möller	15 656,65	
Ayse Özdemir	6 932,10	

2

In der Auswertung „Leistungskennzahlen" werden die Umsatzhöhe, die Personalleistungen und die Flächenleistung eines bestimmten Zeitraums dargestellt. Auch diese Zahlen geben wichtige Hinweise für die Führung eines Unternehmens.

Wenn Sie aufgrund der Aufgabe 1 den Datensatz bereits aufgerufen haben, können Sie sofort mit c weiterarbeiten.

Das gilt auch für die Aufgabe 3.

a Öffnen Sie das Programm mit der Datei **WWS 1 Lernsituation 3 Auswertung Monat.lsi.**
b Ändern Sie das Programmdatum auf den 31.03.2020, 19:00 Uhr und rufen Sie die Auswertung LEISTUNGSKENNZAHLEN auf.
c Begründen Sie rechnerisch, wie das Programm die Personalleistung pro Person ermittelt.
d Geben Sie den Rechenweg an, der zu der ausgewiesenen Flächenleistung führt. In der Lernsituation 1 haben Sie die Verkaufsfläche für die Abteilung Schreibwaren/Büro festgelegt. Siehe Seite 8.
e Begründen Sie, wie der Inhaber eines Geschäftes die Leistungskennzahlen für die Führung seines Geschäftes nutzen kann.

3

Die nachfolgend beschriebenen Kunden möchten an der Kasse der Abteilung Schreibwaren/Büro bezahlen.

Kunde 1	– Tischkopierer, 1 Stück – Kopierer-Toner, 5 Stück – Fax-Toner, 3 Stück Der Kunde erhält einen Barzahlungsrabatt in Höhe von 3 % von den Bruttoverkaufspreisen; Zahlung mit girocard.
Kunde 2	– ELBA-Ordner, 100 Stück – Plana-Plus, 20 Stück Der Kunde erhält 2 % Mengenrabatt; Zahlung per Lastschrift.
Kunde 3	– Bürokopierer, 1 Stück, der Preis wird von 691,45 € auf 680,00 € „gerundet" Preisnachlass 11,45 € – Kopierer-Toner, 3 Stück Zahlung per Lastschrift.
Kunde 4	– Tischkopierer, 1 Stück, wegen einer leichten Beschädigung wird der Preis von 499,45 € auf 470,00 € (= 29,45 €) gesenkt. – Kopierer-Toner, 5 Stück – Tintenpatrone schwarz, 4 Stück Der Kunde erhält 3 % Barzahlungsrabatt auf Kopierer-Toner und Tintenpatronen schwarz; Zahlung mit girocard.

a Wählen Sie über EXTRAS – PROGRAMMZEIT ein Datum, an dem noch keine Verkäufe an der Kasse registriert worden sind.
b Wickeln Sie die Verkäufe über die Kasse des Warenwirtschaftssystems INTWASYS ab und berücksichtigen Sie dabei die Preisnachlässe für die Kunden.
c Erstellen Sie einen Finanzbericht und stellen Sie fest:
   - Stimmen die Daten des Finanzberichts „Anzahl Artikel“, „Anzahl Kunden“ und „Artikelzahl pro Kunde“ mit den eingegebenen Verkaufsdaten überein?
   - In welcher Höhe sind insgesamt Preisnachlässe gewährt worden?
   - Wie errechnet das Programm die Preisänderungen in Prozent?
d Begründen Sie, warum es für den Geschäftsinhaber von Bedeutung ist, die Höhe der gewährten Preisnachlässe zu kennen.

4

Von der Kundin Sandra Ehling hat das City-Warenhaus Bauer im Warenwirtschaftssystem Daten gespeichert. Der untenstehende Ausschnitt aus der Kundendatei zeigt einen Teil der Daten. Weitere Daten können über die Reiter „Kommunikation“, „Bankverbindung“ und „Attribute“ ermittelt werden.

Die Kundin hat telefonisch Toner bestellt.

a Stellen Sie fest, welche Kundendaten für die Ausführung der Bestellung benötigt werden.
b Prüfen Sie, ob es sich bei den Daten zu a um personenbezogene Daten handelt und entscheiden Sie, ob Sie die Daten aus der Kundendatei für den Auftrag verwenden dürfen.
c Betrachten Sie alle Daten, die über die Kundin Ehling vorliegen und stellen Sie fest, ob es sich um personenbezogene Daten handelt.
d Der Kundin soll anlässlich einer Werbeaktion ein Sonderangebot über Toner per Post zugeschickt werden. Prüfen Sie, ob dieses Angebot datenschutzrechtlich zulässig ist.

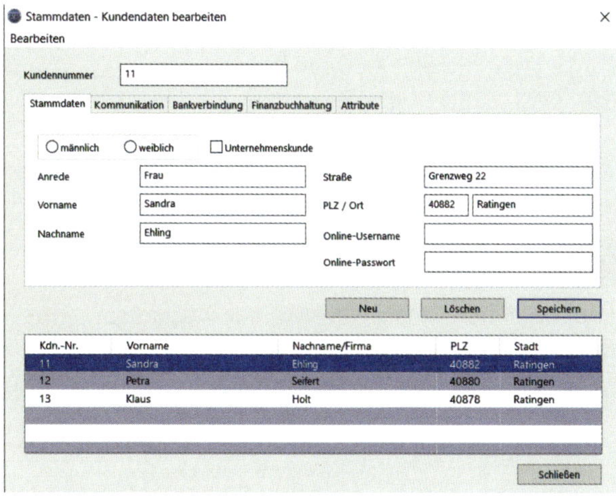

Abschlussaufgabe zum Warenwirtschaftssystem 1

Situation

Im Warenwirtschaftssystem INTWASYS sind noch einige Arbeiten zu erledigen, vor allem in Bezug auf die Abteilung Schreibwaren/Büro. Frau Möller, die Abteilungsleiterin und die Auszubildende Ayse Özdemir erledigen die Aufgaben. Sofern Veränderungen im Programm vorzunehmen sind, verwenden Sie den Datensatz **WWS 1 Lernsituation 2 Verkaeufe.lsi.**

1

Die Kundin Lena Kaiser hat per E-Mail zwei Kopierer-Toner bestellt. Aufgrund der Bestellung sind verschiedene Daten angefallen, die in einer Kundendatei festgehalten werden sollen.
Adresse:
Wanheimer Str. 19, 40472 Düsseldorf
E-Mail: L.Kaiser@web,de
Bankverbindung:
Kreissparkasse Düsseldorf
Kontonummer: 22 612 877
Bankleitzahl: 30150200
IBAN: DE53301502000022612877
BIC: WELADED1KSD

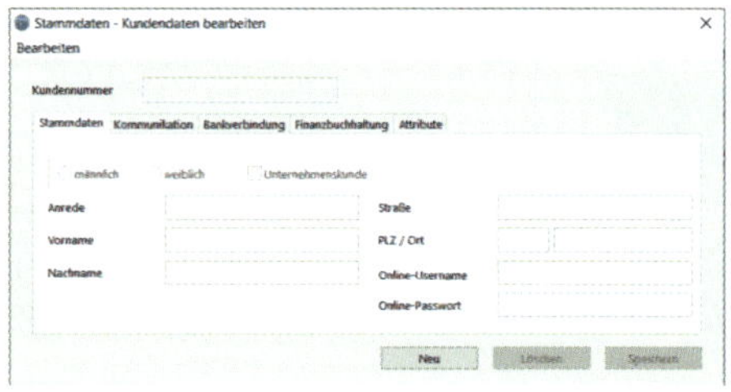

Erstellen Sie die Kundendatei für die Kundin Lena Kaiser.

2

In der Eröffnungsmaske des Warenwirtschaftssystems INTWASYS hat das Modellunternehmen die Firmenbezeichnung „City-Warenhaus Bauer". Die genaue Firmenbezeichnung lautet allerdings:

„City-Warenhaus Bauer e. K."

Die Abkürzung „e. K." steht für „eingetragener Kaufmann".

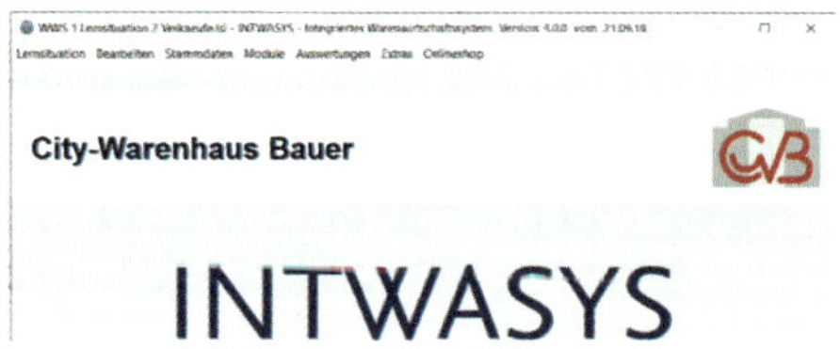

Ergänzen Sie die Firmenbezeichnung in den Unternehmensstammdaten mit dem Zusatz „e. K." und überprüfen Sie das Ergebnis.

3

Die Mitarbeiterin Ulima Karimi wird vorübergehend aus der Abteilung Elektronik/Computer in die Abteilung Schreibwaren/Büro versetzt. Frau Karimi soll aus diesem Grund eine Zugangsberechtigung für die Kasse erhalten.

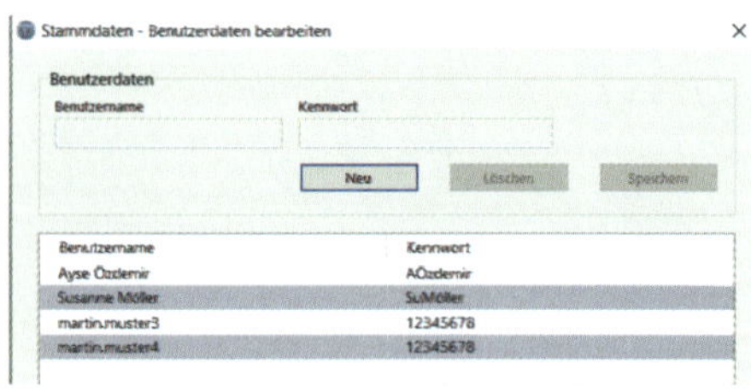

a Legen Sie die Zugangsberechtigung für Frau Karimi an. Überschreiben Sie den Eintrag „martin.muster3" und wählen Sie ein geeignetes Kennwort.
b Eröffnen Sie die Kasse und überprüfen Sie, ob Frau Karimi die Zugangsberechtigung erfolgreich erteilt worden ist.

4

Ein Kunde hatte vor zwei Tagen fünf Füllfederhalter Faktor gekauft. Er möchte einen Füllfederhalter in der Originalverpackung zurückgeben, weil er nur vier Exemplare benötigt. Der Kunde wünscht die Barauszahlung des Betrages.

Das City-Warenhaus Bauer gewährt ein Rückgaberecht innerhalb von sieben Tagen und zahlt den Kaufbetrag auch bar aus.

Der Kunde legt den nebenstehenden Kassenbeleg vor.

Erfassen Sie die Retoure in der Kasse. Beachten Sie, dass der Kunde 2 % Rabatt erhalten hat.

5

Während der Weihnachtszeit soll auf den Kassenbons ein weihnachtlicher Abschiedsgruß stehen. Ihnen stehen drei Textzeilen zur Verfügung.

a Geben Sie einen geeigneten Text in das Warenwirtschaftssystem ein.
b Überprüfen Sie Ihre Eingaben an der Kasse.

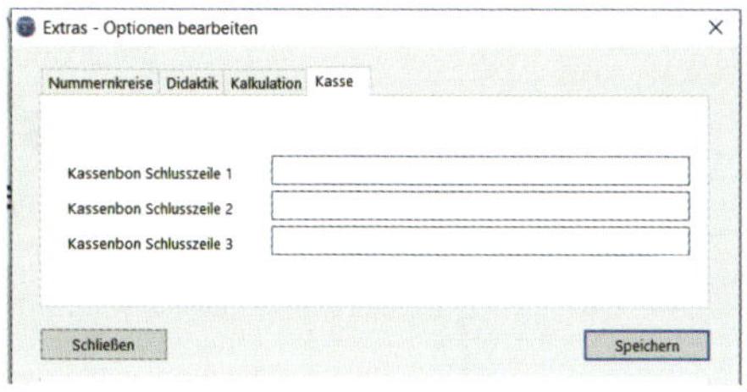

6

Am 27.06.20(0) ist an der Kasse der Abteilung Schreibwaren/Büro der nebenstehende Finanzbericht erstellt worden.

a Begründen Sie, wie das Warenwirtschaftssystem den Gesamtbetrag für die Umsatzsteuer errechnet hat.
b Überprüfen Sie, ob der Prozentsatz der Preisänderungen (0,69 %) korrekt ist.
c Geben Sie an, wie die Artikelzahl pro Kunde (5,13) berechnet worden ist.
d Begründen Sie, ob der Bruttoumsatz pro Kunde vom System richtig berechnet worden ist.

City-Warenhaus Bauer
Oberstraße 17
40878 Ratingen

Finanzbericht

Von Donnerstag, 27.06.20.. bis Donnerstag, 27.06.20..

Gesamtbetrag brutto	1.287,52 €
Gesamtbetrag netto	1.081,95 €
Gesamtbetrag Ust	205,57 €
Preisänderungen	8,83 €
Preisänderungen	0,69 % der Brutto-Umsätze
Anzahl Artikel	123
Anzahl Kunden	24
Artikelzahl pro Kunde	5,13
Bruttoumsatz pro Kunde	53,65 €
Bruttoumsatz bar	311,69 €
Kundenzahl	19
Bruttoumsatz girocard-Zahlung	84,90 €
Kundenzahl	1
Bruttoumsatz Lastschriftzahlung	890,93 €
Kundenzahl	4

7

Die Tagesauswertung an der Kasse der Abteilung Schreibwaren/Büro erbrachte die nebenstehenden Leistungskennzahlen.

a Berechnen Sie die jeweiligen Umsatzanteile von Susanne Möller und Ayse Özdemir in Prozent des Gesamtumsatzes.
b Stellen Sie den Rechenweg für die Berechnung der Flächenleistung dar. (Daten siehe unten)
c Ermitteln Sie zum Vergleich die Flächenleistung der Abteilung Lebensmittel im City-Warenhaus Bauer. Verwenden Sie die untenstehenden Zahlen.
d Begründen Sie, wie es zu den sehr unterschiedlichen Flächenleistungen in den beiden Abteilungen kommen kann.

City-Warenhaus Bauer
Oberstraße 17
40878 Ratingen

Leistungskennzahlen

Von Donnerstag, 27.06.20.. bis Donnerstag, 27.06.20..

1. Umsatz		1.287,52 €
2. Personalleistung		
	- pro Person	643,76 €
	- Susanne Möller	624,07 €
	- Ayse Özdemir	663,45 €
3. Flächenleistung		
	3. Papier und Schreibwaren	8,58 €/m²

Daten:
Verkaufsfläche der Abteilung Schreibwaren/Büro: 150 m²
Verkaufsfläche der Abteilung Lebensmittel: 750 m²
Umsatz der Abteilung Lebensmittel am 27.06.20(0): 12.485,00 €

Warenwirtschaftssystem 2: Beschaffung

1 Lieferer- und Artikelstammdaten beim Wareneingang erfassen

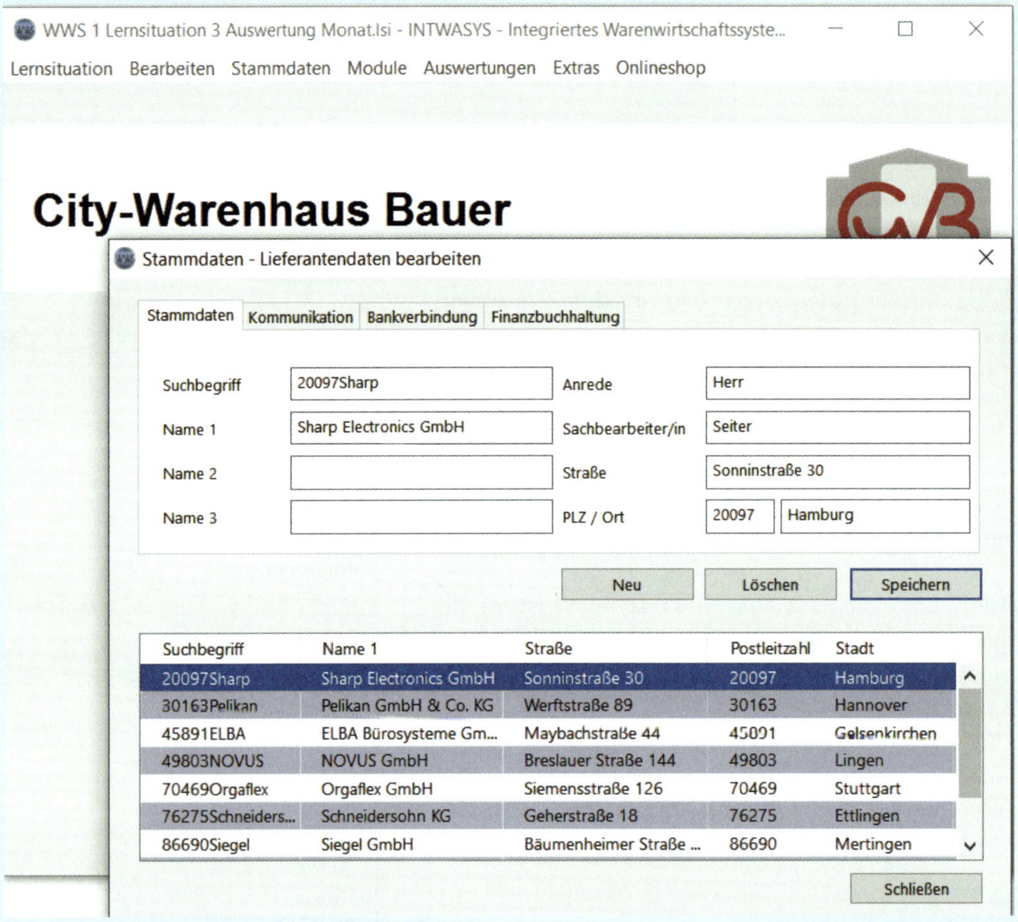

Im City-Warenhaus Bauer werden alle Verkäufe an den Kassen artikelgenau erfasst. Da auch die Wareneingänge für jedes Produkt festgehalten werden, gibt das Warenwirtschaftssystem jederzeit Auskunft, z. B. über die Verkäufe des Tages oder über den aktuellen Warenbestand.

Rechnung siehe nächste Seite.

Heute trifft in der Warenannahme eine Sendung mit Speicherkarten für die Abteilung Schreibwaren/Büro ein. Nach der äußerlichen und inhaltlichen Prüfung der Ware wird die beigefügte Rechnung zur Verwaltung weitergereicht. Beim Vergleich der Rechnung mit der Bestellung werden keine Abweichungen festgestellt. Somit können die Produkte in das Warenwirtschaftssystem des City-Warenhauses Bauer übernommen werden.

Da die Waren von einem neuen Lieferanten bezogen worden sind, müssen zunächst die Stammdaten des Lieferers und des Artikels erfasst werden. Gleichzeitig ist der Artikel in die Sortimentsstruktur einzubinden und anschließend ist der Warenzugang im System aufzunehmen. Das Programm liefert für diese Arbeiten vorgefertigte Masken, in die die richtigen Angaben einzutragen sind.

Eingangsrechnung

Sundisk

SUNDISK GmbH

Bochumer Straße 145
04357 Leipzig

Telefon 0341 45788
Fax 0341 45770
E-Mail: info@sundisk.de
Internet: www.sundisk.de

SUNDISK GmbH, Bochumer Straße 145, 04357 Leipzig

City-Warenhaus Bauer
Oberstraße 17
40878 Ratingen

Steuernummer 766/0843/3441
USt-ID DE 543 721 965

Rechnung Nr. 00-75-455 Datum 03.04.20(0)

Position	Zahl	Bestellnummer EAN/GTIN	Bezeichnung	Einzelpreis €	Gesamt €
01	20	1487-09			
		4953438339845	Flash-Speicherkarte 1 GB	10,00	200,00
			Nettopreis		200,00
			+ 19 % Umsatzsteuer		38,00
			Bruttopreis		238,00

Lieferung frei Haus, Rechnung zahlbar innerhalb von 30 Tagen netto Kasse.
Bankverbindung: Volksbank Leipzig, IBAN: DE05 8609 5604 0024 4568 02, BIC: GENODEF1LVB
Konto: 244 568 02, BLZ 860 956 04

ARBEITSAUFTRAG

Tragen Sie die Lieferer- und Artikelstammdaten in die Eingabemasken des Warenwirtschaftssystems INTWASYS ein und erfassen Sie den Wareneingang der 20 Flash-Speicherkarten.
Berücksichtigen Sie neben den nachfolgenden Vorschlägen zum Vorgehen auch die darunter stehenden Zusatzinformationen zu den einzelnen Arbeitsschritten.

VORSCHLÄGE ZUM VORGEHEN

1. Starten Sie INTWASYS und öffnen Sie die Datei **WWS 2 Lernsituation 1 Wareneingang.lsi**
2. Gehen Sie zum Menüpunkt „STAMMDATEN“ und klicken Sie auf „LIEFERANTEN“.
3. Legen Sie die Stammdaten des Lieferanten Sundisk an (Button „Neu“).
4. Ordnen Sie die Flash-Speicherkarten in das vorhandene Sortiment ein, indem Sie unter „SORTIMENTS-STRUKTUR“ (Stammdaten) die ersten 6 Ziffern der Artikelnummer festlegen.
5. Erfassen Sie die Stammdaten des Artikels (Menü: STAMMDATEN – ARTIKELDATEN BEARBEITEN).
6. Buchen Sie den Warenzugang (Menü: MODULE – LAGERBEWEGUNGEN).

Die nachfolgenden Zusatzinformationen stellen die zu erledigenden Arbeitsschritte 2 bis 6 noch einmal detailliert dar.

Zusatzinformationen und Arbeitsschritte im Detail

Stammdaten Lieferanten	
Suchbegriff:	Postleitzahl + Firma (ohne Leerzeichen)
Steuernummer:	Nummer, unter der das Unternehmen beim Finanzamt geführt wird
Liefererkonto:	Kontonummer des Lieferanten in der Buchführung des City-Warenhauses: 4410
Sortimentsstruktur	
Festlegung der ersten 6 Ziffern der Artikelnummer	Da es sich um einen neuen Artikel handelt, sind zunächst im Menü „Sortimentsstruktur“ die ersten vier Ziffern auszuwählen: – Bereich (**44**, Schreibwaren) = Ziffer eins und zwei (siehe rechts) – Warengruppe (**06**, EDV-Zubehör) = Ziffer drei und vier (siehe Abbildung rechts) 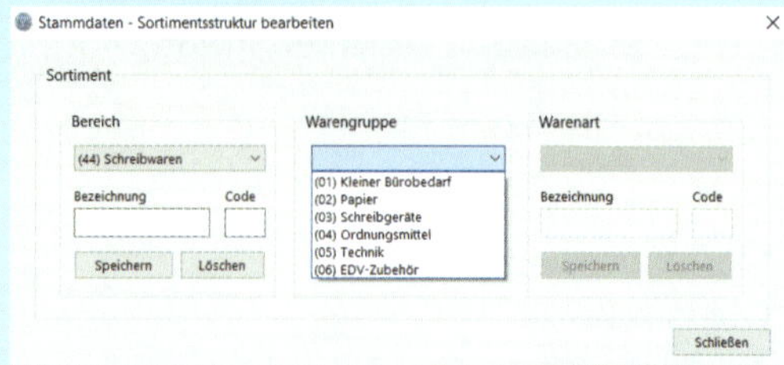 Nun ist die Warenart zu bestimmen. Es handelt sich um die neue Warenart „Speichermedien“. Da die letzte Warenart die Nr. 02 hatte (Druckertinten), folgt nun: – Warenart **03** (Speichermedien) = Ziffern fünf und sechs Arbeitsschritte: Unter „Bezeichnung“ Speichermedien eintragen, Code 03, Eingaben speichern (Button „Speichern“). Damit ist die neue Warenart „Speichermedien“ im Warenwirtschaftssystem hinterlegt. Die ersten sechs Ziffern der Warenart lauten: **440603** In den Artikelstammdaten werden nun die fehlenden Ziffern für den Artikel festgelegt.
Stammdaten Artikel	
Warenbereich, Warengruppe, Warenart auswählen	Es ist ein neuer Artikel anzulegen (Button „Neu“). Nun können der Warenbereich (44), die Warengruppe (06) und die Warenart (03) in den Auswahlmenüs (in der Maske oben rechts) ausgewählt werden. Unter „Art.-Nr.“ (in der Maske oben links) erscheinen die ersten sechs Ziffern.
Artikelnummer:	Die sechs Ziffern sind grau unterlegt, d. h., sie können an dieser Stelle nicht verändert werden (nur unter „Sortimentsstruktur“). Es fehlen die letzten beiden Ziffern für die achtstellige Artikelnummer. Da die Flash-Speicherkarte 1 GB der erste Artikel in der Warenart ist, erhält er die Nummern „01“. Die Ziffern können im Feld Art.-Nr. als siebte und achte Ziffer ergänzt werden.
Bezeichnung 1 und 2:	Kennzeichnen des Produkts; Bezeichnung 1 steht beim Verkauf auf dem Kassenbon
Einheit:	Stück/Liter/Meter
Mindestbestand:	4
Höchstbestand:	20
Meldebestand:	11
Lieferzeit:	7 Tage
Lagerplatz:	Keine Angabe
Kalkulation	Bezugskalkulation: Der Netto-Bezugspreis kann der Rechnung entnommen werden. Das Warenwirtschaftssystem errechnet den Bezugspreis automatisch. Verkaufskalkulation: Handlungskostenzuschlag und Gewinnzuschlag werden vom System vorgegeben. Der Umsatzsteuersatz (19 %) ist zu ergänzen. Der Bruttoverkaufspreis wird automatisch errechnet. Der Preis ist auf 18,45 € anzupassen (alle Artikelpreise enden auf 45 oder 95 Cent).
Speichern	Der Stammdatensatz für den Artikel 44060301 kann nun gespeichert werden.
Lagerbewegung	
Zugang:	Daten siehe Rechnung
	Die Artikelnummer wurde bereits festgelegt
Dateneingabe:	Im Programm genügt es, die Artikel- oder EAN-GTIN-Nummer einzugeben (oder auszuwählen [?]). Das Programm ergänzt dann die grau unterlegten Felder automatisch.

AUFGABEN

1

Die Daten in einem Warenwirtschaftssystem werden nach Stamm- und Bewegungsdaten unterschieden.

Stellen Sie fest, ob es sich bei folgenden Daten um Stamm- oder Bewegungsdaten handelt:

1 Barverkäufe eines Tages

2 Lieferanten-Adresse

3 Artikel-Nummer

4 Warenzugang aufgrund eines Einkaufs

5 Warengruppenbezeichnung

6 Höchstbestand eines Artikels

2

Die Artikelnummer in einem Warenwirtschaftssystem gibt die Sortimentsstruktur wieder.

a **Begründen Sie, warum in der nachfolgenden Maske die ersten 6 Ziffern der Artikelnummer (Art.-Nr.) grau unterlegt sind.**

b **Nennen Sie die Ebene im Sortiment, der die letzten beiden Ziffern (01, weißer Hintergrund) zuzuordnen sind.**

c **Erläutern Sie den Aufbau der Artikelnummer durch jeweils vier Zahlenpaare.**

3

Bei der Neuanlage eines Artikels kann für den Lieferanten ein Kürzel aus einem Drop-down-Menü ausgewählt werden.

a **Nennen Sie die beiden Bestandteile, aus denen sich die Kennzeichnung des Lieferanten (04357Sundisk, Feld „Lieferant“) zusammensetzt.**

b **Geben Sie an, an welcher Stelle im Warenwirtschaftssystem die Kürzel für die Lieferanten festgelegt werden.**

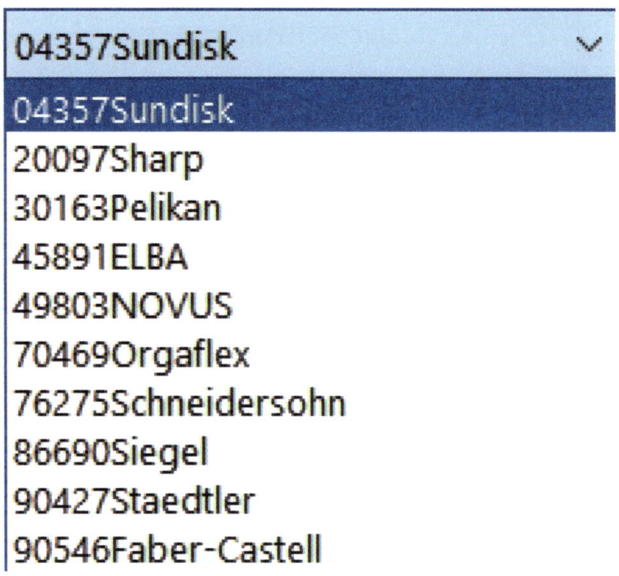

4

Aus der Rechnung eines Lieferanten können die Daten für die Anlage der Artikel- und Lieferanten-Stammdaten gewonnen werden.

Nennen Sie aus oben stehender Rechnung von SUNDISK (Seite 23):

a drei Daten, die Sie für die Artikel-Stammdaten verwenden.

b drei Daten, die Sie für die Lieferanten-Stammdaten nutzen.

Nehmen Sie an, der Lieferant hätte dem City-Warenhaus Bauer für den Transport der 20 Speicherkarten 5,00 € Beförderungskosten (Bezugskosten) in Rechnung gestellt.

c Ermitteln Sie den Betrag, der in der Artikeldatei als „Bezugskosten" eingetragen werden müsste.

5

Die nebenstehende Maske zeigt u.a. die Felder für den Handlungskostenzuschlag und den Gewinnzuschlag in der Verkaufskalkulation.

Nehmen Sie an, das City-Warenhaus Bauer möchte aufgrund gestiegener Kosten zukünftig alle neuen Artikel in der Abteilung Schreibwaren/Büro mit 45 % Handlungskostenzuschlag kalkulieren.

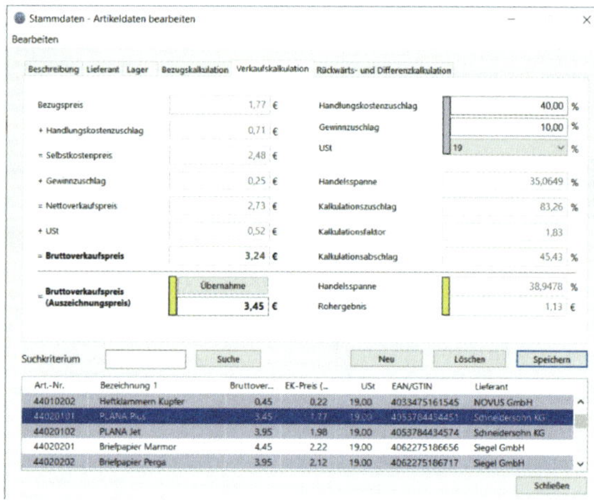

a Finden Sie heraus, wie der allgemeine (für alle Artikel geltende) Handlungskostenzuschlag im Warenwirtschaftssystem geändert werden kann.
Tipp: Menü EXTRAS – OPTIONEN

b Ändern Sie den Handlungskostenzuschlag auf 45 % (speichern!) und überprüfen Sie bei den Artikelstammdaten die Auswirkung dieser Änderung.
Legen Sie dazu vorübergehend einen neuen Artikel an (Button „Neu") und gehen Sie in die Verkaufskalkulation.

Da die gerade ins Sortiment aufgenommenen Flash-Speicherkarten besonders gut laufen, möchte der Geschäftsinhaber den Gewinnzuschlag für diesen Artikel auf 20 % erhöhen.

c Erläutern Sie, wie man dieses Ziel erreichen kann. Geben Sie auch an, welcher Bruttoverkaufspreis dann vom Programm errechnet wird.

6

Im Warenwirtschaftssystem werden auch die Unternehmensstammdaten (des City-Warenhauses Bauer) eingegeben.

a Beschreiben Sie eine Situation, in der das Programm auf diese Daten zugreift.

b Machen Sie eine weitere Situation aus Ihrem Ausbildungsbetrieb deutlich, in der ein Warenwirtschaftssystem Unternehmensstammdaten nutzt.

7

Bei der Inventur im City-Warenhaus werden folgende Zahlen für Fax-Toner-Kartuschen festgestellt:

Warenbestand laut Inventur	Nr.	Warenbezeichnung	Stück
	44060102	Fax-Toner	29
Warenbestand laut Warenwirtschaftssystem (Auszug)	**Aktueller Lagerbestand**	30	

a Begründen Sie, worauf die Abweichung zwischen Inventurbestand und Bestand des Warenwirtschaftssystems zurückzuführen sein könnte.

b Bestimmen Sie, welche Zahl für die weiteren Entscheidungen des Unternehmens maßgebend ist.

2 Waren bei einem neuen Lieferanten bestellen

Umsatz-Ranking
Top 10

Pos.	Art. Nr.	Art. Name 1	Umsatz (€)
1	44060101	Kopierer-Toner	8366,90
2	44050201	Laser-Faxgerät	6559,65
3	44060102	Fax-Toner	2631,90
4	44060202	Tintenpatrone Farb-Set	2387,40
5	44060201	Tintenpatrone schwarz	2019,40
6	44050202	Tintenstrahl-Faxgerät	1423,60
7	44030102	Füllfederhalter Faktor	686,40
8	44030101	Füllfederhalter Junior	591,30
9	44010102	Heftapparat Automatik	430,65
10	44040101	ELBA-Ordner	368,55
Gesamt			25465,75

Toner und Tinten nehmen bei den Auswertungen der Umsätze immer die obersten Plätze ein. Frau Möller will daher ihr Sortiment in dieser Warengruppe (EDV-Zubehör) ausweiten.

Sie hat ein Angebot des Tintenherstellers Hewlett-Packard eingeholt und folgende Angebotsdaten erhalten:

Produkt (Bezeichnung 1)	**Tintenpatrone HP**
Produkt (Bezeichnung 2)	**HP45**
Lieferant	**Hewlett-Packard**
Bestellnummer Lieferer	**45516-9**
Listeneinkaufspreis	14,10 €
Rabatt	0 %
Skonto	2 %
Lieferbedingungen	frei Haus
Lieferzeit	10 Tage
Zahlungsfrist	30 Tage

Eine Verkaufskalkulation führt nach Einschätzung von Frau Möller zu einem marktgerechten Preis. Da es sich um ein bekanntes Markenprodukt handelt, wird sie den kalkulierten Bruttoverkaufspreis sogar etwas stärker als bei den übrigen Produkten auf 25,95 € aufrunden.

Frau Möller will den Artikel in das Sortiment der Abteilung Schreibwaren/Büro aufnehmen und zunächst einmal 30 Stück bestellen.

Aus den Angebotsunterlagen kann sie folgende Daten des Lieferanten Hewlett-Packard entnehmen:

Suchbegriff:	71034HP	Webseite:	www.hp.com
Name 1:	Hewlett-Packard GmbH	Bankverbindung:	Commerzbank Böblingen
Sachbearbeiter(in):	Frau Giese	Kontonummer/BLZ:	23344564/60380002
Adresse:	Herrenberger Straße 140, 71034 Böblingen	IBAN: BIC:	DE59603800020023344564 DRESDEFF601
Telefon:	07031 13512	Steuernummer:	80859440641
Fax:	07031 1352444	USt-IdNr.:	DE812046572
E-Mail:	info@hp.com	Liefererkonto:	24

Artikelstammdaten der Tintenpatrone HP

Artikelnummer:	Bisher sind zwei Tinten im Sortiment: Tintenpatrone schwarz (44060201), Tintenpatrone Farbset (44060202). Die Tintenpatrone HP wird daher die Endziffern 03 erhalten (44060203).
EAN (GTIN):	4028413455169
Bezeichnung 1 usw.:	siehe Angebotsdaten
Mindestbestand:	3
Höchstbestand:	36
Meldebestand:	13

ARBEITSAUFTRAG

Bestellen Sie 30 Exemplare der Tintenpatrone HP.

VORSCHLÄGE ZUM VORGEHEN

1. Starten Sie dazu das Programm INTWASYS und öffnen Sie die Datei **WWS 2 Lernsituation 2 Bestellung Arbeitsauftrag.lsi**.
2. Legen Sie zunächst die Lieferantenstammdaten im Menü STAMMDATEN - LIEFERANTEN an.
3. Erstellen Sie einen neuen Artikel-Stammdatensatz im Menü STAMMDATEN - ARTIKEL (Button „Neu").
4. Wählen Sie Warenbereich, Warengruppe und Warenart aus, um die ersten sechs Ziffern der Artikelnummer zu erhalten. Ergänzen Sie die beiden Endziffern der Artikelnummer (03).
5. Vervollständigen Sie den Artikel-Stammdatensatz bis zur Kalkulation des Bruttoverkaufspreises (runden auf 25,95 €).
6. Erledigen Sie die Bestellung über das Menü MODULE – EINKAUF – NEUE BESTELLUNG.
7. Überprüfen Sie anhand der Liste der offenen Bestellungen (MODULE – EINKAUF – OFFENE BESTELLUNGEN), ob die Bestellung korrekt ins Warenwirtschaftssystem aufgenommen wurde.

AUFGABEN

1

Zehn Tage nach der Bestellung sind die 30 Tintenpatronen von HP eingetroffen.

HP

Hewlett-Packard GmbH
Herrenberger Str. 140
71034 Böblingen
Tel.: +49 (0)7031 14-0
Fax: +49 (0)7031 14-2999

City-Warenhaus Bauer
Frau Möller
Oberstraße 17
40878 Ratingen

Datum:
XX.YY.20(0)
Bestellung vom:
XX.YY.20(0)
USt-IdNr.: DE812085372

Rechnungs-Nr. 8-443-255 | **Kunden-Nr. 408-334**

Lieferung: frei Haus

Menge	Bestell-Nr.	Bezeichnung	Einzelpreis/€	Gesamtpreis/€
30	45516-9	Tintenpatrone HP 45	14,10	423,00
		Nettoverkaufspreis		423,00
		+ 19 % Umsatzsteuer		80,37
		Bruttoverkaufspreis		503,37

Zahlbar innerhalb von 30 Tagen netto oder innerhalb von 10 Tagen mit 2 % Skonto.

Bankverbindung: Commerzbank Böblingen, IBAN: DE59603800020023344564, BIC: DRESDEFF601

a Setzen Sie Ihre Arbeit mit der lsi-Datei aus dem Arbeitsauftrag fort oder laden Sie die Datei **WWS 2 Lernsituation 2 Bestellung Aufgabe 1.lsi.**
b Halten Sie den Wareneingang im Warenwirtschaftssystem fest (MODULE – EINKAUF – OFFENE BESTELLUNGEN Button „Wareneingang“).
c Überprüfen Sie den Lagerbestand in den Artikelstammdaten.
d Verkaufen Sie über die Kasse (bar) 2 Stück Tintenpatrone HP (Zugangscode an der Kasse: AÖzdemir).
e Überprüfen Sie den Lagerbestand in den Artikelstammdaten erneut.

2

Der Absatz der HP-Tinten läuft gut. Aufgrund der steigenden Einkaufsmengen ist der Lieferant bereit, uns bei einer Einkaufsmenge von mindestens 40 Stück einen Mengenrabatt von 5 % einzuräumen.

a Öffnen Sie die Datei **WWS 2 Lernsituation 2 Bestellung Aufgabe 2.lsi.**
b Berechnen Sie den Bezugspreis des Artikels im Warenwirtschaftssystem neu und ermitteln Sie den Gewinn pro Stück, wenn der Bruttoverkaufspreis weiterhin 25,95 € betragen soll (geänderten Bezugspreis speichern!).
c Stellen Sie mithilfe des Warenwirtschaftssystems fest, wie hoch der aktuelle Bestand an HP-Tinten ist.
d Setzen Sie den Höchstbestand für diesen Artikel auf 53 fest.
e Bestellen Sie 40 HP-Tinten bei dem Lieferanten (MODULE – EINKAUF – NEUE BESTELLUNG). Geben Sie in dem Bestellformular als freien Text ein: „Bitte beachten Sie unsere Rabattvereinbarung über 5 %.“
f Halten Sie den Eingang dieser bestellten Tinten aufgrund der nachfolgenden Rechnung im Warenwirtschaftssystem fest (MODULE – EINKAUF – OFFENE BESTELLUNGEN – Schalter „Wareneingang“) und überprüfen Sie, ob das System den Zugang korrekt ausweist.

HP	Hewlett-Packard GmbH Herrenberger Str. 140 71034 Böblingen Tel.: +49 (0)7031 14-0 Fax: +49 (0)7031 14-2999
City-Warenhaus Bauer Frau Möller Oberstraße 17 40878 Ratingen	Datum: XX.YY.20(0) Bestellung vom: XX.YY.20(0) USt-IdNr.: DE812085372
Rechnungs-Nr. 8-445-627	**Kunden-Nr. 408-334**

Lieferung: frei Haus

Menge	Bestell-Nr.	Bezeichnung	Einzelpreis/€	Gesamtpreis/€
40	45516-9	Tintenpatrone HP 45	14,10	564,00
		– 5 % Rabatt		28,20
		Nettoverkaufspreis		535,80
		+ 19 % Umsatzsteuer		101,80
		Bruttoverkaufspreis		637,60

Zahlbar innerhalb von 30 Tagen netto oder innerhalb von 10 Tagen mit 2 % Skonto.

Bankverbindung: Commerzbank Böblingen, IBAN: DE59603800020023344564, BIC: DRESDEFF601

3

Frau Möller möchte in ihrer Abteilung (Bereich 44 Schreibwaren) eine neue Warengruppe „Computer" einrichten, die aus den Warenarten „PC" und „Laptop" besteht. Da es sich um eine Erweiterung der bestehenden Sortimentsstruktur handelt, müssen die Warengruppe und die Warenarten zunächst in das Sortiment eingefügt werden, bevor Warenzugänge im Warenwirtschaftssystem erfasst werden können.

a Öffnen Sie die Datei **WWS 2 Lernsituation 2 Bestellung Aufgabe 3.lsi.**

b Fügen Sie die Warengruppe „Computer" in die bestehende Sortimentsstruktur ein.

c Legen Sie für die Warengruppe „Computer" die Warenarten „PC" und „Laptop" an.

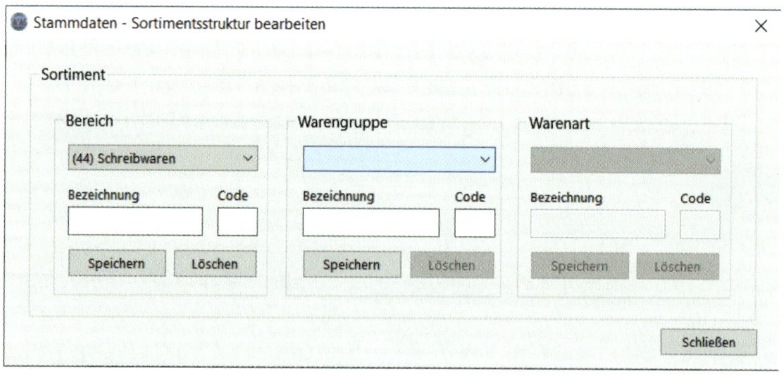

d Nennen Sie jeweils die Artikelnummer, die folgende Produkte erhalten, sobald sie im City-Warenhaus eingetroffen sind und im Warenwirtschaftssystem erfasst werden sollen:

da PC Business

db Laptop S&P

dc Laptop Amila

3 Bestellmengen in der Abteilung Schreibwaren/Büro festlegen

Anfang Juli in der Abteilung Schreibwaren/Büro:
Regelmäßig überprüft Frau Möller, welche Artikel nachzubestellen sind. Das Warenwirtschaftssystem leistet dabei eine große Hilfe, weil es automatisch Bestellvorschläge macht. Frau Möller muss lediglich darauf achten, ob die Vorschläge aus dem System auch sinnvoll sind. Das WWS kann z. B. besondere Ereignisse nicht berücksichtigen. Ein solches steht nämlich gerade an: Mitte Juli setzt die Werbung für den Schuljahresbeginn ein.
Das WWS hingegen stellt lediglich mathematische Zusammenhänge her:
Mindestbestand: Warenbestand, der nicht unterschritten werden darf; er wird aus den Artikel-Stammdaten übernommen.
Meldebestand: Mindestbestand + (durchschnittlicher Tagesverkauf x Lieferzeit); der Meldebestand ist ebenfalls bei den Artikel-Stammdaten hinterlegt.
Höchstbestand: Warenbestand, der nicht überschritten werden soll; auch er wird aus den Artikel-Stammdaten übernommen.
Bestellmenge: Höchstbestand abzüglich aktueller Bestand; mit einer Bestellung wird der Warenbestand bis zum Höchstbestand aufgefüllt.
Vorher ist jedoch in der Liste der offenen Bestellungen (MODULE – EINKAUF – OFFENE BESTELLUNGEN) zu prüfen, ob noch bestellte Ware aussteht. Zu besonderen Anlässen darf der Höchstbestand bis zu 30 % überschritten und eine höhere Bestellmenge veranlasst werden. Diese 30 % will Frau Möller hier ausnutzen.
Die Bestellvorschlagsliste des Warenwirtschaftssystems hat folgendes Aussehen

Bestellvorschlag

Pos.	Art.Nr.	Bezeichnung 1 Bezeichnung 2 Vk-Preis	Lieferant Best.-Nummer	M-Bestand Bestand H-Bestand	Meldebestand Vorschlag	 Abweichung
1	44060101	Kopierer-Toner AL 110 D 134,95	Sharp Electronics GmbH AL110	10 19 30	20,00 11	

Frau Möller druckt sich die Bestellvorschläge gewöhnlich aus und trägt im Feld „Abweichung" die Menge ein, die sie dann tatsächlich bestellt.

Danach geht sie in das Modul EINKAUF – NEUE BESTELLUNG und gibt die Bestelldaten ein. Gleichzeitig werden die Bestellungen als „Offene Bestellungen" im Programm festgehalten und so lange verwaltet, bis die bestellte Ware als Wareneingang gebucht wird (Schalter „Wareneingang" in der Liste der offenen Bestellungen, siehe unten).

Die Maske „Offene Bestellungen“ ist wie unten dargestellt aufgebaut.

Frau Möller: „Ayse, auf geht's! Die Bestellungen müssen raus“

Ayse: *„Fein, darf ich das machen?“*

Frau Möller: „Gerne, aber denken Sie an den Schuljahresbeginn! Schulartikel werden dann besonders stark nachgefragt. Ansonsten gibt es keine weiteren Besonderheiten im Nachfrageverhalten der Kunden.“

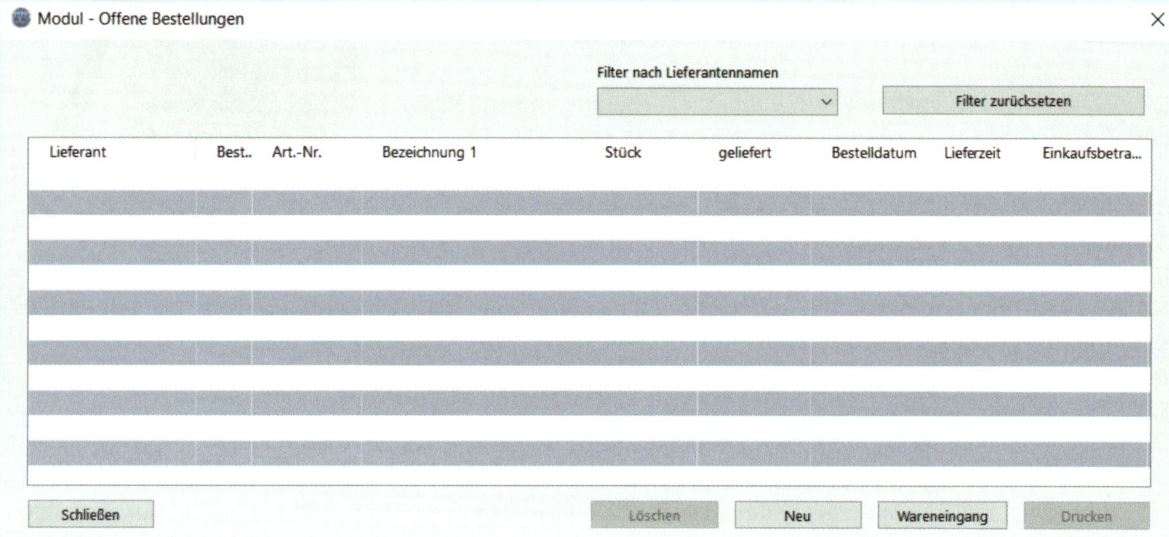

ARBEITSAUFTRAG

Veranlassen Sie die wöchentlichen Bestellungen über das Warenwirtschaftssystem.

VORSCHLÄGE ZUM VORGEHEN

1. Starten Sie das Programm INTWASYS und öffnen Sie die Datei **WWS 2 Lernsituation 3 Bestellmengendisposition Arbeitsauftrag.lsi.**
2. Ändern Sie das Programmdatum auf den 10.07.2020, (Menü EXTRAS – PROGRAMMZEIT).
3. Öffnen Sie im Menü AUSWERTUNGEN das Untermenü BESTELLVORSCHLÄGE.
4. Treffen Sie Ihre Entscheidung(en) (Übernahme der Bestellvorschläge des Systems oder Änderung). Prüfen Sie auch, ob zu den betrachteten Artikeln noch offene Bestellungen vorliegen (MODULE – EINKAUF – OFFENE BESTELLUNGEN). Halten Sie Ihre Entscheidungen schriftlich fest (Artikelnummer, Artikelbezeichnung, Menge)
5. Wechseln Sie in das Menü MODULE – EINKAUF – NEUE BESTELLUNG und erzeugen Sie das/die Bestellschreiben an den/die Lieferanten.
6. Überprüfen Sie Ihre Bestellung(en) im Untermenü OFFENE BESTELLUNGEN.

AUFGABEN

1

Am 10.07.2020 hat Frau Möller das Bestellschreiben über die Füllfederhalter Junior an den Lieferanten abgeschickt. Am 13.07.2020 trifft die bestellte Ware ein, der die nachfolgend abgebildete Rechnung beigefügt wurde. Die Wareneingangsprüfung hat ergeben, dass die Bestellung korrekt ausgeführt wurde.

a Starten Sie das Programm INTWASYS und öffnen Sie die Datei **WWS 2 Lernsituation 3 Bestellmengendisposition Arbeitsauftrag.lsi** mit den Ergebnissen des Arbeitsauftrags oben.
Oder öffnen Sie die Datei **WWS 2 Lernsituation 3 Bestellmengendisposition Aufgabe 1.lsi.**

b Ergänzen Sie die Rechnung mit den fehlenden Daten (grün unterlegte Felder unten) aufgrund Ihrer Entscheidungen aus dem Arbeitsauftrag.

c Buchen Sie den Warenzugang im Warenwirtschaftssystem. Ändern Sie dazu das Programmdatum auf den 13.07.2020. Das Menü OFFENE BESTELLUNGEN bietet Ihnen über den Schalter „Wareneingang“ die Möglichkeit, die gelieferten Artikel im System zu erfassen.

d Überprüfen Sie im Menü OFFENE BESTELLUNGEN, ob der Warenzugang berücksichtigt worden ist.

e Begründen Sie, warum der Rechnungsbetrag und der Bestellwert aufgrund der Liste der offenen Bestellungen vom Betrag her nicht übereinstimmen.

Pelikan

Pelikan Vertriebsgesellschaft mbH & Co. KG
Werftstrasse 9
30163 Hannover
Tel.: 0511-69690

City-Warenhaus Bauer
Frau Möller
Oberstraße 17
40878 Ratingen

Datum:
13.07.2020
Bestellung vom:
10.07.2020
USt-IdNr.: DE115692598

Rechnungs-Nr. 07-286-345 | **Kunden-Nr. 40-377**

Lieferung: frei Haus

Menge	**Bestell-Nr.**	**Bezeichnung**	**Einzelpreis/€**	**Gesamtpreis/€**
	FH-722	Füllfederhalter Junior PJ 22	6,77	
		– 10 % Rabatt		
		Nettoverkaufspreis		
		+ 19 % Umsatzsteuer		
		Bruttoverkaufspreis		

Zahlbar innerhalb von 30 Tagen netto oder innerhalb von 10 Tagen mit 2 % Skonto.

Bankverbindung: Postbank Hannover, IBAN: DE14250100300012232224, BIC: PBNKDEFF250

2

Am 11.07.2020 waren die Kopierer-Toner aus der Bestellung vom 06.07. eingetroffen (offene Bestellung aus der Einstiegssituation). Der Zugang wird aber erst heute, am 13.07.2020 im Warenwirtschaftssystem erfasst.

a Buchen Sie den Wareneingang. Verwenden Sie die lsi-Datei mit den Ergebnissen aus Aufgabe 1.
Oder: Öffnen Sie die Datei **WWS 2 Lernsituation 3 Bestellmengendisposition Aufgabe 2.lsi.**

Tipp: Gehen Sie über die Liste der offenen Bestellungen und wählen Sie den Schalter „Wareneingang“.

Auch die restlichen Bestellungen sind mittlerweile wie folgt eingetroffen:

* Kopierer-Toner, Bestellung vom 10.07.2020, 5 Stück
* Fax-Toner, Bestellung vom 10.07.2020, aber nur 4 Stück statt der bestellten 8 Stück

b Buchen Sie diese Warenzugänge.

3

Am 15.07.2020 erhält Ayse von Frau Möller den Auftrag, erneut die Bestellvorschläge des Warenwirtschaftssystems abzurufen.

Tipp: Offene Bestellungen prüfen!

a Starten Sie das Programm INTWASYS und öffnen Sie die Datei **WWS 2 Lernsituation 3 Bestellmengendisposition Aufgabe 3.lsi.**
b Ändern Sie das Programmdatum auf den 15.07.2020 (Menü EXTRAS – PROGRAMMZEIT).
c Öffnen Sie im Menü AUSWERTUNGEN das Untermenü BESTELLVORSCHLÄGE.
d Treffen Sie Ihre Entscheidung(en). Beachten Sie dabei, dass für die nächsten Tage mit einem normalen Abverkauf dieser Produkte zu rechnen ist.
e Erzeugen Sie das/die Bestellschreiben an den/die Lieferanten.
f Überprüfen Sie Ihre Bestellung(en) in der Liste der offenen Bestellungen.
g Wechseln Sie das Programmdatum auf den 20.07.2020.
h Halten Sie im Warenwirtschaftssystem folgende Wareneingänge fest:
  * Tischkopierer Standard, Artikelnummer 44050101, 6 Stück
  * Tintenpatrone schwarz, Artikelnummer 44060201, 34 Stück
  * Fax-Toner, Artikelnummer 44060102, 5 Stück
  * Fax-Toner, Artikelnummer 44060102, 4 Stück (ausstehende Bestellung vom 10.07.2020)
i Bereinigen Sie die Liste der offenen Bestellungen, indem Sie alle erledigten Aufträge löschen.

4

Von unserem Lieferanten Orgaflex GmbH erhalten wir heute folgendes Schreiben (Ausschnitt):

Orgaflex GmbH

Sehr geehrte Damen und Herren,

aufgrund gestiegener Lohn- und Rohstoffkosten müssen wir leider die Konditionen für einige unserer Produkte anpassen. Ab sofort gelten folgende Bezugsbedingungen:

	Ordner-Register A–Z	Ordner-Register Recycling
Listeneinkaufspreis	1,36 €	0,55 €
Rabatt	–	–
Skonto	–	–
Lieferbedingung	unfrei	unfrei

Wir gewähren Ihnen ein Zahlungsziel von 30 Tagen.

Mit freundlichen Grüßen

Frau Möller hat ausgerechnet, dass die Lieferbedingung „unfrei" zu Bezugskosten von 0,02 € für jeden Ordner führt.

a Starten Sie das Programm INTWASYS und öffnen Sie die Datei **WWS 2 Lernsituation 3 Bestellmengendisposition Aufgabe 4.lsi.**
b Ändern Sie die Artikelstammdaten für die Ordner-Register A–Z und Recycling. Ermitteln Sie anschließend die neuen Bezugspreise für beide Produkte (STAMMDATEN – ARTIKEL – BEZUGSKALKULATION).
c Kalkulieren Sie die neuen Bruttoverkaufspreise auf der Grundlage der veränderten Bezugsbedingungen. Runden Sie die ermittelten Bruttoverkaufspreise auf xx,45 € oder xx,95 €

5

Mit unserem Lieferanten Schneidersohn haben wir neue Einkaufsbedingungen für das Kopierpapier Plana Jet ausgehandelt.

Lieferant:	**Schneidersohn**	
Artikel:	**Plana Jet**	
	alt	neu
Listeneinkaufspreis in €	2,03	1,99
Rabatt	5 %	10 %
Skonto	0 %	2 %
Bezugskosten in €	0,05/Stück	frei Haus

a **Geben Sie die veränderten Bezugsbedingungen in das Warenwirtschaftssystem ein und ermitteln Sie den neuen Bezugs- bzw. Bruttoverkaufspreis.**

b **Ermitteln Sie den Stückgewinn, der sich aus den veränderten Bezugsbedingungen ergibt, wenn der ursprüngliche, auf xx,95 € gerundete Bruttoverkaufspreis beibehalten werden soll. Nutzen Sie dazu die Funktion „Differenzkalkulation" bei den Artikelstammdaten.**

4 Einen Verkauf gegen Rechnung über das Warenwirtschaftssystem abwickeln

Das nebenstehende Schreiben der Stadt Ratingen hat Frau Möller in der Abteilung Schreibwaren/Büro des City-Warenhauses erhalten mit der Bitte, der Stadt ein Angebot über die fünf Bürokopierer zu unterbreiten.

Stadt Ratingen
Der Bürgermeister
Postfach 10 17 40
40837 Ratingen

Datum:
13.03.2020

City-Warenhaus Bauer
Oberstraße 17
40878 Ratingen

Anfrage

Sehr geehrte Damen und Herren,

ich bitte um ein Angebot über

5 Bürokopierer, Sharp, Multifunktion.

Aufgrund der Bestellmenge erwarte ich von Ihnen einen Sonderpreis.

Mit freundlichen Grüßen

Der Bürgermeister

i. A. Bongert

Frau Möller: *„Eine gute Gelegenheit, meiner Auszubildenden Ayse die Auftragsabwicklung mithilfe des Warenwirtschaftssystems deutlich zu machen."*

Ayse: „Wie viel dürfen wir vom regulären Verkaufspreis nachlassen?"

Frau Möller: *„Bei dieser Menge dürfen wir 5 % Rabatt gewähren."*

Ayse: „Und Skonto?"

Frau Möller: *„Bei dem Rabatt bleibt schon nicht mehr viel Gewinn übrig. Skonto können wir nicht noch zusätzlich einräumen. Die Stadtverwaltung ist aber ein guter Kunde. Deshalb werden wir ihr noch eine Frei-Haus-Lieferung anbieten."*

Ayse: „Was ist zu tun?"

Frau Möller: *„Das Warenwirtschaftssystem unterstützt uns bei der Auftragsbearbeitung. Du weißt ja sicherlich, in welchen Schritten Aufträge abgewickelt werden."*

Ayse: „Natürlich! Wenn der Stadt unser Angebot zusagt, erhalten wir eine Bestellung, die wir dann bestätigen. Es folgen Lieferschein und Rechnung, fertig."

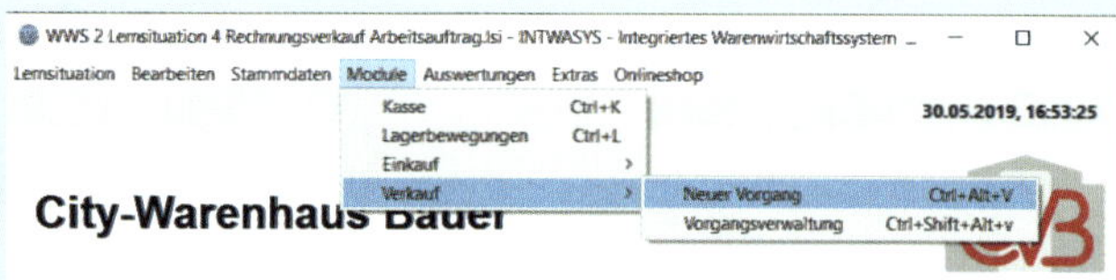

Kalkulation Bürokopierer	€
Bezugspreis + Handlungskostenzuschlag	377,28 150,91
= Selbstkostenpreis + Gewinnzuschlag	528,19 52,82
= Nettoverkaufspreis + Umsatzsteuer	581,01 110,39
= Bruttoverkaufspreis ausgezeichneter BVP	691,40 **691,45**
– 5 % Rabatt **= Angebotspreis**	34,57 **656,88**

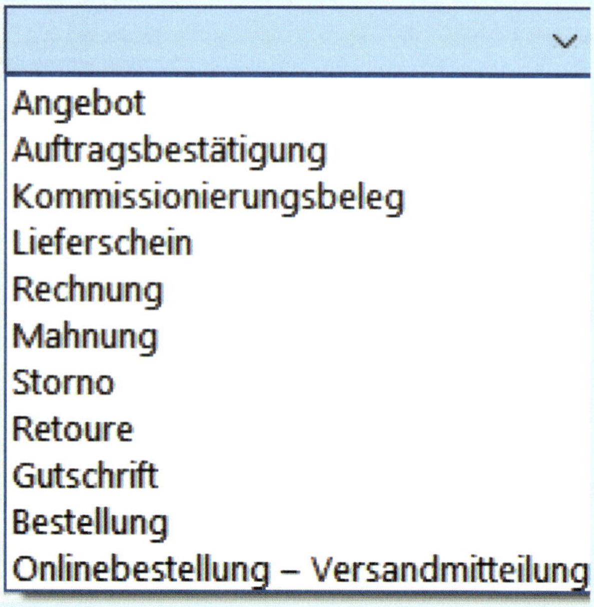

Frau Möller: *„Manchmal beginnt die Auftragsverwaltung mit einer Bestellung des Kunden."*

Ayse: „Dann folgt unsere Auftragsbestätigung usw."

Frau Möller: *„Gut! Nun zum Warenwirtschaftssystem. Über den Menüpunkt MODULE – WARENVERKAUF – NEUER VORGANG kommen wir in die Auftragsbearbeitung. Dort kann man die Art des Vorgangs auswählen. Wir müssen ein Angebot erstellen."*

Ayse: „Schon angeklickt."

Frau Möller: *„Sehr schön. Nun ist der Kunde auszuwählen und der gewünschte Artikel über die Suchfunktion [?] zu bestimmen" (Siehe Maske rechts).*

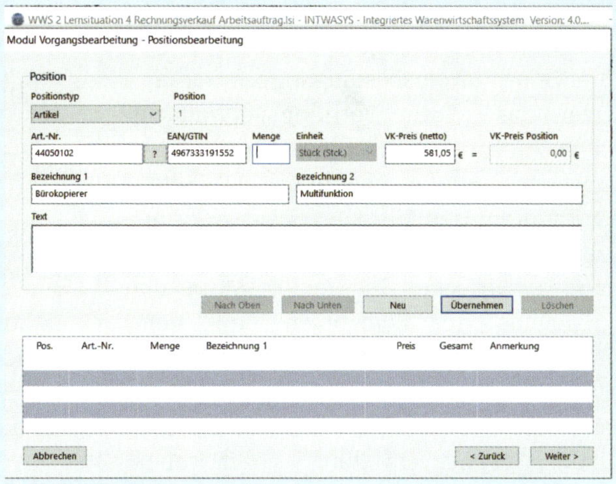

Siehe Abbildung auf Seite 36

Frau Möller: *„Mit dem Button ‚Übernehmen' wird der gewählte Artikel in die unten stehende Liste übernommen. Mit dem Button ‚Weiter' kommt man zu weiteren Details des Angebotes. Speichern, Ausdrucken – fertig ist das Angebot."*

Ayse: „Mit ‚Löschen' kann ich den Artikel vermutlich wieder entfernen, und mit ‚Neu' lassen sich weitere Artikel hinzufügen.

Frau Möller: *„Genau. Bei mehreren Angebotspositionen kannst du über ‚Nach oben' und ‚Nach unten' die Reihenfolge der Artikel verändern. Hast du einen Fehler gemacht, gehst du einfach mit ‚Zurück' zur vorhergehenden Maske."*

Ayse: „Ich glaube, das kann ich jetzt allein zu Ende bringen."

ARBEITSAUFTRAG 1

Erstellen Sie das Angebot für die Stadtverwaltung Ratingen mit dem Warenwirtschaftssystem INTWASYS.

VORSCHLÄGE ZUM VORGEHEN

1. Starten Sie das Programm und öffnen Sie die Datei **WWS 2 Lernsituation 4 Rechnungsverkauf Arbeitsauftrag.lsi**.
2. Setzen Sie das Programmdatum auf den 13.03.2020.
3. Gehen Sie in das Menü **Module** und starten Sie das Untermenü VERKAUF – NEUER VORGANG. Wählen Sie unter „Vorgangsart" das Angebot und unter „Kunden" die Stadtverwaltung Ratingen.
4. Beachten Sie bei der Eingabe der Angebotsdaten:
   - Lieferung sofort und frei Haus
   - Rabatt 5 %
   - Zahlungsbedingung: zahlbar sofort und ohne Abzug
5. Speichern Sie Ihre Eingaben.

Fortsetzung der Einstiegssituation

Die Stadtverwaltung Ratingen hat die den Bedingungen des Angebotes bestellt.

Frau Möller beauftragt daraufhin Ayse, der Stadt eine Auftragsbestätigung zu schicken. Über das Modul **Vorgangsverwaltung** kann Ayse den bisherigen Vorgang (das Angebot) aufrufen und über den Button „Fortführen" den nächsten Schritt der Auftragsbearbeitung einleiten.

Noch am gleichen Tag veranlasst sie die Zustellung der Bürokopierer mit dem Zustellfahrzeug des City-Warenhauses. Als Begleitpapier für die Lieferung erstellt sie einen Lieferschein. Auch dieser Schritt wird über „Vorgangsverwaltung", „Auftragsbestätigung" anklicken und „Fortführen" vom Warenwirtschaftssystem unterstützt.

Auszug aus dem Bestellschreiben der Stadt

19.03.2020

Bestellung

Sehr geehrte Frau Möller,

hiermit bestelle ich zu den Bedingungen Ihres Angebotes und zur sofortigen Lieferung:

5 Bürokopierer, Sharp, Multifunktion,
Stückpreis 656,88 €

Mit freundlichen Grüßen

Der Bürgermeister

i. A. Bongert

ARBEITSAUFTRAG 2

Schreiben Sie die Auftragsbestätigung und den Lieferschein für die Stadt Ratingen mit dem Warenwirtschaftssystem INTWASYS.

VORSCHLÄGE ZUM VORGEHEN

1. Starten Sie das Programm und öffnen Sie die LSI-Datei aus dem ersten Arbeitsauftrag.
2. Ändern Sie das Programmdatum auf den 19.03.2020.
3. Gehen Sie in das Menü MODULE und starten Sie das Untermenü VORGANGSVERWALTUNG.
4. Markieren Sie das Angebot an die Stadt Ratingen.
5. Über „Fortführen" gelangen Sie in die nächste Maske. Dort wählen Sie die Vorgangsart „Auftragsbestätigung" und geben als Datum den 19.03.2020 ein. Über „Weiter" kommen Sie bis zum Abschluss des Vorgangs.
6. Für die Erstellung des Lieferscheins gehen Sie wieder an den Anfang der Vorgangsverwaltung und verfahren ähnlich wie bei der Auftragsbestätigung.

Fortsetzung der Einstiegssituation

Herr Boland, der Hausmeister und Lagermitarbeiter, der auch Waren an Kunden ausliefert, hat am gleichen Tag von der Stadtverwaltung den unterschriebenen Lieferschein mitgebracht. Frau Möller bittet Ayse deshalb, sofort die Rechnung über das Warenwirtschaftssystem auszustellen und der Stadtverwaltung zuzuschicken.

ARBEITSAUFTRAG 3

Stellen Sie mithilfe des Warenwirtschaftssystems die Rechnung für die Stadt Ratingen auf der Grundlage des Lieferscheins aus.

AUFGABEN

1

Die Stadtverwaltung Ratingen bestellt am 04.05.2020 zwei weitere Bürokopierer zu den gleichen Bedingungen wie in der Einstiegssituation oben.

Erstellen Sie mithilfe des Warenwirtschaftssystems die Auftragsbestätigung, den Lieferschein und die Rechnung zum 04.05.2020.

Vorgehensweise:

* Starten Sie das Programm (falls noch nicht geschehen) und öffnen Sie die LSI-Datei aus dem ersten Arbeitsauftrag. (Falls Ihnen diese Datei nicht zur Verfügung steht, öffnen Sie die Datei **WWS 2 Lernsituation 4 Rechnungsverkauf Aufgabe 1.lsi**)

* Ändern Sie das Programmdatum auf den 04.05.2020.
* Gehen Sie in das Menü MODULE und aktivieren Sie das Untermenü VERKAUF – NEUER VORGANG.
* Wählen Sie als Vorgangsart „Auftragsbestätigung“.
* Fortsetzung: Lieferschein, Rechnung

2

Das City-Warenhaus erhält am 25.05.2020 folgende E-Mail:

Von:	ev-kindergarten@gmx.de
An:	city-warenhaus@t-online.de
Betreff:	Bestellung

Sehr geehrte Damen und Herren,

wir bestellen zur sofortigen Lieferung :

20 Stück Plana Plus, Artikel-Nr.: 44020101, Preis pro Stück 3,45 €
30 Stück Bleistift Grip 2001, Artikel-Nr.: 44030201, Preis pro Stück 0,45 €
10 Stück Kunststoffordner, Artikel-Nr.: 44040102, Preis pro Stück 3,45 €
3 Stück Fax-Toner, Artikel-Nr.: 44060102, Preis pro Stück 42,45 €
10 Stück Tintenpatrone schwarz, Artikel-Nr.: 44060201, Preis pro Stück 25,95 €.

Lieferung und Rechnung bitte an folgende Anschrift:

Evangelischer Kindergarten
Talstr. 11
40878 Ratingen

Mit freundlichen Grüßen

Marianne Baumgarten
- Leiterin-

a Öffnen Sie die LSI-Datei, die Sie am Ende der Aufgabe 1 gespeichert haben. (Falls Ihnen diese Datei nicht zur Verfügung steht, öffnen Sie die Datei **WWS 2 Lernsituation 4 Rechnungsverkauf Aufgabe 2.lsi**)
b Ändern Sie das Programmdatum auf den 25.05.2020.
c Legen Sie die Stammdaten für diesen neuen Kunden an.
d Schreiben Sie den Lieferschein und die Rechnung für diesen Auftrag. Berücksichtigen Sie, dass Schulen und Kindergärten einen Rabatt von 5 % erhalten.
Lieferbedingung: frei Haus
Zahlungsbedingung: sofort und ohne Abzug

3

Die Bauschlosserei Mensing, Ratingen, hat vom City-Warenhaus am 29.05.2020 ein Angebot über Büroartikel erhalten. Dieses Angebot ist im Warenwirtschaftssystem erfasst worden. Angesichts der Auftragsgröße verlangt der Kunde nun telefonisch zusätzlich 2 % Skonto bei Zahlung innerhalb von 10 Tagen. Wir gehen auf die Forderung des Kunden ein, um ihn nicht zu verlieren, und sagen die sofortige Lieferung unter den vereinbarten Bedingungen zu.

a Öffnen Sie die LSI-Datei **WWS 2 Lernsituation 4 Rechnungsverkauf Aufgabe 3.lsi.**
b Ändern Sie das Programmdatum auf den 04.06.2020.
c Ändern Sie das im System hinterlegte Angebot ab, indem Sie auf den Wunsch des Kunden nach 2 % Skonto eingehen (MODULE – VERKAUF – VORGANGSVERWALTUNG).
d Schreiben Sie den Lieferschein und die Rechnung für diesen Auftrag.

5 Das Warenwirtschaftssystem für die Kalkulation nutzen

„Gut, dass ich ein Warenwirtschaftssystem habe" – sagte sich Frau Möller immer wieder. Für viele Entscheidungen, die ihr im Laufe eines Tages abverlangt wurden, konnte sie sich sehr schnell und einfach die nötige Zahlenbasis schaffen.

In folgenden Problemsituationen hat sie heute z. B. auf das Warenwirtschaftssystem zugegriffen:

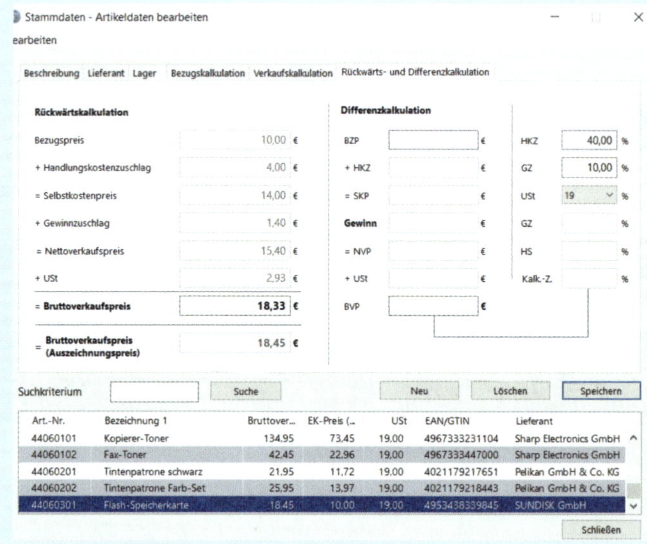

Situation 1:

Die Flash-Speicherkarten (Artikelnummer 44060301) sind zurzeit mit einem Bruttoverkaufspreis von 18,45 € ausgezeichnet.

Ein Mitbewerber hat den gleichen Artikel im heutigen Prospekt mit 14,99 € angeboten. Frau Möller möchte nun wissen:

1. Wie viel Gewinn verbleibt, wenn sie diesen Artikel ebenfalls für 14,99 € anbietet?
2. Für welchen Bezugspreis müsste sie die Flash-Speicherkarten einkaufen, damit sie ihre bisherige Kalkulation (40 % HKZ, 10 % Gewinn, 19 % Umsatzsteuer) realisieren kann?
3. Bei welchem Bezugspreis (und einem Bruttoverkaufspreis von 14,99 €) würde sie zumindest die Handlungskosten (40 % HKZ) noch decken?

Stammdaten – Artikel bearbeiten – Differenzkalkulation

Situation 2:

Auch Kopierer- und Fax-Toner unterliegen einem starken Wettbewerb. Frau Möller möchte daher die Preise dieser Artikel senken, und zwar:

* Kopierer-Toner von bisher 134,95 € auf 129,95 €
* Fax-Toner von bisher 42,45 € auf 39,95 €

Allerdings darf Frau Möller die Preise nur so weit verringern, dass mindestens 5 % Gewinn (vom Selbstkostenpreis) erreicht werden. Auch hier wird sie daher zunächst mithilfe des Warenwirtschaftssystems prüfen, ob der Mindestgewinn erzielt wird, wenn sie die beiden Preissenkungen durchführt.

Situation 3:

Beide Produkte sind nicht im Warenwirtschaftssystem vorhanden. Die Differenzkalkulation beeinflusst die hinterlegten Preise nicht.

Frau Möller liegt das Angebot eines Lieferanten über USB-Speichersticks vor. Bevor sie sich ausführlich mit dem Angebot auseinandersetzt, um die Produkte eventuell ins Sortiment aufzunehmen, prüft sie zunächst rechnerisch über eine Differenzkalkulation, ob die Preise „stimmen".

Bezugspreise: Marken-Speicherstick 12,50 €, Sonderangebotsware 5,75 €.

Frau Möller vermutet, dass der Marken-Speicherstick mit Blick auf die Mitbewerber zum Preis vom 23,95 € verkauft werden kann, die Sonderangebotsware darf höchstens mit 9,99 € im Prospekt erscheinen. Prüfen Sie, ob bei diesen Preisen noch der Mindestgewinn von 5 % (auf den Selbstkostenpreis) erzielt wird.

Situation 4:

Die Auszubildende Ayse hat einem Kunden einen Bürokopierer zum Preis von 691,45 € verkauft. Der Kunde verlangt einen Barzahlungsrabatt von 3 % (20,74 €). Es handelt sich um einen Stammkunden, der gerade in letzter Zeit häufig und viel eingekauft hat. Trotzdem muss Ayse ihre Abteilungsleiterin fragen, ob sie den Rabatt gewähren darf.

Frau Möller will den Rabatt gewähren, prüft aber, ob die Vorgabe über den Mindestgewinn (5 % Gewinnzuschlag auf den Selbstkostenpreis) eingehalten wird.

Situation 5

Tipp: Die „Verkaufskalkulation" des Programms nutzen, aber die Werte nicht abspeichern!

Der Füllfederhalter „Junior" aus der Abteilung Schreibwaren/Büro soll in den Wochenprospekt des City-Warenhauses aufgenommen werden. Den Angebotspreis legt die Abteilungsleiterin fest. Ihr stehen verschiedene Möglichkeiten offen, einen optisch attraktiven Preis (Schwellenpreis) zu ermitteln. Der Bezugspreis sollte allerdings mindestens gedeckt werden.

1. Möglichkeit: Sie verzichtet auf einen Gewinn (oder einen Teil davon).
2. Möglichkeit: Sie verzichtet auf den Gewinn und (ungefähr) auf die Hälfte des Handlungskostenzuschlages.
3. Möglichkeit: Der Preis soll mindestens den Bezugspreis decken. Am Ende sollte der Preis auf „..99 €" enden.

ARBEITSAUFTRAG

Ermitteln Sie mithilfe des Warenwirtschaftssystems INTWASYS die gesuchten Informationen zu den Situationen 1 bis 5 und treffen Sie – falls verlangt – die entsprechenden Entscheidungen.

VORSCHLÄGE ZUM VORGEHEN

1. Starten Sie INTWASYS und öffnen Sie die Lernsituation **WWS 2 Lernsituation 5 Kalkulation.lsi.**
2. Öffnen Sie das Menü STAMMDATEN – ARTIKEL und unter „Bearbeiten" den Reiter RÜCKWÄRTS- UND DIFFERENZKALKULATION.
3. Wählen Sie jeweils den Artikel aus, der in den Situationen 1 – 5 beschrieben wird.
4. Erledigen Sie die Aufgabenstellungen zu den Situationen 1 – 5.

Hinweis: Eingaben in der Rückwärts- und Differenzkalkulation haben keinen Einfluss auf den in der Verkaufskalkulation errechneten Bruttoverkaufspreis. Es handelt sich um reine Rechenoperationen.

AUFGABEN

1

Nachdem Frau Möller zunächst einige Preisänderungen nur durchkalkuliert hat, sind nun Entscheidungen zu treffen und die Preise im Warenwirtschaftssystem anzupassen.

Flash-Speicherkarte (Artikelnummer 44060301)

Frau Möller will diesen Artikel zum Preis von 14,99 € anbieten. Da dieser Preis aber zu einem Verlust führt, hat sie sich mit dem Lieferanten in Verbindung gesetzt. Der Lieferer ist bereit, die Bezugsbedingungen zu verbessern, und zwar wie folgt:

* Listeneinkaufspreis: 9,00 €
* Rabatt: 5 %
* Skonto: 2 %
* Lieferbedingung: frei Haus

Dieser Artikel ist bereits im Warenwirtschaftssystem vorhanden! Die Artikelstammdaten sind nur zu ändern.

Frau Möller wird den Artikel neu kalkulieren und den Bruttoverkaufspreis auf 14,99 € festsetzen, auch wenn sie mit jedem verkauften Produkt ihr Abteilungsergebnis verschlechtert. In einer Woche – wenn der Prospekt des Mitbewerbers ausgelaufen ist – wird sie den Preis wieder anheben. Zunächst werden die neuen Bezugsbedingungen und der Angebotspreis aber im Warenwirtschaftssystem als Änderung erfasst und gespeichert.

2

Der Artikel Kopierer-Toner (Artikelnummer 44060101) wird für eine Woche auf einen Bruttoverkaufspreis von 129,95 € gesenkt.

Handelsspanne und Rohergebnis werden erst dann korrekt berechnet, wenn man ein Eingabefeld (z. B. zum Bruttoverkaufspreis) verlassen hat.

a Verkaufen Sie ein Exemplar dieses Artikels zu seinem bisherigen Preis von 134,95 € und stellen Sie fest, ob auf dem Kassenbon der richtige Preis ausgewiesen wird.

b Ermitteln Sie über STAMMDATEN – ARTIKEL BEARBEITEN die Höhe der Handelsspanne und das Rohergebnis beim alten Preis von 134,95 €.

c Vermindern Sie den Preis auf 129,95 € (STAMMDATEN – ARTIKEL BEARBEITEN).

d Verkaufen Sie erneut ein Exemplar und überprüfen Sie den Preis auf dem Kassenbon.

e Ermitteln Sie die Handelsspanne und das Rohergebnis beim verminderten Preis von 129,95 €.

3

Die Prospektwerbung des Mitbewerbers (siehe Aufgabe 1) ist abgelaufen. Frau Möller wird daher den Preis für die Flash-Speicherkarte (Artikelnummer 44060301) wieder auf den alten Preis von 18,45 € anheben.

a Ändern Sie den Bruttoverkaufspreis im Warenwirtschaftssystem auf 18,45 € (die neuen Angebotsbedingungen des Lieferanten bleiben bestehen).

b Halten Sie schriftlich fest, welche Handelsspanne und welches Rohergebnis mit dem neuen Preis erzielt werden.

4

Kopierer-Toner wird aktuell im City-Warenhaus Bauer mit 134,95 € verkauft. Regelmäßige Vergleiche mit ausgesuchten Mitbewerbern zeigen folgende Preise:
- große Online-Händler im Internet: zwischen 138,90 € und 145,99 €
- der wichtigste stationäre Mitbewerber in der Nähe: 139,99 €

Die Leiterin der Abteilung Schreibwaren/Büro ist der Meinung, dass man den eigenen Preis nach oben anpassen kann, indem sie z. B. den Gewinnzuschlag von 10 % auf 15 % erhöht.

a Prüfen Sie die kalkulatorische Auswirkung einer Erhöhung des Gewinnzuschlages und entscheiden Sie, zu welchem Preis Kopierer-Toner zukünftig angeboten werden soll. Verwenden Sie die Verkaufskalkulation des Kopierer-Toners im Warenwirtschaftssystem.

b Speichern Sie den neu festgesetzten Preis.

5

Die Handlungskosten im City-Warenhaus Bauer sind gestiegen. Auch die Abteilung Schreibwaren/Büro soll daher mit einem höheren Handlungskostensatz kalkulieren, nämlich mit 45 % anstelle von 40 %. Die Abteilungsleiterin möchte nun anhand von zwei Produkten die kalkulatorischen Auswirkungen dieser Maßnahme überprüfen.

a Ermitteln Sie mithilfe der Verkaufskalkulation die neuen Preise nachfolgender Artikel, wenn mit einem Handlungskostensatz von 45 % kalkuliert wird.
  - Briefpapier Perga
  - Tintenpatrone schwarz

b Beurteilen Sie die Auswirkungen der Preisänderungen auf die Kundennachfrage und die Verkäuflichkeit der Produkte.

Hinweis: Beim Briefpapier Perga sind Preisvergleiche durch Kunden nur schwer möglich und auch unüblich. Die Tintenpatrone unterliegt hingegen einem starken Wettbewerb und es stehen den Kunden – insbesondere über das Internet – gute Vergleichsmöglichkeiten zur Verfügung.

6

Der Artikel „Heftapparat Standard“ wird kaum noch nachgefragt. Er soll deshalb abverkauft werden. Im nächsten Prospekt des Warenhauses ist der Heftapparat als Sonderangebot vorgesehen. Die Leiterin der Abteilung Schreibwaren/Büro überlegt, wie mit einer deutlich sichtbaren Preissenkung der Abverkauf beschleunigt werden kann. Sie kalkuliert das Produkt daher zunächst mit einem Gewinnzuschlag von 0 %, im zweiten Schritt zusätzlich ohne Deckung der Handlungskosten.

a Ermitteln Sie den Preis für den Heftapparat Standard, wenn zunächst auf den Gewinn und dann auch noch auf die Handlungskosten verzichtet wird.

b Beurteilen Sie, ob jeweils eine deutlich sichtbare Preissenkung erzielt werden kann. Entscheiden Sie sich für einen Preis und speichern sie ihn für den Abverkauf im Warenwirtschaftssystem.

7

Das Rohergebnis ist die Differenz zwischen dem Nettoverkaufspreis einer Ware und dem Bezugspreis (Einkaufspreis). Diese Differenz ist für den Einzelhändler besonders bedeutsam, weil er daraus seine Handlungskosten bestreiten muss. Der Rest ist sein Gewinn. Je höher das Rohergebnis eines Produktes, desto interessanter ist es für den Einzelhändler.

a Öffnen Sie das Programm mit der Datei **WWS 1 Lernsituation 3 Auswertung Monat.lsi**.

b Ändern Sie das Programmdatum auf den 31.03.2020, 19:00 Uhr und rufen Sie die Auswertung „Rohergebnis“ auf. Auswertungszeitraum: 01.03. – 31.03.2020

c Geben Sie die drei Artikel an, die pro Stück das höchste Rohergebnis in Prozent aufweisen.

d Nennen Sie die drei Artikel, die aufgrund des Monatsumsatzes das höchste Rohergebnis in EURO erzielt haben.

e Begründen Sie, welche Schlussfolgerungen der Geschäftsinhaber aus den Informationen für seine Sortimentszusammensetzung ziehen kann.

Abschlussaufgabe zu Warenwirtschaftssystem 2

Situation

Für Frau Möller, die Abteilungsleiterin Schreibwaren/Büro im City-Warenhaus Bauer und die Auszubildende Ayse Özdemir ist das Warenwirtschaftssystem für viele Aufgabenstellungen eine wirksame Hilfe, um verschiedene Praxisprobleme zu lösen. Sofern Veränderungen im Programm vorzunehmen sind, verwenden sie den Datensatz **WWS 2 Lernsituation 2 Bestellung Aufgabe 1.lsi.**

1

Frau Möller möchte in ihrer Abteilung das Sortiment um einige Produkte erweitern:

- Die vorhandene Warenart „Speichermedien“ soll um USB-Sticks ergänzt werden, und zwar um USB-Sticks mit 6 und 8 Gigabite (GB).
- Ganz neu sollen Tintenstrahldrucker aufgenommen werden.

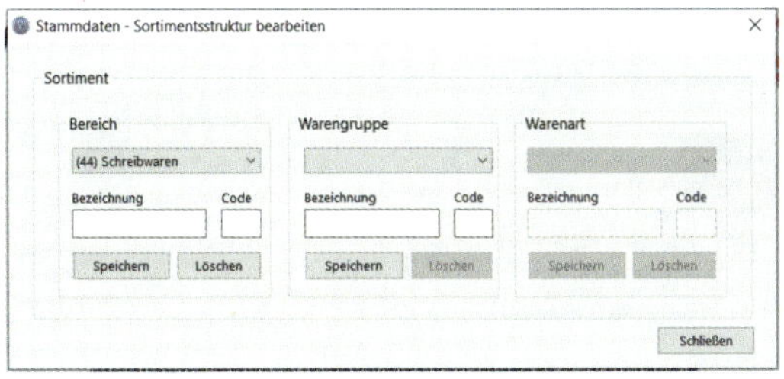

a Fügen Sie die Artikel „Super-Memory 6 GB“ und „Super-Memory 8 GB“ in die vorhandene Sortimentsstruktur ein, indem Sie jeweils die achtstellige Artikelnummer für diese beiden Produkte bestimmen.

b Legen Sie eine neue Warenart „Tintenstrahldrucker“ in der Sortimentsstruktur an und bestimmen Sie die achtstellige Artikelnummer für den Tintenstrahldrucker „XMA 100“.

c Nehmen Sie an, Frau Möller würde auch einen neuen Flash-Speicher-Typ mit 16 GB Kapazität in das Sortiment aufnehmen. Ermitteln Sie für dieses Produkt die achtstellige Artikelnummer.

2

In den Artikelstammdaten ist für jedes Produkt ein Meldebestand zu bestimmen.

Lager Tintenpatrone HP

Mindestbestand	3,00
Aktueller Lagerbestand	53,00
Höchstbestand	53,00
Meldebestand	13,00
Lieferzeit	10 Tag(e)
Lagerplatz	

a Begründen Sie, wie beim Artikel Tintenpatrone HP der Meldebestand berechnet worden ist (siehe Abbildung rechts). Gehen Sie von einem durchschnittlichen Absatz von einem Artikel pro Tag aus.

Für den neuen Artikel Super-Memory 6 GB sind die Artikelstammdaten weitgehend erstellt worden. Der Meldebestand ist aber noch zu bestimmen (siehe Abbildung rechts unten).

Lager Super-Memory 6 GB

Mindestbestand	6,00
Aktueller Lagerbestand	0,00
Höchstbestand	40,00
Meldebestand	0,00
Lieferzeit	4 Tag(e)

b Berechnen Sie den Meldebestand für den Artikel. Gehen Sie von einem durchschnittlichen Abverkauf von zwei Stück pro Tag aus.

c Beschreiben Sie, wie die Erstbestellung der Sticks über 40 Exemplare in das Warenwirtschaftssystem aufgenommen wird.

3

Frau Möller hat – wie fast jeden Tag – den Bestellvorschlag aus dem Warenwirtschaftssystem ausgedruckt.

City-Warenhaus Bauer
Oberstraße 17
40878 Ratingen

Bestellvorschlag

Pos.	Art.Nr.	Bezeichnung 1 / Bezeichnung 2 / Vk-Preis	Lieferant / Best.-Nummer	M-Bestand / Bestand / H-Bestand	Meldebestand / Vorschlag	Abweichung
1	44020101	PLANA Plus 500 Blatt 80 g/m² 3,45	Schneidersohn KG 43445	6 12 36	12 24	
2	44060202	Tintenpatrone Farb-Set HP 2323 25,95	Pelikan GmbH & Co. KG 21844	20 38 72	40 34	

a Erläutern Sie die Begriffe „M-Bestand“ und „H-Bestand“.
b Begründen Sie, warum die beiden Positionen im Bestellvorschlag aufgelistet sind.
c Geben Sie an, wie das Warenwirtschaftssystem den Bestellvorschlag ermittelt hat.
d Begründen Sie, welche Verbindlichkeit die Bestellvorschläge für Frau Möller haben.

4

Bei dem Artikel „Tintenpatrone schwarz“ haben sich die Bezugsbedingungen trotz intensiver Verhandlungen mit dem Lieferanten verschlechtert. Der Lieferant gibt als Grund verringerte Einkaufsmengen an.

Der Rabatt wurde von 10 % auf 5 % gesenkt und die Möglichkeit, Skonto geltend zu machen, wurde gestrichen.

a Rufen Sie den Artikel im Warenwirtschaftssystem auf und geben Sie die Änderungen ein.
b Beurteilen Sie die Auswirkungen auf den Bruttoverkaufspreis.
c Setzen Sie den neuen Auszeichnungspreis fest.

5

Der Artikel „Tintenpatrone Farb-Set“ läuft sehr gut. Frau Möller möchte daher den Preis für das Produkt anheben, indem Sie den Gewinnzuschlag von 10 % auf 20 % verdoppelt.

a Rufen Sie den Artikel im Warenwirtschaftssystem auf und geben Sie den neuen Gewinnzuschlag ein.
b Beurteilen Sie die Auswirkungen auf den Bruttoverkaufspreis.
c Setzen Sie den neuen Auszeichnungspreis fest.

6

In der Aufgabe 5 haben Sie den Gewinnzuschlag in der Verkaufskalkulation des Artikels „Tintenpatrone Farb-Set“ geändert. Es gibt ein weiteres Menü im Warenwirtschaftssystem, dass die Änderung des Gewinnzuschlages (und des Handlungskostenzuschlages sowie der Umsatzsteuer) zulässt.

Begründen Sie, wodurch sich Änderungen des Gewinnzuschlages an den beiden Stellen (Feldern) in ihrer Auswirkung unterscheiden.

Kalkulation des Bruttoverkaufspreises

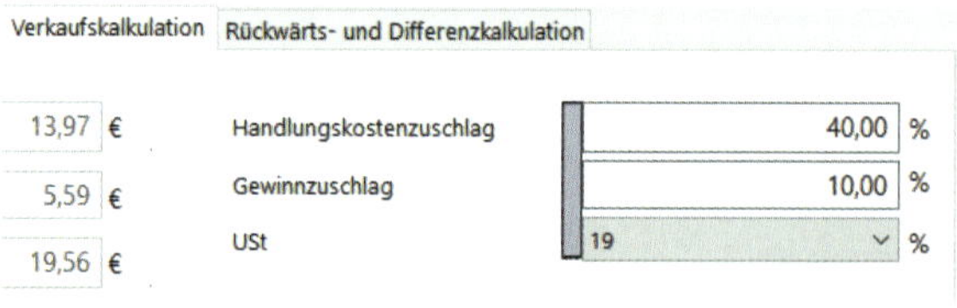

Kalkulationsgrößen im Menü Extras

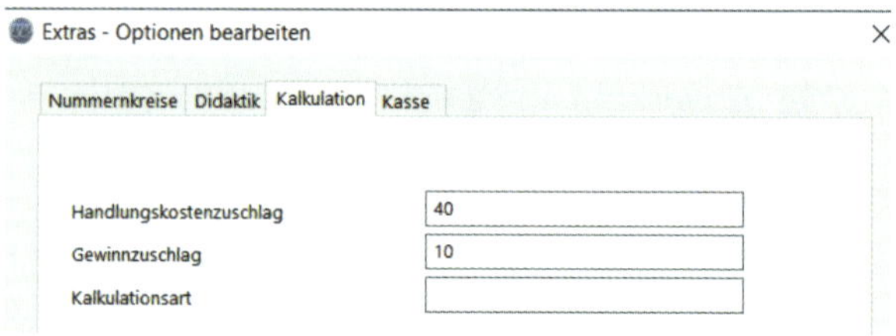

7

Die Bauschlosserei Mensing bittet um ein Angebot für ein Laser-Faxgerät. Sie erstellen das Angebot und übersenden es als PDF-Datei an die Bauschlosserei.

Der Inhaber, Herr Mensing, meldet sich daraufhin telefonisch und erwartet, dass er als Stammkunde einen Rabatt erhält.

Frau Möller einigt sich mit ihm auf einen Rabatt von 3 % und verspricht ein neues Angebot.

Angebot Nr. 129

Pos.	Art.-Nr.	Bezeichnung 1 Bezeichnung 2	Menge	Einheit	Einzelpreis	Positionspreis
1	44050201	Laser-Faxgerät Entry Level	1	Stück	204,16 €	204,16 €
Netto-Betrag:						204,16 €
		19,00 % USt. von	204,16 €		+	38,79 €
Rechnungsbetrag:						242,95 €

Zahlungsbedingungen: zahlbar sofort und ohne Abzug
Skonto: 0,00 % 0,00 €
Lieferbedingungen: frei Haus

a Erstellen Sie das erste Angebot für die Bauschlosserei Mensing: Lieferung frei Haus, zahlbar sofort und ohne Abzug. Rufen Sie dazu den Datensatz **WWS 2 Lernsituation 4 Rechnungsverkauf Arbeitsauftrag.lsi** auf.

b Ändern Sie das Angebot ab, indem Sie einen Rabatt von 3 % berücksichtigen (Button „Bearbeiten").

Herr Mensing bestellt daraufhin das Faxgerät zum neuen Preis.

c Erstellen Sie die Auftragsbestätigung, den Lieferschein und die Rechnung.

d Beschreiben Sie, was passiert, wenn Sie unter b den Button „Fortführen" verwenden.

8

Während des Telefongespräches (siehe Aufgabe 7) hatte Frau Möller kaum eine andere Wahl, als auf den Kundenwunsch einzugehen, weil die Bauschlosserei Mensing ein wichtiger Kunde ist. Trotzdem möchte sie nach dem Gespräch wissen, in welcher Höhe genau der Gewinn für ein Faxgerät durch die Rabattgewährung von 3 % verringert wird.

Ermitteln Sie mithilfe der Differenzkalkulation des Warenwirtschaftssystems die Gewinnveränderung für ein Faxgerät, wenn ein Rabatt von 3 % gewährt wird.

E-Commerce

1 Einen Onlineshop planen

Das City-Warenhaus Bauer plant einen Onlineshop. Immer häufiger haben Kunden gefragt, wann sie bequem von zuhause aus im City-Warenhaus Bauer einkaufen können. Die Konkurrenz ist längst mit attraktiven Onlineauftritten ausgestattet. So wurde der Druck, etwas zu unternehmen, immer größer.

Allerdings waren auch Bedenken auszuräumen: Ein solcher Shop muss gepflegt werden, der Bestellablauf und der Versand sind zu organisieren und vieles andere mehr. Letztlich hat man sich aber doch für die Teilnahme am E-Commerce entschieden.

Der Inhaber des Warenhauses, Herr Bauer, und Frau Dehn, die als Verwaltungsleiterin auch für das Marketing zuständig ist, wollen zunächst grundlegende Fragen klären, bevor sie an die konkreten Einrichtungsschritte gehen.

Fragen/Probleme zum Onlineshop			
1.	Herr Bauer und Frau Dehn wollen sich Klarheit darüber verschaffen, was ihre wichtigsten Gründe für die Einrichtung eines Onlineshops sind. Dazu hat Frau Dehn mögliche Gründe aufgelistet. Zwei Felder sind frei geblieben für zusätzliche Gründe. **Bringen Sie die Felder in eine Rangfolge (1 = wichtigster Grund).**	☐	Das Image des Warenhauses als modernes, technologiefreundliches Unternehmen erscheinen lassen.
		☐	Die veränderten Einkaufserwartungen der Kunden erfüllen.
		☐	Bedienungspersonal im stationären Geschäft einsparen.
		☐	Neue Kunden gewinnen.
		☐	Den Umsatz erhöhen.
		☐	Die Zukunft des Unternehmens sichern, indem man an der dynamischen Entwicklung des digitalen Handels teilnimmt.
		☐	
		☐	
2.	Das City-Warenhaus Bauer hat zurzeit einen Ein-Kanal-Vertrieb (Single-Channel). Mit dem Betrieb eines Onlineshops würde ein zweiter Verkaufskanal hinzukommen. Es stehen zwei unterschiedliche Vorgehensweisen bei der Verzahnung von stationärem Warenhaus und Onlineshop zur Verfügung, nämlich: * Multi-Channel (Mehr-Kanal-Vertrieb) oder * Omni-Channel (All-Kanal-Vertrieb) Das Warenhaus erwartet, dass mit dem Onlineshop auch Click & Collect, Click & Reserve sowie Onlineretouren möglich sind. **Treffen Sie eine begründete Entscheidung, welches Vertriebskonzept das City-Warenhaus Bauer anstreben soll.**		
3.	Die Kunden des City-Warenhauses sind zum Bedauern von Herrn Bauer eher älter. Herr Bauer hofft, durch den Onlineshop mehr jüngere Kunden zu gewinnen. **Begründen Sie, ob diese Erwartung von Herrn Bauer berechtigt ist. Geben Sie dazu mindestens drei Gründe an, die den Onlineeinkauf für jüngere Kunden attraktiv machen.**		

Fragen/Probleme zum Onlineshop

4. Frau Dehn hat bereits einige Vorschläge entwickelt, welche Produkte das Warenhaus anbieten könnte. „Auf keinen Fall gleich zu Anfang das ganze Sortiment. Das würde uns überfordern." Sie hat zwei Warengruppen ins Auge gefasst und aus den Warengruppen einige Produktvorschläge entwickelt.

Markieren Sie die Produkte, die nach Ihrer Meinung im Onlineshop angeboten werden sollten. Die freien Felder können Sie nach eigenen Vorstellungen ergänzen. Begründen Sie Ihre Lösung.

	Parfümerie/Drogerie		Schreibwaren/Büro
☐	Allzweckreiniger Citrofrisch zum Sonderpreis von 1,99 €/Flasche	☐	Kopierpapier PLANA PLUS, 500 Blatt, 3,45 €
☐	Cerruti 1881, Eau de Toilette für Herren, Preis 49,00 €	☐	Bürokopierer Multifunktion, 691,45 €
☐	Nahrungsergänzungsmittel für Sportler, z. B. Sportgetränk Basica Sport, 660 g, 24,99 €	☐	Kopierer-Toner, schwarz, 134,95 €
☐	Toilettenpapier Family, 20 x 170 Blatt, 3,99 €	☐	Tintenpatrone Farb-Set, 25,95 €
☐	Produkte für Diabetiker (Blutzucker-Messgeräte, Einmalspritzen, Nahrungsergänzungsmittel, Fußpflegeprodukte usw.)	☐	Spezialreiniger für PC, Laptop und Tablet, z. B. Bildschirm-Schaumreiniger, 400 ml, 7,95 €
☐	??	☐	??
☐	??	☐	??

5. Frau Dehn hat einige Angebote für Shop-Programme eingeholt.

Angebot 1	Kostenloses Programm, allerdings mit eingeschränkten Funktionen. Es ist für kleinere Unternehmen gedacht oder für Einzelhändler, die ausschließlich einen (kleinen) Onlineshop betreiben.
Angebot 2	Monatsgebühr ab 9,99 €, mit zunehmendem Funktionsumfang steigt die Gebühr. Es handelt sich aber um einen leistungsfähigen Onlineshop.
Angebot 3	Einmalige Kosten von 15 000,00 € für die leistungsstärkste Version.
Angebot 4	Onlinemarktplatz, bei dem der Betreiber die kaufmännische Verwaltung übernimmt. Der Einzelhändler muss die Produktdaten liefern und den Versand organisieren. Kosten: 39,00 € pro Monat, Umsatzprovision je nach Warengruppe zwischen 7 und 15 %.

Es ist grundsätzlich zu entscheiden, in welche Richtung sich das City-Warenhaus Bauer bewegen will, welches Angebot also genauer geprüft werden soll.

ARBEITSAUFTRAG

Planen Sie grundlegende Überlegungen zur Einrichtung eines Onlineshops.

VORSCHLÄGE ZUM VORGEHEN

1. Klären Sie die Fragen und Probleme 1 bis 5.
2. Entwerfen Sie einen Text, der Ihre Ergebnisse aus dem Arbeitsauftrag in Form einer Beschreibung des zukünftigen Onlineshops im City-Warenhaus Bauer zusammenfasst.

AUFGABEN

1

Frau Dehn hat bei der Produktauswahl gesagt: „Auf keinen Fall gleich zu Anfang das ganze Sortiment. Das würde uns überfordern."

Begründen Sie, warum Frau Dehn im Regelfall zuzustimmen ist.

2

Die Einführung eines Onlineshops stellt auch neue Anforderungen an die Mitarbeiter des City-Warenhauses, vor allem, wenn der Onlineshop und das stationäre Geschäft eng miteinander verzahnt werden.

Machen Sie zwei Vorschläge, wie die Mitarbeiter auf diese neue Situation vorbereitet werden können.

3

Das Textilfachgeschäft Krügel bietet seine Produkte auf folgende Weise an:

* in einem stationären Geschäft
* durch einen gedruckten Katalog
* über einen Onlineshop, der vom PC, vom Tablet und vom Smartphone zu erreichen ist.

Geben Sie an, über wie viele Verkaufskanäle die Kunden des Textilfachgeschäftes angesprochen werden.

4

Siehe Seite 110

Im Informationsteil sind die Nachteile eines Onlineshops in nebenstehender Grafik dargestellt worden.

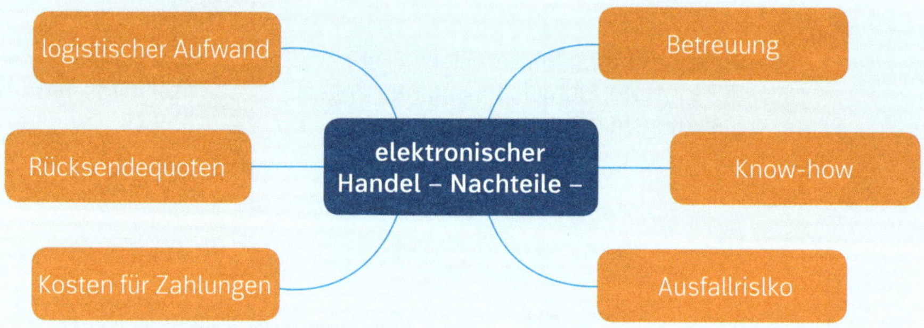

Erläutern Sie Stichworte in der Grafik.

5

Nachfolgend werden Fachbegriffe mit den Ziffern 1–6 und die dazu gehörenden Erläuterungen vorgestellt.

Fachbegriffe			Erläuterungen
1	Multi-Channel	☐	Handelsplattform, die Produkte im Internet zum Verkauf bereitstellt
2	E-Commerce	☐	Das Geschäft hat nur einen Vertriebskanal.
3	Onlineshop	☐	Elektronischer Versandhandel, z. B. über das Internet oder über Netzwerke von Mobilfunkanbietern
4	Single-Channel	☐	Angebot von Waren mithilfe eines Mediums wie Katalog, Internet u. a.
5	Versandhandel	☐	Ansprache der Konsumenten auf verschiedenen, nicht miteinander verzahnten Kanälen
6	Omni-Channel	☐	Verzahnung von Verkaufskanälen, um Kunden auf verschiedenen Wegen (Kanälen) anzusprechen

Ordnen Sie die Ziffern 1–6 den Erläuterungen zu.

6

Kunden wurden nachfolgende Aussagen zum Onlinehandel vorgelegt mit der Bitte, jede Aussage mit einer Punktzahl von 1 bis 5 zu bewerten (1 = trifft in hohem Maße zu, 5 = trifft nicht zu).

Nr.	Aussage	Punkte
1	Ich kaufe vor allen Dingen deshalb Waren im Internet, weil meine bestellten Waren bis an die Haustür geliefert werden.	
2	Die Auswahl im Onlinehandel ist größer als in normalen Geschäften.	
3	Die Produktbeschreibungen in den Onlineshops sind für mich sehr hilfreich bei der Entscheidung, einen Artikel zu bestellen.	
4	Im Onlinehandel finde ich immer wieder Dinge, die es in normalen Geschäften nicht oder nur selten gibt.	
5	Die Produkte im Internet sind insgesamt günstiger als vergleichbare Produkte im stationären Handel.	
6	Im Internet kann ich jederzeit und an jedem Ort einkaufen.	

Bewerten Sie die Aussagen.

2 Die Verteilung der Versandkosten festlegen

Das City-Warenhaus Bauer wird einen Onlineshop mit Produkten aus der Warengruppe Schreibwaren/Büro einrichten.

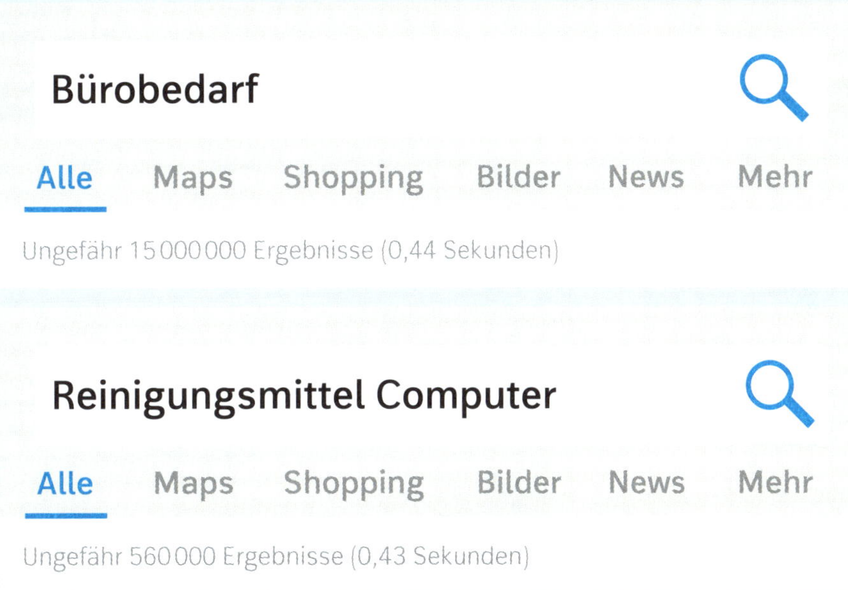

Frau Dehn hatte zwei Suchvorgänge auf Google mit folgenden Begriffen gestartet:

1. „Bürobedarf"
2. „Reinigungsmittel Computer"

Das Suchwort „Bürobedarf" erbrachte 15 Mio. Suchergebnisse. An der ersten Positionen der Ergebnisliste standen schwergewichtige Anbieter wie Office-Discount, Otto-Office.com und viking.de.

Frau Dehn: *„Gegen die haben wir doch keine Chance."*

Der Suchlauf zu „Reinigungsmittel Computer" zeigte 560 000 Ergebnisse mit deutlich weniger bekannten Anbietern.

Herr Bauer: „Das sieht schon besser aus, sind aber immer noch einige Hunderttausend zu viel."

Frau Dehn: *„Die Ergebnisse der Suchvorgänge geben natürlich nicht nur Onlineshops wieder, sondern verschiedenste Anwendungen der Begriffe. Man kann sich aber vorstellen, dass hinter 15 Mio. Aufrufen eine große Zahl von Mitbewerbern im Bereich Bürobedarf steht."*

Produktbeispiele
- Mikrofaser-Reinigungstücher
- Feinstaubfilter für Laserdrucker
- Tastatur-Staubschutz
- Trockenleder
- Tastaturreiniger
- Staubgebläse
- Nasswischtücher

Herr Bauer: „Ich denke, mit Reinigungs- und Pflegemitteln für PC, Laptop und Tablet-Computer decken wir eine Nische ab. Das sollten wir als Sortimentsschwerpunkt innerhalb der typischen Büroprodukte auswählen."

Als nächstes möchten Frau Dehn und Herr Bauer klären, ob das City-Warenhaus preislich am Markt konkurrenzfähig ist. Beispielhaft wird das Produkt „Bildschirm-Schaumreiniger" betrachtet.

In verschiedenen Onlineshops wird dieses Produkt für 7,95 € angeboten. Ein Angebotsvergleich führt zu einem Bezugspreis von 3,05 €. Die Abteilung Schreibwaren/Büro kalkuliert bei diesem Produkt mit einem Handlungskostenzuschlag von 60 %. Der Umsatzsteuersatz beträgt 19 %. Eine Differenzkalkulation ergibt einen Gewinn von 1,80 € (siehe nebenstehende Kalkulation). Dieser Gewinn wird im City-Warenhaus Bauer als ausreichend angesehen.

Differenzkalkulation	€
Bezugspreis	3,05
+ Handlungskostenzuschlag 60 %	1,83
= Selbstkostenpreis	4,88
Gewinn	**1,80**
Nettoverkaufspreis	6,68
Umsatzsteuer 19 %	1,27
Bruttoverkaufspreis	7,95

Produkte aus einem Onlineshop müssen im Regelfall an die Kunden versandt werden. Nur in Ausnahmefällen holt der Kunde die im Onlineshop bestellten Produkte im stationären Geschäft des Onlineanbieters ab.

Die Versandkosten beeinflussen daher den Preis, es sei denn, man könnte erreichen, dass die Kunden die Versandkosten bezahlen oder zumindest einen Teil davon.

Eine Anfrage bei verschiedenen Versanddienstleister ergibt als günstigstes Angebot eine Preis von 4,00 € pro Sendung, unabhängig vom Gewicht und Entfernung.

Es ist nun zu prüfen, wie sich die Versandkosten auf die Kalkulation auswirken.

Dazu sollen beispielhaft drei Bestellungen verglichen werden mit 1, 5 und 10 Flaschen Schaumreiniger.

Stückzahl	1	5	10
	€	€	€
Bezugspreis			
+ Handlungskostenzuschlag			
= Selbstkostenpreis I			
+ Versandkosten			
= Selbstkostenpreis II			
Gewinn			
Nettoverkaufspreis			
Umsatzsteuer			
Bruttoverkaufspreis			

Nun ist zu entscheiden, ob und wenn ja, wie die Kunden an den Versandkosten beteiligt werden sollen.

Folgende Möglichkeiten stehen zur Verfügung:

1. Der Kunde wird nicht an den Versandkosten beteiligt. Im Onlineshop wird immer eine Frei-Haus-Lieferung angeboten.
2. Der Kunde wird bis zu einem bestimmten Bestellwert mit Versandkosten belastet, in der Regel mit einer Pauschale. Wird der Bestellwert überschritten, wird er versandkostenfrei beliefert.
3. Der Kunde übernimmt grundsätzlich die Versandkosten in Höhe von 4,00 € als Versandpauschale.

ARBEITSAUFTRAG
Entscheiden Sie über die Verteilung der Versandkosten.

VORSCHLÄGE ZUM VORGEHEN
1. Kalkulieren Sie den Gewinn bei Bestellungen über 1, 5 und 10 Dosen Bildschirm-Schaumreiniger.
2. Entscheiden Sie, wie die Frage der Versandkosten im Onlineshop geregelt werden soll.

Tipp: Sie können Ihre Entscheidung auch sofort in die Software INTWASYS eingeben. Siehe Seite 72.

AUFGABEN

1

Das City-Warenhaus Bauer hat sich für einen Onlineshop in der Warengruppe Schreibwaren/Büro entschieden. Erste Überlegungen gingen auch in Richtung Drogerie/Parfümerie.

Begründen Sie anhand der nebenstehenden Statistik über die Umsätze im Onlinehandel 2019, ob das Warenhaus die richtige Entscheidung getroffen hat.

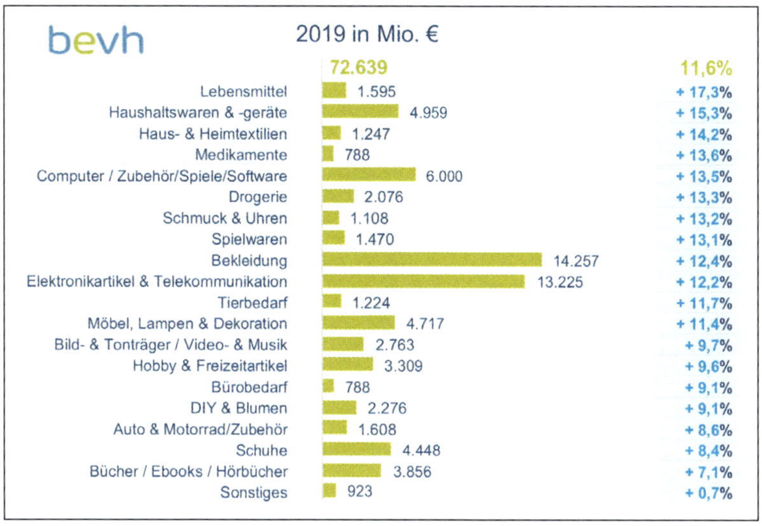

2

Die Umsätze im Onlinehandel nehmen von Jahr zu Jahr deutlich zu, von 2018 auf 2019 um 11,6 %. Offensichtlich ist das Einkaufen über das Internet für Kunden sehr attraktiv.

a Markieren Sie die nachfolgenden Aussagen, die nach Ihrer Meinung vor allem die Umsätze im Onlinehandel antreiben.

b Ergänzen Sie die Aussagen um 2 weitere Gründe, die Ihnen persönlich wichtig erscheinen.

☐ schnelle und pünktliche Lieferung
☐ bequemes Einkauf von zuhause aus
☐ besonders niedrige Preise
☐ einfaches Bezahlen
☐ große Auswahl
☐ weltweiter Einkauf
☐ Same Day Delivery
☐ einfaches Zurücksenden
☐ kostenfreie Zustellung
☐ einfacher Produktvergleich
☐
☐

c Nennen Sie die drei nach Ihrer Meinung wichtigsten Gründe.

3

Onlineshops weisen unterhalb der Produktbeschreibung oft auf die Verfügbarkeit der Ware hin (z. B. „Nur noch 3 Artikel auf Lager (mehr sind unterwegs)."

Geben Sie an, welche der nachfolgenden Aussagen zur Verfügbarkeitsangabe aus Ihrer Sicht zutrifft.

1 Für mich ist es eine hilfreiche Information, weil ich weiß, dass ich den Artikel jetzt sofort bestellen kann.

2 Interessiert mich nicht; die Ware ist sowieso immer vorrätig.

3 Ich fühle mich unter Druck gesetzt, weil ich nicht sorgfältig auswählen kann. Manchmal möchte ich auch noch ein paar Tage mit der Kaufentscheidung warten. Dann ist das Risiko aber zu hoch, nicht mehr zum Zuge zu kommen.

4

Ein Fachgeschäft für Anglerbedarf hat einen Onlineshop eingerichtet, zunächst mit einem Teil des stationären Sortiments. Der Inhaber möchte auch Versand-Zusatzleistungen anbieten, kann das aber nur schrittweise im Laufe des Geschäftsjahres.

Legen Sie eine Reihenfolge für die Zusatzleistungen fest. Setzen Sie die Zusatzleistung an die erste Stelle [1], die nach Ihrer Meinung Kunden besonders schätzen.

- ☐ Geschenkverpackung
- ☐ Abweichende Lieferadresse
- ☐ Sendungsverfolgung
- ☐ Sendungsavisierung/Bestimmung des Zustellzeitpunktes
- ☐ Zweitzustellung
- ☐ Lieferung am selben Tag (Same Day Delivery)

5

Für viele Onlineshops sind Rücksendungen (Retouren) ein großes Problem. Die Shop-Betreiber versuchen daher durch geeignete Maßnahmen, die Retourenquote zu senken.

Markieren Sie in der nachfolgenden Tabelle die Maßnahmen, die nach Ihrer Meinung geeignet sind, Rücksendungen durch Kunden zu verringern.

Maßnahmen

- ☐ Kunden, die mehr als fünfmal Sendungen zurückschicken, werden von weiteren Bestellungen ausgesperrt.
- ☐ Der Retourenschein enthält ein freies Feld. Die Kunden werden gebeten, den Grund für die Rücksendung in das Feld einzutragen.
- ☐ Bei Produkten, die häufig zurückgesendet werden, werden die Produktbeschreibungen sorgfältig geprüft, ob sie für die Kunden verständlich sind und keine Missverständnisse erzeugen.
- ☐ Die Laufzeiten der Sendungen werden anhand der Empfangsbestätigungen überprüft. Die Empfangsbestätigungen können beim Versanddienstleister angefordert werden.
- ☐ Die Verpackungen werden hinsichtlich ihrer Stabilität und ihrer Eignung für die Produktgröße kontrolliert.
- ☐ Kunden, die Sendungen häufig zurückschicken, erhalten die Ware nur noch gegen Vorkasse. Die Erstattung des vorausbezahlten Betrages wird deutlich verzögert. Dies hat einen erzieherischen Effekt.

6

Zurückgeschickte Ware ist oft nicht mehr verkäuflich oder nur als B-Ware mit deutlichen Abschlägen.

Entwickeln Sie zwei Vorschläge, wie zurückgeschickte B-Ware trotzdem noch verkauft werden kann.

7

Der Onlineshop „Fahrradtransport“ verkauft Fahrradboxen, die auf dem Gepäckträger montiert werden können. Es gibt nur eine Größe, sodass auch nur ein Kartontyp verwendet wird. Da im Regelfall nur jeweils eine Box bestellt wird, sind die Paketsendungen meistens gleich schwer (ca. 3 kg) und gleich groß.

Das Fahrradfachgeschäft Meisner vertreibt über seinen Onlineshop alles, was mit Fahrrädern zu tun hat, vom kompletten Rad bis zum Fahrradhandschuh.

Ein Versanddienstleister machte folgende Angebote:

Angebot 1:	Festpreis von 5,50 € für jedes Paket, unabhängig von der Größe und dem Gewicht.
Angebot 2:	Preisberechnung nach Gewicht: bis 10 kg 4,00 € bis 20 kg 7,00 € bis 30 kg 10,00 €

Versetzen Sie sich in die Situation der beiden Onlineshops. Begründen Sie, für welches Angebot Sie sich jeweils entscheiden würden.

8

Immer mehr Einzelhändler haben den zweiten Vertriebskanal „Onlineshop".

Betrachten Sie
a den Onlineshop Ihres Ausbildungsbetriebes und
b den Onlineshop Ihres wichtigsten Mitbewerbers unter folgenden Fragestellungen:

1 Wird das komplette Sortiment des stationären Geschäftes angeboten oder nur ein Teilsortiment (Nische)?

2 Welche Versandkostenregelung wird den Kunden geboten?

3 Welche Versand-Zusatzleistungen kann der Kunde in Anspruch nehmen?

3 Einen Produkttext entwerfen

Die Artikel des neuen Sortimentsschwerpunkts in der Warengruppe Schreibwaren/Büro, die Reinigungs- und Pflegemittel, müssen im City-Warenhaus Bauer nun für die Aufnahme in den Warenkatalog des Onlineshops vorbereitet werden.

Frau Dehn beginnt mit dem BEMA Bildschirm-Schaumreiniger. Folgende Informationen stehen für die Produktbeschreibung zur Verfügung:

BEMA Bildschirm-Schaumreiniger	
Artikelnummer:	44070101
Produktbezeichnung:	BEMA Bildschirm-Schaumreiniger
Inhalt:	400 ml
Packungsinhalt:	1 Stück + Reinigungstuch
Lieferung:	innerhalb von 3–4 Tagen
Eigenschaften:	– schonender Reinigungsschaum, speziell geeignet für die empfindlichen Oberflächen von Computer-, Laptop- und Tablet-Bildschirmen – mit hochwertigem Mikrofaser-Reinigungstuch 40 cm x 40 cm (aus 80 % Polyester und 20 % Polyamid) für streifenfreien Glanz – befreit von Staub und Schmutz – regelmäßige Reinigung erhält die Lebensdauer des Gerätes – auch geeignet zur Reinigung und Pflege von Kunststoffoberflächen, Glas, Metall u. Ä.

Für den Katalog ist ein kurzgefasster Produkttext zu entwerfen (Textrahmen siehe unten).

Dabei ist zu beachten:

* Der Text muss die richtigen Schlüsselwörter (Keywords) enthalten, mit denen Kunden das Produkt suchen und mit denen die Suchmaschinen (z. B. Google) das Produkt finden.
* Die Entscheidungen zum Preis und zu den Versandkosten aus Lernsituation 2 sind zu berücksichtigen (siehe Seite 49).
* Die Preisangabenverordnung verlangt die Angabe des Bruttoverkaufspreises und aller weiteren Preisbestandteile.
* Nach dem Textilkennzeichnungsgesetzt sind die Anteile der jeweiligen Faserrohstoffe anzugeben.
* Im Text muss zum Ausdruck kommen, dass der Preis die Umsatzsteuer einschließt.
* Auch der Grundpreis ist anzugeben, wenn Ware nach Gewicht, Volumen, Länge oder Fläche angeboten wird.

ARBEITSAUFTRAG

Entwerfen Sei den Produkttext zum BEMA Bildschirm-Schaumreiniger.

Tipp: Sie können Ihre Entscheidung auch sofort in die Software INTWASYS eingeben. Siehe Seite 72.

VORSCHLÄGE ZUM VORGEHEN

1. Legen Sie die Schlüsselwörter (Keywords) für das Produkt fest.
2. Entwerfen Sie den Text und füllen Sie den oben stehenden Textrahmen.

AUFGABEN

1

Als nächstes hat Frau Dehn die Daten für ein Druckluftspray zusammengetragen.

Produkt:	**MAURER Reinigungs-Druckluftspray**
Artikelnummer:	44070102
Packungsinhalt:	1 Stück
Menge:	200 ml
Preis:	16,95 €
Lieferung:	innerhalb von 3–4 Tagen
Anwendungsgebiete:	Tastaturen, Drucker, Faxgeräte, Fotokopierer und Computer, Fotoapparate

Eigenschaften:
- arbeitet ohne Reinigungsflüssigkeit, nur mit Druckluft
- wertvolle Geräte werden schonend gereinigt
- ideal zur Entfernung von Staub, Flusen oder anderen Verunreinigungen, insbesondere bei Tastaturen
- Mit dem enthaltenen Aufsatzröhrchen erreicht man mühelos auch schwer zugängliche Stellen.
- druckstabil bis zum Ende
- mit kindersicherem Verschluss

Eine Produktabbildung wird Frau Dehn beim Hersteller anfordern.

a Legen Sie die Schlüsselwörter für das Produkt fest.
b Entwerfen Sie den Produkttext für den Warenkatalog im Onlineshop des City-Warenhauses Bauer.

Abbildung	in den Warenkorb

2

Warenbeschreibungen sollten dem Kunden den Nutzen eines Produktes vor Augen führen. Das gilt sowohl für das Verkaufsgespräch im stationären Handel als auch für den Kauf im Onlineshop.

Nachfolgend sind zwei Warenbeschreibungen im Shop-Katalog eines Onlineanbieters abgebildet.

Beschreibung 1	Kaffeemaschine mit Kanne, thermoisoliert, automatische Abschaltung
Beschreibung 2	Kaffeemaschine mit leistungsstarker Isolierkanne. Ihr Kaffee bleibt stundenlang warm bei gleichbleibender Geschmacksqualität. Die automatische Abschaltung reduziert Ihren Stromverbrauch.

Beurteilen Sie die Warenbeschreibungen aus der Sicht eines Shop-Besuchers.

3

Die nebenstehende Warenbeschreibung in einem Onlineshop enthält zwei Fehler.

Nennen Sie die Fehler.

Baby-Hautöl BEA
- 200 ml
- mit Olivenöl
- ohne Farb- und Konservierungsstoffe

Reinigt die zarte Babyhaut besonders sanft und schützt sie vor dem Austrocknen.

Lieferung: bis zum 22.04.

1,39 €

Anzahl: 1

in den Warenkorb

4

Jeder Onlineshop sollte eine Suchfunktion haben, damit Kunden das gewünschte Produkt schnell finden. Die Suchbegriffe müssen allerdings vom Shop-Betreiber festgelegt werden. Da Kunden aber oft nicht die korrekte Produktbezeichnung kennen und auch Schreibfehler produzieren, müssen zu den Produkten neben ähnlichen Wörtern auch fehlerhafte Suchbegriffe erzeugt werden, um eine fehlertolerante Suchfunktion anbieten zu können. Suchergebnisse wie „0 Treffer" frustrieren Kunden und veranlassen sie zum Wechsel des Anbieters.

Zum Produkt ist nachfolgend eine Liste mit Suchbegriffen erstellt worden.

Suchbegriffe zu „Baby-Hautöl BEA"	– BEA-Hautöl – Hautöl – Baby	– Baby-Hautöl – Baby-Hautöl BEA – Kinderöl	– Öl – Oel – babiöl

Stellen Sie für ein Produkt aus Ihrem Ausbildungssortiment eine entsprechende Suchliste zusammen.

5

Siehe Seite 117

Im Haustiershop (siehe Informationsteil) sind für die Navigation die Warengruppen

Hund – Katze – Kleintiere – Vogel – Aquaristik

gebildet worden.

Nehmen Sie an, Ihr Ausbildungssortiment (evtl. nur Ihr Abteilungssortiment) soll in einem Onlineshop angeboten werden.

a Bilden Sie Warengruppen für die Navigation, damit sich die Kunden gut zurechtfinden.

b Wählen Sie eine Warengruppe aus und verfeinern Sie die Navigation durch Filter (Produkteigenschaften).

Beispiel
Möbelhaus: Warengruppe Massivholzmöbel, Esstisch
Filter: Preis, Marke, Farbe, Holzart, Stil, Lieferzeit, Breite, Höhe, Tiefe, Dekor

6

Nehmen Sie an, eine Kundin sucht einen Esstisch aus Massivholz mit einer Länge von 140 cm für ihre fünfköpfige Familie im Internet.

a Geben Sie an, welche Suchbegriffe die Kundin nach Ihrer Meinung in Google eingibt.

Der Anbieter „Online-Möbelhaus" stellt in seinem Warenkatalog einen Esstisch aus Massivholz mit folgendem Produkttext vor:

Marke:	Natura
Holzart:	Massivholz/Buche
Abmessungen:	Länge: 140 cm, Breite 90 cm, Höhe 75 cm
Personen:	4–8 Personen
Eigenschaften:	**Natürlich schön – der Esstisch Family** Der Esstisch Family von Natura besteht aus massivem Buchenholz und besticht durch seine aufwendige Parkett-Optik. Das naturbelassene Holz ist geölt und weist eine wundervolle, individuelle und lebendige Maserung auf. Du erhältst daher ein echtes Unikat. Der Tisch bietet mit 140 × 90 Zentimetern genug Platz für Deine ganze Familie. Natura verwendet bei den massiven Holzmöbeln ausschließlich Hölzer aus kontrollierter Forstwirtschaft. Das bedeutet: ein Naturprodukt in Tischlerqualität. Zaubere Dir mit diesem Esstisch eine wunderschöne Atmosphäre zum Wohlfühlen in Deine Wohnung.

b Markieren Sie im Produkttext die Begriffe, die als Schlüsselwörter (Keywords) anzusehen sind.

c Beurteilen Sie, ob Kundin und Anbieter eine Chance haben, im Onlineshop aufeinanderzutreffen.

4 Über die Zahlungsmöglichkeiten für Kunden entscheiden

Für den Onlineshop im City-Warenhaus Bauer ist noch zu entscheiden, welche Zahlungsverfahren den Kunden angeboten werden sollen.

Herr Bauer, der Inhaber des Warenhauses, ist der Meinung, man sollte nur die Verfahren anbieten, die die Kunden besonders gern in Anspruch nehmen.

Zahlungsverfahren
- ☒ Vorkasse
- ☒ PayPal
- ☒ Rechnung
- ☒ Kreditkarte
- ☒ Lastschrift
- ☒ Sofortüberweisung
- ☒ Nachnahme

Frau Dehn: „Alle Kunden wollen gegen Rechnung einkaufen, dort kommt es aber regelmäßig zu besonders hohen Zahlungsausfällen."

Herr Bauer: „Das ist schlecht."

Frau Dehn: „Wir müssen auch darauf achten, welche Kosten uns durch die Verfahren entstehen. Die Kostenunterschiede sind gewaltig."

Herr Bauer: „Okay, wir müssen irgendeinen Mittelweg finden."

Frau Dehn: „Und die Verfahren müssen technisch in den Onlineshop eingebunden werden. Das ist oft gar nicht so einfach. Ich meine daher, mehr als fünf Zahlungsverfahren sollten wir nicht anbieten. Für die Kunden reicht das allemal."

Herr Bauer: „Gut, fünf Zahlungsverfahren, kundenfreundlich, aber mit möglichst geringen Zahlungsausfällen und mit überschaubaren Kosten."

Frau Dehn: „Bis morgen haben Sie meine sorgfältig begründeten Vorschläge."

Herr Bauer: „Ich bin gespannt."

Frau Dehn wird nun die überhaupt infrage kommenden Zahlungsverfahren (siehe oben rechts) in eine Rangfolge bringen, und zwar nach der Sicherheit, die sie bieten, und nach den Kosten, die entstehen. Die Rangfolge der Zahlungsverfahren aus Kundensicht wird sie noch hinzufügen.

Daraus wird sie eine Liste mit Zahlungsverfahren erstellen, die im Onlineshop angeboten werden sollen. Dazu hat sie gleich eine Maske entworfen, wie sie dann später im Shop erscheinen könnte.

	Zahlungsverfahren		Zahlungsverfahren	Zahlungsverfahren
	Sicherheit		**Kosten**	**Kundennachfrage**
hoch	1.	niedrig	1.	1. Rechnung
	2.		2.	2. PayPal
	3.		3.	3. Lastschrift
	4.		4.	4. Vorkasse
	5.		5.	5. Kreditkarte
	6.		6.	6. Sofortüberweisung
niedrig	7.	hoch	7.	7. Nachnahme

Maske im Onlineshop

Wählen Sie ein Zahlungsverfahren

○ ____________________

○ ____________________

○ ____________________

○ ____________________

○ ____________________

ARBEITSAUFTRAG

Legen Sie fest, welche fünf Zahlungsverfahren den Kunden im Onlineshop angeboten werden sollen.

Tipp: Sie können Ihre Entscheidung auch sofort in die Software INTWASYS eingeben. Siehe Seite 72.

VORSCHLÄGE ZUM VORGEHEN

1. Gliedern Sie die Zahlungsverfahren nach ihrer Sicherheit für den Shop-Anbieter.
2. Bilden Sie eine Rangfolge der Zahlungsverfahren nach den Kosten, die sie verursachen.
3. Entscheiden Sie über die Angebote an die Kunden unter Berücksichtigung ihrer Präferenzen.

AUFGABEN

1

Ein Geschenke-Shop hat an zwei Zahlungsverfahren Bedingungen geknüpft, um die Kunden bei der Wahl des Verfahrens zu beeinflussen.

○	Sofortüberweisung	Bei dieser Zahlungsart erhalten Sie 3 % Skonto vom Bestellwert.
○	Nachnahme	Die Kosten für Nachnahmezahlungen betragen 6,00 €.

a **Begründen Sie, ob sich Onlinekunden von diesen Zahlungsbedingungen bei der Wahl des Verfahrens lenken lassen.**

b **Betrachten Sie Ihr eigenes Zahlungsverhalten bei Onlinekäufen in dieser Frage.**

2

Das Zahlungsverfahren PayPal ist bei Kunden sehr beliebt (siehe Zahlungsverfahren – Kundennachfrage oben).

a **Beschreiben Sie den Ablauf einer Zahlung mit PayPal.**

b **Begründen Sie, warum nach Ihrer Meinung das Verfahren von Kunden so hoch eingeschätzt wird.**

3

Die Zahlungsverfahren Paydirekt und Amazon Pay lassen sich wie folgt beschreiben:

Paydirekt	Amazon Pay
Es handelt sich um ein Zahlungsverfahren der deutschen Banken und Sparkassen. Onlinekunden müssen zunächst ihr Onlinebankkonto für Paydirekt anmelden und einen Nutzernamen und ein Passwort angeben. Im Onlineshop wählen sie Paydirekt als Zahlungsverfahren und geben Nutzernamen und Passwort an. Die Zahlung wird – wenn das Kundenkonto ausreichend gedeckt ist – direkt vom Konto des Kunden auf das Konto des Onlinehändlers geleitet. Paydirekt garantiert dem Händler die Zahlung, sodass der Händler sofort die Ware ausliefern kann. Auch der Kunde ist geschützt, sollte die bestellte Ware einmal nicht versandt werden (Erstattung des Kaufpreises).	Wenn dieses Zahlungsverfahren in einem Onlineshop eingebunden ist, erscheint am Ende des Einkaufsprozesses („zur Kasse") der Button von Amazon Pay. Durch einen Klick auf den Button wird man zu Amazon geleitet. Dort meldet sich der Kunde mit seinen Amazondaten als Amazonkunde an. Der Dienstleister bietet an, den Einkaufsbetrag je nach Wahl durch z. B. Kreditkarte oder Lastschrift zu begleichen und führt den Kunden wieder in den Onlineshop zum Abschluss des Einkaufs. Der Onlineshop verwendet nun die bei Amazon hinterlegten Adressdaten des Kunden. Der Onlinehändler erhält eine Zahlungsgarantie von Amazon. Dafür zahlt er eine Gebühr. Amazon holt sich den Einkaufsbetrag über die Kreditkarte oder per Lastschrift vom Bankkonto des Kunden zurück.

a **Stellen Sie fest, welches der beiden Verfahren mit Sofortüberweisung, welches mit PayPal vergleichbar ist.**

b **Beschreiben Sie den entscheidenden Unterschied zwischen Paydirekt und Amazon Pay.**

4

Wählt ein Kunde im Onlineshop die Zahlungsart „Rechnung" ist für den Einzelhändler die Wahrscheinlichkeit, dass der Rechnungsbetrag nicht bezahlt wird, viel höher als bei „Sofortüberweisung".

a Begründen Sie, wie es zu dieser Abweichung kommen kann.

Ein Onlinehändler hat die Zahlungsbedingungen beim Kauf gegen Rechnung schrittweise verändert und dabei die Retourenquote der Kunden festgehalten.

Nach drei Monaten ergab sich folgendes Bild:

Zahlungsbedingungen	Retourenquote
Rechnung: zahlbar innerhalb von 30 Tagen	8,6 %
Rechnung: zahlbar innerhalb von 14 Tagen	5,9 %
Rechnung: zahlbar sofort	4,8 %

b Erklären Sie diesen Sachverhalt.

Bei Zahlungen über PayPal betrug die Retourenquote nur 3,7 %.

c Geben Sie zwei Gründe an, warum die Zahlung gegen Rechnung bei Onlinekunden so beliebt ist.

5 Den Onlineshop rechtssicher machen

Im City-Warenhaus Bauer ist man sich darüber im Klaren, dass man als Betreiber eines Onlineshops viele Rechtsvorschriften zu beachten hat. Bereits bei der Formulierung der Produkttexte und der Gestaltung des Warenkataloges war eine Reihe von Vorschriften einzuhalten (siehe Seite 126).

Frau Dehn hatte ein Seminar zum Internetrecht besucht und viel zum Thema „rechtssicherer Onlineshop" gelesen. Folgende Punkte hatte sie ausgemacht, die kritisch sind oder bei denen sogar die Gefahr einer Abmahnung droht.

1. Rechtsgrundlage

Zunächst möchte Frau Dehn grundsätzlich klären, ob das City-Warenhaus Bauer durch seinen Onlineshop mit den Onlinekunden einen Fernabsatzvertrag abschließt, sodass das Fernabsatzrecht des BGB anzuwenden ist.

2. Online-Katalog

An einem Produktbeispiel will Frau Dehn überprüfen, ob die notwendigen Produktinformationen im Onlinekatalog auch tatsächlich vorhanden sind.

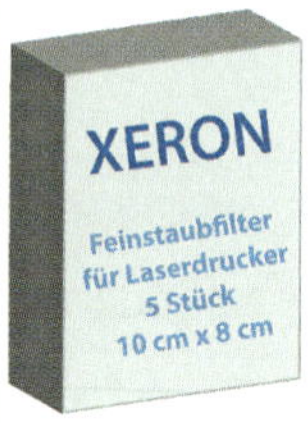

XERON Feinstaubfilter für Laserdrucker
Größe M (10 cm x 8 cm)
5er Vorteilspack

gefällt mir 6 Kundenbewertungen

Preis: **89,95 €** (17,99 € pro Stück)
Alle Preisangaben einschl. USt.
Lieferpauschale 4,99 €
Lieferung bis 30.07.

Menge 1
Warenkorb
Wunschzettel

* Filtert 95 % aller Feinstaubpartikel.
* Sie können den Filter ganz einfach anbringen.
* Für 70.000 Ausdrucke/12 Monate leistungsstark
* TÜV-geprüft
* Mit dem Gütesiegel für allergikerfreundliche Produkte ausgezeichnet.

Gesetzliche Anforderungen an die Produktinformation

- wesentliche Eigenschaften des Produkts
- Preis nach Preisangabenverordnung
- Hinweis auf Bruttopreis
- Liefertermin

3. Abbildungen

Frau Dehn ist immer bemüht, die Produktbeschreibungen durch Bilder aufzulockern. Bei den Feinstaufiltern hätte sie gerne ein Bild gehabt, wie man den Filter an den Drucker anbringt. Leider bekam sie vom Hersteller nur ein Foto vom Produkt. Zur Anwendung des Filters gab es nichts. Dabei ist es doch so einfach: Frau Dehn gibt das Stichwort „Feinstaubfilter" bei Google ein, wählt in der Kopfzeile „Bilder" aus und schon gibt es eine Riesenauswahl interessanter Abbildungen. „Da ist doch alles" – denkt Frau Dehn.

Sie ist sich allerdings nicht sicher, ob sie die Bilder auch verwenden darf.

4. Widerrufsrecht und AGB

Der Kunde muss rechtzeitig und in Textform, d. h., in der Regel per E-Mail über sein Widerrufsrecht und über die Allgemeinen Geschäftsbedingungen des City-Warenhauses Bauer informiert werden. Der Kunde muss diese Informationen erhalten, bevor der Kaufvertrag wirksam abgeschlossen wird. Frau Dehn hat zu entscheiden, wann der Kunde, der eine Ware im Onlineshop bestellt hat, die Informationen erhalten soll (nach 1., 2. oder 3. in der Ablaufbeschreibung, siehe nebenstehend).

Abläufe nach der Bestellung eines Kunden

1. Bestellung des Kunden trifft ein
2. Bestell-Eingangsbestätigung per Mail
3. Auftragsbestätigung per Mail

5. Informationen auf jeder Webseite des Onlineshops

Bestimmte Informationen sollen den Besuchern des Onlineshops jederzeit zugänglich sein. Dazu gehört z. B. das Impressum. Ein Shop-Besucher muss sich schnell darüber informieren können, wer den Onlineshop betreibt. Frau Dehn wird den Link zum Impressum daher auf jeder Webseite als Fußzeile aufführen.
Frau Dehn hat den Entwurf für diese Fußzeile bereits zum Teil erstellt. Zwei wichtige Links fehlen aber noch.

Fußzeile

Impressum	Datenschutz			Kontakt

6. Rücksendekosten

Frau Dehn ist der Ansicht, dass man das Verbraucher-Widerrufsrecht sehr kundenfreundlich gestalten sollte. Schließlich kaufen Kunden großzügiger ein, wenn sie wissen, dass sie das Produkt ohne Schwierigkeiten wieder zurückgeben können. Deshalb sollen Kunden keinerlei Kosten entstehen, wenn sie von ihrem Widerrufsrecht Gebrauch machen. Dazu müsste allerdings die Widerrufsbelehrung, die man als Muster übernehmen will, geändert werden.

Widerrufsbelehrung (Auszug)

...

Folgen des Widerrufs

Wenn Sie diesen Vertrag widerrufen, haben wir Ihnen alle Zahlungen, die wir von Ihnen erhalten haben... unverzüglich und spätestens binnen vierzehn Tagen ab dem Tag zurückzuzahlen, an dem die Mitteilung über Ihren Widerruf dieses Vertrags bei uns eingegangen ist ...
Sie tragen die unmittelbaren Kosten der Rücksendung der Waren ...

Tipp: Sie können Ihre Entscheidung auch sofort in die Software INTWASYS eingeben. Siehe Seite 72.

7. Umgang mit Kundendaten

Kunden, die im Onlineshop eingekauft haben, sollen möglichst regelmäßig Newsletter mit interessanten Angeboten bekommen. Die Adressdaten der Kunden liegen mit der Bestellung vor, sodass es eigentlich kein Problem sein sollte, diesen Kunden die Newsletter zuzuschicken – oder?

ARBEITSAUFTRAG
Klären Sie die Punkte 1 bis 7.

VORSCHLÄGE ZUM VORGEHEN

1. Begründen Sie, ob für den Onlineshop des City-Warenhauses Bauer das Fernabsatzrecht gilt.
2. Überprüfen Sie, ob die Produktdarstellung zum XERON Feinstaubfilter den gesetzlichen Anforderungen entspricht.
3. Begründen Sie, ob Frau Dehn Bilder aus dem Internet für den Warenkatalog verwenden kann.
4. Bestimmen Sie den Zeitpunkt, an dem die Kunden innerhalb des Bestellprozesses über ihr Widerrufsrecht belehrt und ihnen die AGB zur Verfügung gestellt werden.
5. Ergänzen Sie die Fußzeile auf den Webseiten des Onlineshops um die beiden fehlenden Links.
6. Ändern Sie die Widerrufsbelehrung durch eine kundenfreundliche Formulierung so, dass den Kunden beim Widerruf keine Kosten entstehen.
7. Begründen Sie, was zu unternehmen ist, damit Kunden Newsletter zugestellt werden können.

AUFGABEN

1

Im City-Warenhaus Bauer hat man genau überlegt, wie der Bestellablauf kundenfreundlich gestaltet werden kann. Der nachfolgende Text („Ausführliche Beschreibung zum Bestellablauf") gibt diese Überlegungen wieder. Den Kunden soll im Shop eine lesefreundliche Kurzfassung angeboten werden, falls er die Orientierung verlieren sollte.

Ausführliche Beschreibung zum Bestellablauf	Kurzfassung
1. Artikel und Anzahl wählen und per Klick in den Warenkorb legen. Eventuell lassen Sie sich vorher über den Button „Details" näher über das Produkt informieren. Den Warenkorb können Sie weiter befüllen, wie Sie möchten, oder Sie gehen einfach zu Punkt 2 oder 3 über. 2. Button „zum Warenkorb" anklicken. Falls Sie es wünschen, können Sie hier Artikel aus dem Warenkorb entfernen. Klicken Sie dazu auf das vorhandene Kästchen und auf „Warenkorb aktualisieren". 3. Nun den Button „Zur Kasse" anklicken. Für angemeldete Kunden geht es direkt bei Punkt 4 weiter. Neue Kunden registrieren sich an dieser Stelle, indem sie die vorgegebenen Felder ausfüllen (mit „weiter" erreicht man alle Felder; zum Schluss werden Ihnen die Anmeldedaten per E-Mail zugeschickt). Danach befinden Sie sich automatisch bei Punkt 4. 4. Versandoptionen: Hier können Sie die Lieferanschrift ändern und die Versandart wählen. Mit dem Button „weiter" gelangen Sie zu Punkt 5. 5. Zahlweise und Rechtliches: An dieser Stelle haben Sie die Möglichkeit, die Rechnungsanschrift zu ändern und uns eine Mitteilung zu Ihrer Bestellung zu hinterlassen. Bitte lesen Sie hier unsere AGB sowie die Widerrufsbelehrung und bestätigen Sie das per Klick auf die vorgesehenen Kontrollkästchen. Durch Mausklick auf „Weiter" gelangen Sie schon zum letzten Schritt Ihrer Bestellung. 6. Bestätigung und Kontrolle: Hier können Sie alle gemachten Daten überprüfen und notfalls ändern. Wenn Sie hier jetzt auf den Button „kostenpflichtig bestellen" klicken, geben Sie eine verbindliche Bestellung ab.	**Bestellablauf**

Entwickeln Sie aus der ausführlichen Beschreibung zum Bestellablauf eine Kurzfassung in Stichpunkten oder in kurzen Sätzen.

2

Folgender Fall musste von einem Gericht entschieden werden:

> Ein Onlineshop hatte Flachbildschirme irrtümlich zum Preis von 199,99 € angeboten; tatsächlich sollte der Preis 1 999,99 € lauten. Der Shop-Betreiber lehnte es ab, die Bestellung eines Kunden über 18 Bildschirme auszuführen. Der Kunde verwies darauf, dass er eine Bestätigungsmail mit folgendem Wortlaut erhalten hatte:
>
> „Vielen Dank für Ihre Bestellung. Hiermit bestätigen wir den Eingang Ihrer Bestellung. Wir werden Ihre Bestellung möglichst umgehend bearbeiten."
>
> Der Mail waren Informationen über das Widerrufsrecht und die AGB des Onlinehändlers beigefügt.

Die Entscheidung des Gerichts lautete: Es ist überhaupt kein Kaufvertrag zustande gekommen. Der Onlinebetreiber muss daher die Flachbildschirme nicht liefern.

a Beschreiben Sie, wie Kaufverträge im Internethandel zustande kommen. Verwenden Sie die juristischen Begriffe „Antrag/Annahme" sowie „zwei übereinstimmende Willenserklärungen".

b Begründen Sie, warum im vorliegenden Fall kein Kaufvertrag vorliegt.

3

In jedem Onlineshop muss das Impressum auf einfache Weise erreichbar sein.

Folgendes muss im Impressum eines Onlineshops angegeben sein:

* Shop-Betreiber (vollständig ausgeschriebener Vor- und Zuname oder die Firma)
* Anschrift
* E-Mail-Adresse
* Telefonnummer
* Handelsregistereintragung (Registernummer und Registergericht), falls eine solche Eintragung vorgenommen worden ist
* Umsatzsteueridentifikationsnummer (falls eine solche vergeben worden ist)

Beispiel für ein Impressum

Impressum Datenschutz Widerruf AGB Kontakt

Impressum

Vogelkäfig
Frau S. Conradi

Faberstraße 17
85055 Ingolstadt
Deutschland

Telefon: +49 841-2243709
Fax: +49 841-2243760
E-Mail: info@vogelkäfig.de

USt-IdNr.: DE294736731

Stellen Sie fest, ob das abgebildete Impressum aus einem Onlineshop den gesetzlichen Vorschriften entspricht.

4

Katharina hat ein Paar Schuhe bei einem Onlinehändler bestellt. Ihre Bestellung wurde zunächst bestätigt (einschließlich Widerrufsbelehrung und AGB). Anschließend folgte die Auftragsbestätigung des Onlineshops. Schon zwei Tage später trafen die Schuhe bei Katharina ein. Eine Woche gefielen ihr die Schuhe sehr gut, sodass sie diese häufig trug. Zwischenzeitlich war der Kaufbetrag (99,00 €) auch schon von ihrem Konto abgebucht worden. Dann allerdings gefielen ihr ähnliche Schuhe in einem Schuhfachgeschäft besser und sie beschloss, von ihrem Widerrufsrecht Gebrauch zu machen, weil die 14-Tage-Frist noch nicht abgelaufen war. Sie erklärte durch eine E-Mail an den Onlinehändler ihren Widerruf und schickte die Schuhe im Originalkarton zum Onlineshop zurück.

Der Internetshop-Betreiber überweist allerdings nicht den gesamten Kaufpreis, sondern nur einen Betrag von 75,00 €.

Begründen Sie, ob das Verhalten des Shop-Betreibers zulässig ist.

5

Ein Kunde hat im Onlineshop eines Möbelgeschäftes eine Matratze erworben. Um sie zuhause auszuprobieren, hat er die Schutzfolie entfernt. Die Qualität der Matratze hat den Kunden nicht überzeugt. Er macht daher von seinem Widerrufsrecht Gebrauch.

Der Onlineshop lehnt den Widerruf ab mit der Begründung, es handele sich um ein Hygieneprodukt, für das das Widerrufsrecht nicht gilt.

§ 312g BGB Widerrufsrecht

(1) Dem Verbraucher steht bei ... Fernabsatzverträgen ein Widerrufsrecht gemäß § 355 zu.
(2) Das Widerrufsrecht besteht ... nicht bei folgenden Verträgen:

...

3. Verträge zur Lieferung versiegelter Waren, die aus Gründen des Gesundheitsschutzes oder der Hygiene nicht zur Rückgabe geeignet sind, wenn ihre Versiegelung nach der Lieferung entfernt wurde,

...

Beurteilen Sie das Verhalten des Onlineshops unter Berücksichtigung des Paragrafen 312g BGB.

6

Bei Fernabsatzverträgen und auch beim Ratenkauf (Teilzahlungsgeschäft) gibt es ein Widerrufsrecht für Kunden.

Die gesetzliche Regelung beim Ratenkauf lautet wie folgt:

Innerhalb von 14 Tagen nach Vertragsabschluss

Im Onlinehandel ist der Fristbeginn etwas anders formuliert.

Erläutern Sie den Unterschied im Fristbeginn zwischen Raten- und Onlinekauf.

7

Drei Kunden haben den Onlineshop eines Textilfachgeschäftes besucht.

Kunde 1	Der Kunde hat eine Hose bestellt.	
Kunde 2	Der Kunde hat sich den Onlineshop angesehen, verschiedene Produkte näher betrachtet und den Onlineshop dann wieder verlassen.	
Kunde 3	Der Kunde hat eine Freizeitjacke gekauft. Am Ende des Kaufprozesses wurde er noch aufgefordert, folgende Checkbox anzukreuzen.	[ ] Ja, ich möchte über Angebote und Gutscheine per E-Mail informiert werden. Abmeldung jederzeit möglich.

Kunde	Aktivitäten
	Diesem Kunden darf das Textilfachgeschäft wöchentlich Newsletter zusenden und auch den jährlichen Katalog in Papierform schicken. Wenn Sonderaktionen gestartet werden, erhalten die Kunden außerdem Werbebriefe ins Haus geschickt.
	Hier darf das Geschäft die Kundendaten nur verwenden, um den Kundenwunsch zu erfüllen.
	Es ist erlaubt, die „Bewegungen" des Kunden im Onlineshop durch eine spezielle Software analysieren zu lassen, um insbesondere herauszufinden, an welcher Stelle der Kunde den Einkaufsvorgang abgebrochen hat.

Ordnen Sie die Kunden 1 bis 3 den Aktivitäten zu.

6 Kunden an den Onlineshop binden

Die Entscheidungen zur Einrichtung eines Onlineshops im City-Warenhaus Bauer sind fast alle getroffen worden. Es fehlen noch Maßnahmen, um die Bindung der Kunden an den Shop dauerhaft zu erhöhen und ihnen Vertrauen in die Zuverlässigkeit des Shops sowie Sicherheit bei ihren Kaufentscheidungen zu geben.

Frau Dehn hat den Auftrag erhalten, geeignete Vorschläge zu entwickeln, die aber nicht alle umgesetzt werden können. Der Shop soll ja erst aufgebaut werden. Aber zwei bis drei Maßnahmen sollten direkt verwirklicht werden.

Dies sind die Ideen von Frau Dehn:

1. Kundenbewertungen

Die Kunden sollen Gelegenheit erhalten, bei jedem Produkt eine Produktbewertung abzugeben, und zwar über die Vergabe von bis zu 5 Sternen.
Am Ende des Kaufprozesses, sobald die Bestellung abgeschickt worden ist, soll der Kunde zusätzlich gebeten werden, den Shop als Ganzes zu beurteilen.
Die Entscheidung ist sorgfältig zu überlegen, denn Kundenbewertungen sind nicht nur vorteilhaft für einen Onlineshop.

2. Links zu sozialen Medien

Es war für Frau Dehn keine Frage, dass soziale Medien in den Onlineshop eingebunden werden müssen. Aber die Seiten des Onlineshops auf den Plattformen müssen eingerichtet und gepflegt werden. Für den Anfang schlägt sie daher vor, nur zwei soziale Medien auszuwählen.

Mögliche soziale Medien
- Facebook
- WhatsApp
- Twitter
- YouTube
- Instagram

3. Regelmäßige E-Mails an die Kunden (Newsletter)

Jede Woche eine E-Mail mit interessanten Produkten, Sonderangeboten und Rabattaktionen an möglichst viele Kunden – das wäre eine wirksame Maßnahme zur Kundenbindung. Vielleicht sogar verschiedene Newsletter an ausgewählte Kundengruppen mit speziellen Angeboten?
Nur: Wie viel Arbeit kommt auf das City-Warenhaus zu?

4. Anmeldung bei Preisvergleichsportalen

Jeder Click kostet Geld – sagte sich Frau Dehn. Da muss man die Kosten überschaubar halten. Braucht man für Bürobedarfsartikel mit dem Schwerpunkt Pflegemittel überhaupt einen Auftritt auf einem Preisvergleichsportal? Oder sogar auf mehreren Portalen? Und sich stets mit der Konkurrenz vergleichen lassen?

Mögliche Preisgleichsportale

www.billiger.de
www.guenstiger.de
www.idealo.de
www.geizhals.de
www.preisvergleich.de

5. Den Shop zertifizieren lassen

Ein schönes Gütesiegel an auffälliger Stelle im Onlineshop – für den Umsatz wäre das sicher sehr vorteilhaft. Man könnte sich sogar um ein Gütesiegel bewerben, dass den Käufer vor Lieferausfällen schützt. Das gefällt den Kunden. Allerdings wird der Shop bis aufs Kleinste durchleuchtet. Und Kosten entstehen natürlich auch.

Mögliche Gütesiegelanbieter
- Trusted Shops
- EHI Geprüfter Onlineshop
- TÜV Süd Safer Shopping

ARBEITSAUFTRAG

Entscheiden Sie begründet, welche 2–3 Vorschläge von Frau Dehn im Onlineshop umgesetzt werden sollen.

VORSCHLÄGE ZUM VORGEHEN

1. Ermitteln Sie die Vor- und Nachteile der vorgeschlagenen Maßnahmen.
2. Entscheiden Sie sich für 2–3 Vorschläge

AUFGABEN

1

In einem Elektronik-Markt: Ein Kunde interessiert sich für ein Smartphone Samwei Z9. Der Kunde steht kurz vor der Kaufentscheidung, als er ein Smartphone aus seiner Tasche nimmt, verschiedene Angaben eintippt und der Verkaufsmitarbeiterin Elena das Display zum Lesen hinhält.

Kunde: „Schauen Sie mal. Eine gute Kundenbewertung sieht anders aus. (Die Bewertung stammt von einer Verkaufsplattform (Onlinemarktplatz)).

<table>
<tr><td></td><td>1 von 5 Sternen, Note 5
Mike am 12.04.20(0)
Farbe: Grau, nachgewiesener Kauf</td></tr>
<tr><td colspan="2">Das Smartphone ist nach 3 Monaten nicht mehr funktionstüchtig. Ich weiß, dass man sein Smartphone nach 2 Jahren austauschen sollte, aber ich verlange doch, dass es zumindest 2 Jahre hält. Dieses Samwei-Smartphone war mein letztes von diesem Hersteller. Bin sehr enttäuscht. Ich dachte, die hätten mehr Qualität. Das Smartphone geht langsam, lässt sich nicht mehr mit dem Laptop kombinieren, obwohl ich es zurückgesetzt habe. WLAN erkennt es auch immer seltener.</td></tr>
</table>

Im Onlineshop eines anderen Anbieters ist zum selben Produkt folgende Kundenbewertung zu lesen:

<table>
<tr><td></td><td>5 von 5 Sternen, Note 1
Nadine am 15.04.20(0)</td></tr>
<tr><td colspan="2">Ausgezeichnetes Design, sehr gute Verarbeitung, sehr guter Bildschirm, reibungsloses Funktionieren. Die Prozessorleistung und die 3 Gigabyte RAM sind für alle Funktionen völlig ausreichend. 16 Gigabyte Festspeicher sind knapp, aber mit SD-Karte zu erweitern. Einziger Wermutstropfen ist die mäßige Akkulaufzeit.
Im Ganzen ein hervorragendes Preis-Leistungsverhältnis!</td></tr>
</table>

a **Erläutern Sie, wie Sie sich anstelle von Elena verhalten würden.**

b **Begründen Sie, wie es zu derart unterschiedlichen Bewertungen kommen kann.**

c **Die Bewertung von Mike enthält die Ergänzung „nachgewiesener Kauf“. Erläutern Sie den Sinn dieses Hinweises in den Kundenbewertungen der Verkaufsplattform.**

2

Diese Aufgabenstellung gilt unter folgenden Bedingungen:

* Ihr Ausbildungsbetrieb betreibt einen Onlineshop.
* Sie haben Ihren Onlineshop auf einem Preisvergleichsportal gelistet.

a **Wählen Sie ein Produkt aus Ihrem Onlinesortiment aus.**

b **Gehen Sie auf das Preisvergleichsportal und suchen Sie Ihren ausgewählten Artikel.**

c **Beurteilen Sie die Position Ihres Artikels auf der Ergebnisseite des Portals (Ranking).**

3

Zu dem Produkt „King Pomade“ war im Onlineshop eines Anbieters folgende Kundenbewertung zu lesen:

> Superstar vom 24.08.20(0)
>
> Begeisterung. Konnte schon nicht mehr schlafen vor Freude auf die King-Pomade. Diese Pomade musste ich unbedingt in meiner Sammlung zu haben. Das Zeug ist echt der Wahnsinn. Musste ich mir direkt nach dem Kauf ins Haar schmieren. Genial. Ich verspreche Ihnen hiermit, dass ich auf ewig ein zufriedender Kunden sein werde. Besten Dank nochmal. Ich bin gezwungen, euch weiter zu empfehlen.

Daran erkennt man gefälschte Kundenbewertungen

- Sprachlich ist es eine überschwängliche Lobhudelei (alles ist großartig, einmalig, einzigartig).
- Übertriebene Gefühlsausbrüche in der Produktbewertung („bin völlig fasziniert“, „zutiefst beeindruckt“)
- Es tauchen Kommentare auf, die ähnlich klingen und gleiche Worte und Formulierungen verwenden.
- Sehr kurze oder sehr lange Bewertungen
- Einige Rechtschreibfehler täuschen Echtheit vor.
- Anstelle des Klarnamens (z. B. Alex) steht ein Pseudonym (z. B. Ananasboy97).

Prüfen Sie die Kundenbewertung, ob es sich um eine Fälschung handeln könnte. Begründen Sie Ihre Lösung.

4

In einer wissenschaftlichen Untersuchung wurde festgestellt, dass Produkte, die im Onlineshop mit 4,5 Sternen bewertet werden, einen dreimal höheren Umsatz erzielen als Produkte, die 5 Sterne erhalten haben.

Begründen Sie, wie dieser Unterschied Ihrer Meinung nach entstehen könnte.

5

Ein Dienstleister, der Gütesiegel (Zertifikate) für Onlineshops vergibt, beschreibt seine Leistungen wie folgt:

> **Unsere Leistungen**
>
> - Wir prüfen Onlineshops nach 100 Qualitätsgesichtspunkten. Dazu gehören rechtliche Vorgaben und auch strenge Anforderungen an die angebotene Service-Qualität.
> - Wer die Qualitätsansprüche erfüllt, erhält ein Gütesiegel, das werblich herausgestellt werden darf.
> - Zusätzlich bieten wir den Kunden des Onlineshops Käuferschutz. D. h., sollte es zu Problemen bei der Bestellung oder der Rücksendung von Waren kommen, sind die Einkäufe bis 100,00 € pro Einkauf abgesichert. Dieser Käuferschutz kann (gegen eine Gebühr) auf bis zu 20 000,00 € pro Einkauf erhöht werden.

a Nennen Sie zwei Vorteile des Gütesiegels für den Onlinehändler.

b Nennen Sie zwei Vorteile des Gütesiegels für den Kunden.

6

Jutta Stern hat ein Geschäft für Bastelartikel. Seit neuestem betreibt sie auch einen Onlineshop. Allerdings hat sie zu Beginn nur wenige Produkte im Angebot. Diese Produkte stellt sie auch in ein Preisvergleichsportal ein.

Das Portal rechnet seine Leistungen per Klick ab (Pay per Click), d. h., wenn ein Besucher des Preisportals Produkte von Jutta Stern anklickt, zahlt sie 0,50 €. Der Klick muss aber nicht zu einem Kauf im Onlineshop führen.

Nach einem Monat betrachtet die Inhaberin den Erfolg ihrer Onlineaktivitäten über das Preisvergleichsportal.

Daten:

eingestellte Produkte:	10 Stück
Stückpreis für jedes Produkt:	5,00 €
Verkauf insgesamt:	30 Stück
Klick-Preis:	0,50 €
Anzahl der Klicks:	15 Klicks pro Produkt

a Berechnen Sie die Höhe der Erlöse und der Klick-Kosten für das Preisvergleichsportal.

b Beurteilen Sie das Ergebnis aus a.

7

Kunden sind das wichtigste „Kapital" eines Einzelhandelsgeschäftes. Deshalb ist es eine dauerhafte Aufgabe für Verkaufsmitarbeiter, die Beziehungen zu Kunden zu pflegen und möglichst zu fördern. Nachfolgend werden Situationen aus der Einzelhandelspraxis beschrieben, die mit der Förderung der Kundenbeziehungen zu tun haben.

Situation 1

Hatice bemüht sich in der Abteilung „Wohnen" eines großen Möbelmarktes immer darum, die Ansprüche der Kunden genau zu erfassen, um in ihrer Verkaufsargumentation einen intensiven Kundenbezug herstellen zu können. Dazu betont sie besonders den Nutzen, den Kunden aus dem empfohlenen Produkten ziehen können.

Situation 2

An der Kasse eines Textilfachgeschäftes frage Evica jede Kundin, die bezahlen möchte:

Evica: „Haben Sie eine Kundenkarte unseres Hauses?"

Situation 3

Wenn Kunden/Kundinnen sich nicht entscheiden können, bietet Evica folgende Serviceleistung an:

Evica: „Ich kann Ihnen die Produkte gerne zur Auswahl mitgeben. Sie können sich Ihre Entscheidung dann zuhause in Ruhe überlegen."

Situation 4

Ein Fahrradfachmarkt bietet in seinem Onlineshop an, dass die Kunden dort mit einer entsprechenden Software ihr eigenes Fahrrad zusammenstellen können. Sie sehen dann am Bildschirm, wie das nach eigenen Vorstellungen kombinierte Fahrrad am Ende aussieht.

Im stationären Geschäft kann sich der Kunde an einen Fachverkäufer wenden, der die Kundenplanung am PC aufruft und mit dem Kunden zusammen vervollständigt.

Situation 5

Im Lebensmittelsupermarkt Schneider können Kunden an der Kasse mit ihrem Smartphone bezahlen. Kunden die sich bei der Einrichtung dieser Zahlungsmöglichkeit damit einverstanden erklärt haben, dass Ihnen Angebote per Smartphone zugeschickt werden können, erhalten regelmäßig Gutscheine auf ihr Smartphone. An der Kasse des Marktes können die Kunden diese Gutscheine aufrufen und für die Bezahlung verwenden.

Situation 6

Eine Kundin hat im Onlineshop eines großen Schuh-Discounters ein Paar Schuhe gekauft: Bestellung am Vormittag, Versand-Mail am gleichen Tag, Eintreffen der Schuhe am nächsten Vormittag.

Dem Paket liegt ein Zettel bei: „Falls der Schuh drückt, einfache Rückgabe in der Filiale."

Die Schuhe drückten tatsächlich. In der Filiale wusste die Verkaufsmitarbeiterin nach ganz kurzer Zeit über den Einkauf Bescheid und bot an, ein anderes Paar auszusuchen oder den Kaufpreis zu erstatten. Die Verkaufsmitarbeiterin ging sehr souverän mit der Rückgabe um, als würde sie täglich nichts anderes machen. Die Kundin entschied sich für Barauszahlung.

Am nächsten Tag erhält die Kundin eine Bestätigungs-Mail über die Rückgabe mit dem Hinweis:

„Wir freuen uns, wenn Sie unseren Onlineshop bald wieder besuchen."

a Begründen Sie, wie die Situationen 1–6 zur Kundenbindung beitragen.

b Entwickeln Sie zwei (vielleicht etwas ungewöhnlichere) Situationen für Ihren Ausbildungsbetrieb, in denen Sie sich aktiv um die Bindung der Kunden an ihren Ausbildungsbetrieb bemühen.

7 Den Erfolg des Onlineshops überprüfen

Seit 6 Monaten besteht der Onlineshop des City-Warenhauses Bauer. Für den Inhaber und seine Verwaltungsleiterin, Frau Dehn, ist es nun an der Zeit, den Erfolg des Shops näher zu betrachten.

City-Warenhaus Bauer
online und offline
www.city-warenhaus-bauer.de

Frau Dehn: „34 000 Besucher in 6 Monaten – gar nicht so schlecht."

Herr Bauer: *„Na ja, noch nicht einmal 10 % haben dann aber tatsächlich gekauft."*

Frau Dehn: „Ich rechne die Konversionsrate genau aus. Ich glaube aber, wir liegen deutlich über dem Durschnitt. Und immerhin haben wir schon über 1 400 Stammkunden."

Herr Bauer: *„Sie zählen also Besucher, die mehr als einmal in unserem Shop eingekauft haben, zu Stammkunden. In unserem stationären Geschäft sehen wir das aber anders."*

Frau Dehn: „Auffällig ist auch die geringe Anzahl von Rücksendungen – 28 Retouren in 6 Monaten, das ist ja fast nichts."

Herr Bauer: *„Da stimme ich Ihnen zu. Entscheidend aber ist, was letztlich für uns übrig bleibt. Da müssen wir das Ergebnis unbedingt mit Zahlen aus der Abteilung Schreibwaren/Büro vergleichen.*

Frau Dehn: „Vergleichszahlen von Onlineshops mit ähnlichem Sortiment sind veröffentlicht worden, die Zahlen aus unserer Abteilung Schreibwaren/Büro habe ich bereits ermittelt. Ich rechne alles genau aus. Dann wissen wir, ob unser Onlineshop ein Erfolg wird."

Folgen Daten liegen vor:

Zeitraum	6 Monate
Besucher	34 000
abgeschlossene Bestellungen	2 850
Besucher mit mehr als einer Bestellung	1 420
Rücksendungen von Kunden (Retouren)	28
Bruttoumsatzerlöse im Shop (19 % Umsatzsteuer)	142 800,00 €
Wareneinsatz (Bezugspreise der verkauften Waren)	67 400,00 €

Vergleichszahlen

Konversionsrate vergleichbarer Shops	3,5 %
Retourenquote vergleichbarer Shops	2,5 %
Durchschnittsbon Abteilung Schreibwaren/Büro	35,70 €
Rohergebnis Abteilung Schreibwaren/Büro (in % der Bruttoumsatzerlöse)	32,44 %

ARBEITSAUFTRAG

Ermitteln Sie den Erfolg des Onlineshops des City-Warenhauses Bauer.

VORSCHLÄGE ZUM VORGEHEN

1. Berechnen Sie die Konversionsrate aus dem Verhältnis „Besucher“ zu „abgeschlossene Bestellungen.“
2. Ermitteln Sie den Anteil der Stammkunden (Besucher mit mehr als einer Bestellung) an den Bestellungen.
3. Berechnen Sie den Bruttoumsatz pro Besucher (pro Bestellung = pro Warenkorb).
4. Ermitteln Sie den Anteil der Rücksendungen (Retouren) an den Bestellungen.
5. Berechnen Sie das Rohergebnis in Prozent der Bruttoumsatzerlöse des Onlineshops.
6. Vergleichen Sie die berechneten Zahlen mit den entsprechenden Vergleichswerten.
7. Beurteilen Sie, ob die ersten sechs Monate des Onlineshops als erfolgreich einstuft werden können.

AUFGABEN

1

Die untenstehende Grafik (Konversionstrichter) zeigt, wie aus 4617 Besuchern eines Shops 554 Kunden werden, die eine Bestellung aufgegeben haben (Zahlen für einen Monat).

a **Berechnen Sie die Konversionsraten von Stufe zu Stufe.**

b **Berechnen Sie die gesamte Konversionsrate vom Besucher (Stufe 1) zum Kunden (Stufe 4).**

c **Beurteilen Sie die gesamte Konversionsrate, wenn man von einem Durchschnitt von 5 % ausgeht.**

d **Beschreiben Sie Ursachen, die dazu führen, das Besucher einen Shop verlassen, ohne eine Bestellung aufzugeben.**

e **Betrachten Sie Ihr eigenes Verhalten in Onlineshops: Decken sich Ihre Verhaltensweisen mit den Zahlen des Konversionstrichters oder weichen sie davon ab?**

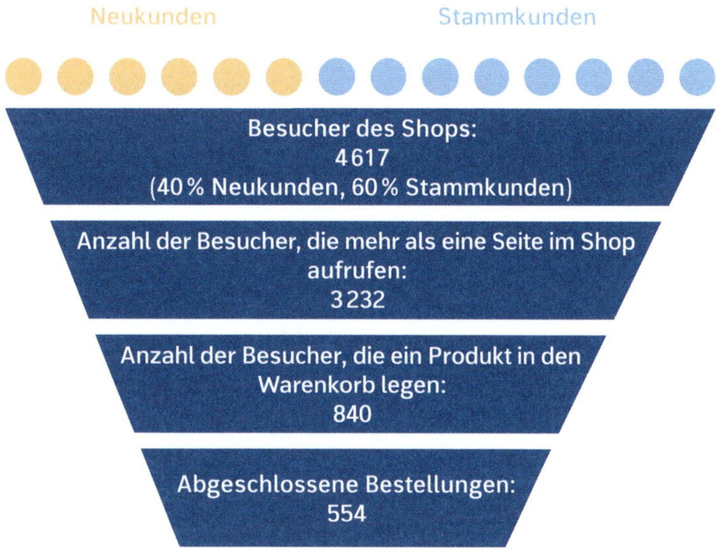

2

Im Onlineshop der Aufgabe 1 handelt es sich um einen Schuhversender. 160 Kunden haben von ihrem Widerrufsrecht Gebrauch gemacht und die Ware zurückgeschickt.

a **Berechnen Sie die Retourenquote.**

b **Erläutern Sie zwei Maßnahmen, mit denen die Quote gesenkt werden kann.**

3

Der Shop-Betreiber (Aufgabe 1 und 2) stellt auch fest, dass viele Besucher auf der Seite den Shop verlassen, auf der die Zahlungsverfahren vorgestellt werden. Folgende Zahlungsverfahren stehen zur Verfügung:

* Vorauszahlung
* Kreditkarte

a **Erläutern Sie eine mögliche Ursache, die die Besucher zum Verlassen des Onlineshops veranlassen könnten.**

b **Entwickeln Sie einen Vorschlag zur Verringerung der Abbruchquote.**

4

Ein Onlineshop muss bestimmte rechtliche Anforderungen erfüllen.

Beurteilen Sie
* **den Onlineshop Ihres Ausbildungsbetriebes (sofern vorhanden) oder**
* **z. B. den Onlineshop von Zalando (www.zalando.de) nach folgenden Gesichtspunkten:**

Rechtliche Anforderungen an einen Onlineshop

1	Werden die wesentlichen Eigenschaften der angebotenen Produkte beschrieben?
2	Sind die Preisangaben korrekt (Bruttopreis, weitere Preisbestandteile)?
3	Falls notwendig: Ist der Grundpreis angegeben?
4	Falls notwendig: Werden die Sonderregeln für Textilien und Lebensmittel beachtet?
5	Wird der Kunde über die Zahlungsmöglichkeiten informiert?
6	Wird ein Liefertermin genannt?
7	Wird der Kunde rechtzeitig auf sein Widerrufsrecht und auf die AGB hingewiesen?
8	Kommt man mit maximal zwei Klicks zum Impressum?

5

Ein großes Warenhausunternehmen hat auf Facebook einen Wettbewerb ausgeschrieben: Aus 50 verschiedenen Zutaten sollten die Facebook-Nutzer eine eigene Pizza entwickeln. Alle Beteiligten wählten zum Schluss die Sieger-Pizza, die man kurze Zeit später auch im Warenhaus kaufen konnte.

Die Aktion erbrachte 40000 neue Fans auf der Facebook-Seite des Warenhauses und viele Kontakte zur Internetseite des Warenhauses (mit angeschlossenem Onlineshop).

a **Beurteilen Sie den Erfolg der Social-Media Marketingaktion.**

b **Betrachten Sie Ihr eigenes Kommunikationsverhalten auf Facebook und stellen Sie begründet fest, ob Sie sich an einer solchen Aktion beteiligt hätten.**

6

Ein Onlineshop soll Besucher veranlassen, aus dem Shop Waren zu bestellen. Dazu ist es erforderlich, dass der Shop den Ansprüchen der Kunden an einen Einkauf im Internet entspricht.

Betrachten Sie
* **den Onlineshop Ihres Ausbildungsbetriebes (sofern vorhanden) oder**
* **den Onlineshop Ihres wichtigsten Mitbewerbers oder**
* **einen Onlineshop, auf den sie sich in Ihrer Klasse gemeinsam einigen**

und beurteilen Sie diesen mithilfe des Beurteilungsbogens auf Seite 71. Ergänzen Sie den Bogen vorher mit weiteren Gesichtspunkten, die Ihnen wichtig erscheinen.

Beurteilungsbogen für die Gestaltung eines Onlineshops

Beurteilungsbogen				
Startseite	trifft zu	weit-gehend	eher nicht	gar nicht
1. Klarer Seitenaufbau ohne Überfrachtung?				
2. Ansprechende farbliche Gestaltung mit Produktabbildungen?				
3. Wird man auf das Angebot neugierig gemacht?				
4. Ist der Anbieter deutlich erkennbar (Impressum, „Wir über uns")?				
Produktsuche				
5. Ist die Suchfunktion auf der Startseite im Blickfeld des Betrachters?				
6. Wird das Sortiment sinnvoll aufgeteilt (durch Warengruppen)?				
7. Werden Filter angeboten, um die Zahl der Treffer einzuschränken, z. B. nach Größe, Preis, Farbe?				
8. Wird die Auswahl durch eine kurze Produkterläuterung erleichtert?				
Kundenführung				
9. Verständliche und einheitliche Klickwege (bei Vorwärts- und Rückwärtsnavigation)?				
10. Werden passende Produkte miteinander verbunden?				
11. Einheitlicher Seitenaufbau?				
Produktinformationen				
12. Einheitlicher Aufbau der Informationen?				
13. Anschauliche, verkaufsaktive Erläuterung?				
14. Wird der Nutzen hervorgehoben?				
15. Wird ein Liefertermin genannt?				
16. Werden Kundenbewertungen angeboten				
Warenkorb				
17. Ist der Warenkorb von jeder Seite aus erreichbar?				
18. Enthält der Warenkorb eine Kurzinformation zu den Produkten?				
19. Können Artikel geändert oder gelöscht werden?				
20. Gibt es eine Schaltfläche zurück zum Shop?				
21. Ist die Kostenaufstellung übersichtlich?				
Kasse				
22. Erhält der Kunde eine Übersicht über den Bestellprozess?				
23. Werden verschiedene Zahlungsmöglichkeiten angeboten?				
24. Wird die Bestellung vor dem Kaufbutton noch einmal zusammengefasst?				
Weitere Gesichtspunkte				
25.				
26.				
27.				

8 Einen Onlineshop im Warenwirtschaftssystem INTWASYS einrichten

Siehe Lernsituationen 1–7 ab Seite 46

Das City-Warenhaus Bauer hat alle planerischen Arbeiten zur Einrichtung eines eigenen Onlineshops erledigt.

Folgende Entscheidungen wurden getroffen:

* Im Shop werden die Produkte der Abteilung Schreibwaren/Büro angeboten. Der Schwerpunkt soll in der Warengruppe Reinigungs- und Pflegemitteln für PC, Laptop und Tablet-Computer gelegt werden.
* Es ist festgelegt worden, in welcher Höhe sich die Kunden an den Versandkosten beteiligen sollen. Das bedeutet: Es ist ein Eurobetrag bestimmt worden, ab dem der Kunde versandkostenfrei bestellen kann. An dieser Stelle kann man auch einen Mindestbestellwert eingeben.
* Der Produkttext für BEMA Bildschirm-Schaumreiniger ist entworfen und durch eine Produktabbildung ergänzt worden.
* Fünf Zahlungsverfahren sollen den Kunden im Onlineshop angeboten werden.
* Die Widerrufsbelehrung wurde an der Stelle geändert, die die Kosten einer Rücksendung durch den Kunden regelt. Das City-Warenhaus Bauer will die Rücksendekosten übernehmen.

Hinweis: Die wichtigsten Stammdaten für das Produkt BEMA Bildschirm-Schaumreiniger sind bereits im Warenwirtschaftssystem erfasst worden (Lieferant, Einordnung in die Sortimentsstruktur usw.).

ARBEITSAUFTRAG 1

Übertragen Sie Ihre Entscheidungen zum Onlineshop in den Onlineshop des Warenwirtschaftssystems INTWASYS.

VORSCHLÄGE ZUM VORGEHEN

1. Starten Sie INTWASYS und öffnen Sie die Lernsituation **WWS 3 Lernsituation 1 Onlineshop Arbeitsauftrag.lsi.**

2. Geben Sie bei den Unternehmensstammdaten (Reiter Onlineshop) folgende Daten ein:
   - die Versandkostenregelung
   - einen Mindestbestellwert
   - die Lieferzeit von 3–4 Tagen
   - die Zahlungsverfahren (mit anschließender Sortierung)

   Speichern Sie die Eingaben.

3. Wählen Sie das Menü Artikelstammdaten, klicken Sie das Produkt BEMA Bildschirm-Schaumreiniger an und geben Sie im Bereich „Onlineshop" die erforderlichen Daten zu folgenden Themen ein:
   - „wesentliche Eigenschaften"
   - „Beschreibung"
   - „Grundpreis"

   Ziehen Sie die vorhandene Produktabbildung an die dafür vorgesehene Stelle (siehe Verzeichnis „Bilder" im digitalen Begleitmaterial zu INTWASYS).
   Markieren Sie das Produkt für den Onlineshop.
   Speichern Sie die Eingaben.

4. Klicken Sie bei den Unternehmensstammdaten den Reiter „Onlineshop“ an und wählen Sie unter „Pflichttexte“ den Text „Widerruf“. Ändern Sie den Text zur Kostenübernahme bei Rücksendungen: Das City-Warenhaus Bauer will die Kosten der Rücksendung tragen.
5. Speichern Sie den Datensatz im Verzeichnis „Benutzer“: Menü LERNSITUATION – SPEICHERN ALS (das Verzeichnis Benutzer öffnet sich automatisch)

Fortsetzung der Situation

Im ersten Arbeitsauftrag sind für den BEMA Bildschirm-Schaumreiniger alle erforderlichen Daten in das Warenwirtschaftssystem eingegeben worden, damit das Produkt im Onlineshop erscheint. Es steht damit den Besuchern des Shops für Einkäufe zur Verfügung.

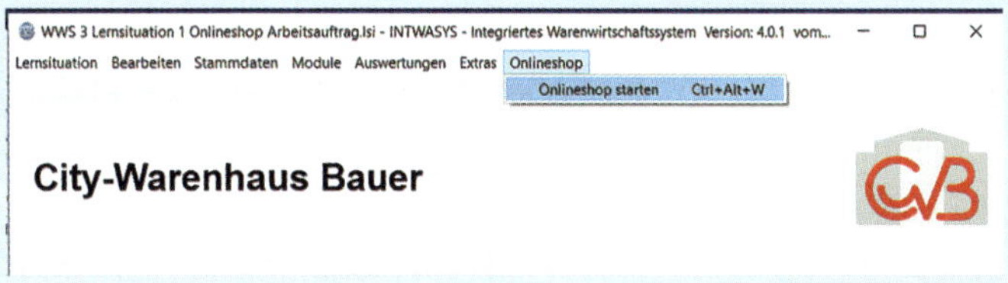

ARBEITSAUFTRAG 2

Überprüfen Sie Ihre Eingaben, indem Sie den BEMA Bildschirm-Schaumreiniger im Warenkatalog des Onlineshops des City-Warenhauses Bauer aufrufen.

VORSCHLÄGE ZUM VORGEHEN

1. Öffnen Sie das Menü „Onlineshop“ und starten den Shop.
2. Wählen Sie das Produkt „BEMA Bildschirm-Schaumreiniger“ (über die Warengruppe „EDV-Zubehör“).
3. Stellen Sie fest, ob Ihre Daten korrekt im Onlineshop sichtbar sind. Sie können die Eingaben ändern, indem Sie den Shop verlassen und im Warenwirtschaftssystem die Unternehmens- und Artikelstammdaten zum Produkt aufrufen und die Daten entsprechend anpassen.
4. Rufen Sie in der Fußzeile der Maske die Widerrufsbelehrung auf und überprüfen Sie, ob die Widerrufsbelehrung Ihre Änderung enthält.

Fortsetzung der Situation

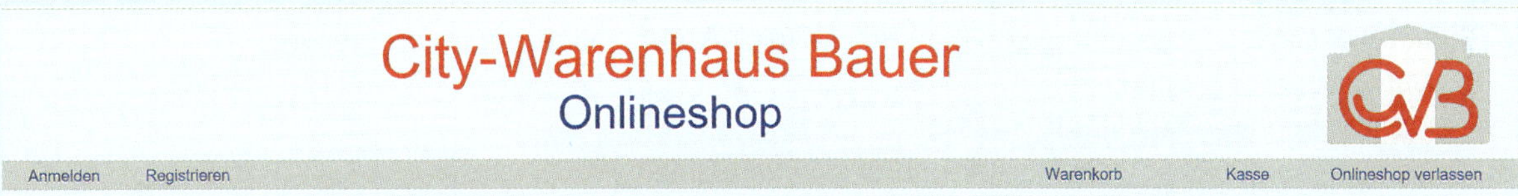

Nachdem das neue Produkt im Onlineshop für Kunden verfügbar ist, kann es (und weitere Produkte) bestellt werden. Dazu wechselt man die Sichtweise: Während die bisherigen Arbeitsaufträge aus der Sicht des Shop-Betreibers erledigt worden sind, wird der Shop nun aus der Sicht eines Kunden betrachtet. Der Kunde kann Waren bestellen und den Bestellprozess bis zur Bestelleingangsbestätigung verfolgen.

ARBEITSAUFTRAG 3

Bestellen Sie aus Sicht eines Kunden Produkte im Onlineshop des City-Warenhauses Bauer.

VORSCHLÄGE ZUM VORGEHEN

1. Starten Sie den Onlineshop.
2. Registrieren Sie sich mit folgenden Kundendaten:
   Frau
   Lisa Brocks
   Bochumer Straße 15
   40472 Düsseldorf
   E-Mail: Lisa1990@gmx.de
3. Wählen Sie einen Benutzernamen und ein Passwort nach eigenen Vorstellungen (bitte merken!).
4. Führen Sie den Bestellprozess über Produkte Ihrer Wahl bis zur Bestelleingangsbestätigung weiter.
5. Verlassen Sie den Onlineshop.

Fortsetzung der Situation

Der dritte Arbeitsauftrag betrachtet den Onlineshop des City-Warenhauses Bauer aus der Sicht einer Kundin. Die Kundin hat sich im Shop registriert, Produkte eingekauft und den Bestellprozess erfolgreich abgeschlossen. Als Bestätigung hat sie vom Shop-Betreiber eine E-Mail erhalten, die den Eingang der Bestellung bestätigt.

Nun wird diese Bestellung im Warenwirtschaftssystem des City-Warenhauses Bauer weiterbearbeitet; denn die Bestellung der Kundin muss nun erledigt werden. Dazu werden die einzelnen Positionen der Bestellung kommissioniert, versandfertig gemacht und einem logistischen Dienstleister übergeben. Vorher wird der Sendung noch ein Lieferschein und die Rechnung beigefügt.

Mit der Übergabe der Sendung an den Dienstleister verschickt der Shop-Betreiber eine Versandmitteilung an die Kundin. Dies ist gleichzeitig die Annahme der Kundenbestellung durch den Shop. Der Kaufvertrag ist zustande gekommen. Der Versandmitteilung beigefügt sind die AGB und die Widerrufsbelehrung, weil beide Texte dem Kunden in Schriftform zur Verfügung gestellt werden müssen.

Versandmitteilung, Lieferschein und Rechnung werden über die Vorgangsverwaltung des Warenwirtschaftssystems durch den Shop-Betreiber erstellt.

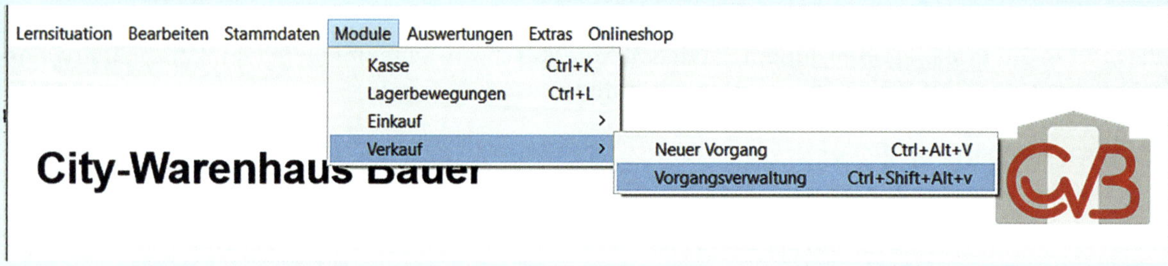

ARBEITSAUFTRAG 4

Führen Sie den Bestellvorgang bis zur Erstellung der Rechnung an den Kunden weiter.

VORSCHLÄGE ZUM VORGEHEN

1. Wählen Sie im Warenwirtschaftssystem den Pfad MODULE – VERKAUF – VORGANGSVERWALTUNG.
2. Stellen Sie fest, ob die Bestellung von Frau Brocks in der Vorgangsverwaltung aufgelistet ist.
3. Setzen Sie die Onlinebestellung von Frau Brocks fort mit der Online-Versandmitteilung
   - „*Onlinebestellung*" markieren
   - Button „*Fortführen*" anklicken
   - oben bei „*Vorgangsart*" „*Online-Versandmitteilung*" wählen
4. Verfahren Sie ähnlich mit der Erstellung des Lieferscheins und der Rechnung.
5. Drucken Sie die Rechnung aus (als PDF-Datei).
6. Sichern Sie Ihre Arbeitsergebnisse im Verzeichnis „Benutzer" über den Pfad LERNSITUATION – SPEICHERN ALS...

AUFGABEN

1

Im Arbeitsauftrag 3 haben Sie sich mit den Daten der Kundin Lisa Brocks eingeloggt.

a **Registrieren Sie sich im Onlineshop mit Ihren eigenen Daten.**

b **Kaufen Sie Produkte aus dem Onlineshop des City-Warenhauses ein.**

c **Führen Sie den Bestellprozess bis zum Rechnungserstellung im Warenwirtschaftssystem fort.**

d **Begründen Sie, wann der Kaufvertrag zwischen Ihnen und dem City-Warenhaus Bauer zustande gekommen ist.**

2

Die Kundin Petra Seifert ist langjährige Kundin im City-Warenhaus Bauer.

a Prüfen Sie zunächst, welche Daten der Kundin im Warenwirtschaftssystem erfasst sind (siehe Kundenstammdaten).

b Geben Sie einen Benutzernamen (Online-Username), ein Passwort (Online-Passwort) und eine E-Mail-Adresse ein.

c Testen Sie im Onlineshop, ob Sie sich nun unter dem Namen dieser Kundin anmelden können.

3

Im Programm INTWASYS legen Sie fest, ab wann eine Bestellung versandkostenfrei abgewickelt werden soll.

Überprüfen Sie, ob die Software Ihre Regelung zu den Versandkosten korrekt anwendet. Geben Sie dazu verschiedene Bestellungen ein, die sich vom Betrag her im Umkreis der Versandkostenregelung bewegen.

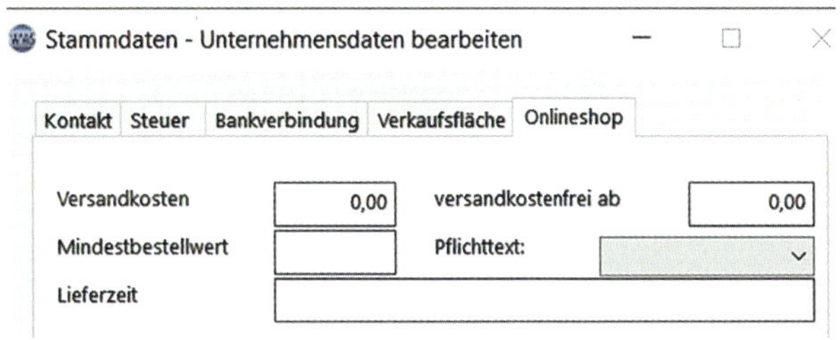

4

Im Programm haben Sie auch einen Mindestbestellbetrag festgelegt.

Überprüfen Sie, ob das Programm diese Festlegung korrekt umsetzt.

5

Bisher bietet das City-Warenhaus seinen Kunden fünf verschiedene Zahlungsmöglichkeiten an.

Ergänzen Sie eine weitere Zahlungsmöglichkeit im Programm und testen Sie Ihre Eingaben.

6

Nehmen Sie an, der logistische Dienstleister des City-Warenhauses Bauer hat den Preis von 4,00 € pro Paket auf 4,50 € erhöht. Die Kunden des Onlineshops sollen die erhöhten Versandkosten tragen.

a Geben Sie diese Änderung in die Unternehmensstammdaten ein.

b Überprüfen Sie, ob die Änderung in den Onlineshop übernommen worden ist.

7

Das City-Warenhaus Bauer hat seine Firma von City-Warenhaus Bauer e. K. in City-Warenhaus Bauer KG geändert.

a Ändern Sie die Firma im Impressum und überprüfen Sie die Übernahme der Änderung im Onlineshop.

b Ändern Sie auch die Eingangsmaske im Warenwirtschaftssystem (Unternehmensstammdaten) und überprüfen Sie das Ergebnis.

Pflichttexte

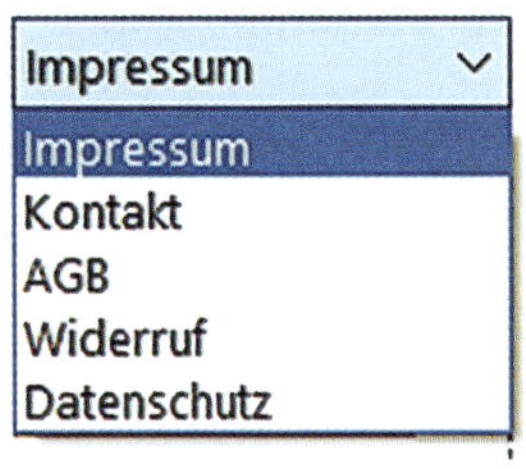

8

In der Lernsituation 3 haben Sie einen Produkttext für ein Reinigungs-Druckluftspray aufgrund folgender Daten (vor allem Herstellerangaben) entworfen:

Siehe Seite 55

Produkt:	**MAURER Reinigungs-Druckluftspray**
Artikelnummer:	44060402
Packungsinhalt:	1 Stück
Menge:	200 ml
Preis:	16,95 €
Lieferung:	innerhalb von 3–4 Tagen
Anwendungsgebiete	Tastaturen, Drucker, Faxgeräte, Fotokopierer und Computer, Fotoapparate
Eigenschaften:	– arbeitet ohne Reinigungsflüssigkeit, nur mit Druckluft – wertvolle Geräte werden schonend gereinigt – ideal zur Entfernung von Staub, Flusen oder anderen Verunreinigungen, insbesondere bei Tastaturen – Mit dem enthaltenen Aufsatzröhrchen erreicht man mühelos auch schwer zugängliche Stellen. – druckstabil bis zum Ende – mit kindersicherem Verschluss

Für diesen Artikel fehlen aber noch die Lieferanten- und weitere Artikelstammdaten, damit das Produkt vom Warenwirtschaftssystem verwaltet und in den Onlineshop aufgenommen werden kann.

MAURER Reinigungs-Druckluftspray
Sortimentseinordnung
44 Schreibwaren – 06 EDV-Zubehör – 04 Pflegemittel – 02 MAURER Reinigungs-Druckluftspray; Artikelnummer: 44060402

Lieferantenstammdaten

Suchbegriff:	36043Maurer	Bankverbindung:	Deutsche Bank Fulda
Name 1:	Maurer KG	Kontonummer:	45654000
Straße:	Mehlerstraße 144	Bankleitzahl:	530 700 07
PLZ/Ort:	36043 Fulda	IBAN:	DE52530700070045654000
Telefon:	0661 902745-0	BIC:	DEUTDEFF530
Telefax:	0661 902700	Steuernummer:	607/4312/7641
E-Mail:	Maurer@info.de	UStID:	DE3523685
Webseite:	www.maurer.de		

Artikelstammdaten

Siehe Seite 55.

EAN/GTIN:	4026645886394
Bezeichnung 1:	MAURER Reinigungs-Druckluftspray
Bezeichnung 2:	RDS200
Wesentliche Eigenschaften: (Beschreibung 3)	Siehe Ihre Lösung zur Aufgabe 1 in Lernsituation 3
Beschreibung: (Detailbeschreibung)	Siehe Ihre Lösung zur Aufgabe 1 in Lernsituation 3
Grundpreis:	Siehe Ihre Lösung zur Aufgabe 1 in Lernsituation 3
Lieferant:	Bestellnummer RS1740, Zahlungsrist 30 Tage ohne Abzüge, Lieferbedingung: frei Haus
Lager:	Mindestbestand 12, Meldebestand 24, Höchstbestand 90, Lieferzeit 6 Tage,
Bezugskalkulation:	Bezugspreis 9,20 €, Rabatt 0 %, Skonto 0 %
Verkaufskalkulation:	voreingestellte Werte übernehmen, USt. 19 %, Preis auf xx,95 aufrunden = 16,95 €

a Geben Sie die Lieferantenstammdaten für den neuen Lieferanten Maurer KG ein.

b Legen Sie den neuen Artikel MAURER Reinigungs-Druckluftspray an.

* Artikel in das Sortiment einordnen (Ziffern 1–6 der Artikelnummer), Ziffern 7 und 8 (= 02) ergänzen.
* Bezeichnung 1 und 2 sowie Daten zu „Lieferant" und „Lager" eintragen
* Bezugs- und Verkaufskalkulation durchführen
* Rückkehr zum Reiter „Beschreibung": Wesentliche Eigenschaften, Beschreibung und Grundpreis aus Ihrem Textentwurf zur Aufgabe 1 (Lernsituation 3) ergänzen.

c Ergänzen Sie die Produktabbildung (die Bilddatei befindet sich in den Materialien zu INTWASYS).

d Stellen Sie den Artikel online.

e Testen Sie Ihre Eingaben im Onlineshop und führen Sie Bestellungen durch.

9

Wenn die Versandmitteilung für den Online-Kunden erstellt wird, kommt eine Abfrage, ob der Verkauf vom Lagerbestand abgebucht werden soll. Als Alternative könnte der Lagerabgang gebucht werden, wenn der Lieferschein erstellt wird.

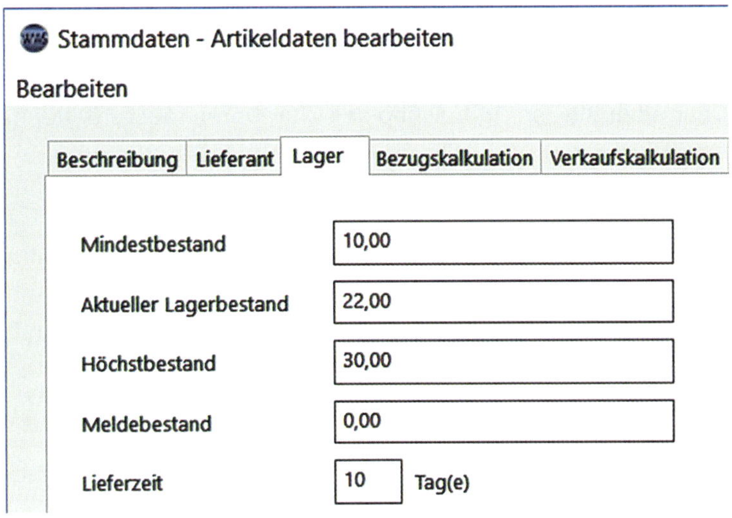

a Begründen Sie, welcher Zeitpunkt für den Lagerabgang am besten mit den realen Abläufen übereinstimmt.

b Überprüfen Sie, ob ein Verkauf im Onlineshop auch tatsächlich zu einer Verringerung des Lagerbestandes im Warenwirtschaftssystem führt.

ba Wählen Sie ein Produkt aus und ermitteln Sie den aktuellen Lagerbestand.

bb Verkaufen Sie eine bestimmte Menge dieses Produkts im Onlineshop und bestätigen Sie den Lagerabgang anlässlich der Versandmitteilung.

bc Überprüfen Sie erneut den Lagerbestand im Warenwirtschaftssystem.

c Überprüfen Sie die Lagerveränderung in ähnlicher Weise bei einem Verkauf über die Kasse.

Ein Onlineshop kombiniert mit der Bestandsverwaltung des eigenen Warenwirtschaftssystems ist keine Selbstverständlichkeit. Viele Einzelhändler lassen ihren Onlineshop von fremden Dienstleistern verwalten, ohne dass eine Anbindung an das eigene Warenwirtschaftssystem besteht.

d Beschreiben Sie, was ein Einzelhändler in diesem Fall unternehmen muss, damit die Warenbestände im Warenwirtschaftssystem immer korrekt ausgewiesen werden.

10

Onlineshops sind unterschiedlich erfolgreich. Um ihre Chancen am Markt zu beurteilen, werden verschiedene Beurteilungskriterien angewandt. Nachfolgend finden Sie eine Auswahl der Beurteilungsgesichtspunkte aus dem Informationsteil (siehe Seite 140).

Beurteilungsgesichtspunkte für die Gestaltung eines Onlineshops (Auswahl)

Startseite

1. Klarer Seitenaufbau ohne Überfrachtung?
2. Ansprechende farbliche Gestaltung mit Produktabbildungen?
3. Wird man auf das Angebot neugierig gemacht?
4. Ist der Anbieter deutlich erkennbar (Impressum, „Wir über uns")?

Produktsuche

5. Wird das Sortiment sinnvoll aufgeteilt (durch Warengruppen)?
6. Werden Filter angeboten, um die Zahl der Treffer einzuschränken? z. B. nach Größe, Preis, Farbe?

Kundenführung

7. Verständliche und einheitliche Klickwege (bei Vorwärts- und Rückwärtsnavigation)?

Produktinformationen

8. Einheitlicher Aufbau der Informationen?
9. Anschauliche, verkaufsaktive Erläuterung?
10. Wird der Nutzen hervorgehoben?
11. Wird ein Liefertermin genannt
12. Werden Kundenbewertungen angeboten

Warenkorb

13. Ist der Warenkorb von jeder Seite aus erreichbar?
14. Enthält der Warenkorb eine Kurzinformation zu den Produkten?
15. Können Artikel geändert oder gelöscht werden?
16. Gibt es eine Schaltfläche zurück zum Warenkatalog?
17. Ist die Kostenaufstellung übersichtlich?

Kasse

18. Werden verschiedene Zahlungsmöglichkeiten angeboten?

Beurteilen Sie den Onlineshop des City-Warenhauses Bauer nach den oben aufgeführten Kriterien.

Abschlussaufgabe E-Commerce

Situation 1

Jens Dahm, Inhaber einer zoologischen Handlung für Tiere, Futter und Zubehör, möchte einen Onlineshop einrichten. Für einen Versand eignen sich nach seiner Meinung vor allem Vogelfutter und das Zubehör für das Füttern von Vögeln im Garten (Futterhäuser, Vogeltränken usw.). Er setzt zunächst nur auf Futter für heimische Gartenvögel, weil damit der Hauptumsatz gemacht wird.

1

Herr Dahm hat die Möglichkeit, sein gesamtes Sortiment im Onlineshop anzubieten oder nur einen Teil davon (Nischenstrategie).

a **Erläutern Sie zwei Vorteile einer Nischenstrategie.**

b **Begründen Sie, ob Herr Dahm nach der Einrichtung des Onlineshops über einen Single- oder einen Multi-Channel-Vertrieb verfügt.**

c **Beschreiben Sie, unter welcher Bedingung man in der zoologischen Handlung von Herrn Dahm von einem Omni-Channel-Vertrieb sprechen kann.**

d **Erläutern Sie, warum es sich bei einem Onlineshop um E-Commerce handelt.**

2

Herr Dahm sieht in der Einrichtung eines Onlineshops vor allem zwei Vorteile:
* neue Kunden gewinnen und
* mehr Umsatz erreichen.

a **Geben Sie zwei weitere Vorteile an, die dem Einzelhandelsgeschäft durch den Onlineshop entstehen könnten.**

b **Begründen Sie, welcher der sechs aufgeführten Nachteile eines Onlineshops (siehe unten) nach Ihrer Meinung für Herrn Dahm am wichtigsten ist.**

Nachteile eines Onlineshops

1	hoher Betreuungsaufwand
2	technisches Know-how muss vorhanden sein
3	die Technik kann ausfallen
4	die Kosten für Kundenzahlungen sind höher und Zahlungsausfälle drohen
5	hohe Rücksendequoten
6	aufwändiger Versand der Produkte

3

Herr Dahm hätte als Alternative seine Produkte über eine Verkaufsplattform (Onlinemarktplatz) anbieten können, z. B.
* Amazon Marketplace oder
* eBay-Shop.

Erläutern Sie zwei Vereinfachungen, die sich für Herrn Dahm ergeben hätten, wenn er eine Verkaufsplattform genutzt hätte.

4

Vogelfutterpackungen kosten im Regelfall zwischen 3,00 und 30,00 € pro Stück. Durch den relativ geringen Preis stellen die Versandkosten für Herrn Dahm ein besonderes Problem dar. Er hat daher folgende Überlegungen angestellt, die zur Problemlösung infrage kommen:

1 Es wird ein Mindestbestellwert von 30,00 € festgelegt. Liegt die Bestellung unter 30,00 € erscheint eine Fehlermeldung „Beachten Sie bitte den Mindestbestellwert von 30,00 €". Der Bestellvorgang kann erst weiter fortgesetzt werden, wenn der Einkauf 30,00 € erreicht oder überschreitet.

2 Bei einem Bestellwert bis 30,00 € muss der Kunde einen „Servicezuschlag" von 2,95 € bezahlen.

3 Es wird eine Versandpauschale von 4,95 € für jede Sendung erhoben.

4 Ab einem Einkaufswert von 70,00 € wird die Sendung versandkostenfrei verschickt.

Lösen Sie das Versandkostenproblem, indem Sie aus den vier Möglichkeiten eine stimmige Versandkostenregel für die Kunden entwickeln.

5

Herr Dahm hat damit begonnen, die Texte für den Produktkatalog zu erstellen. Für das Produkt „Sommer-Meisenknödel" sind die meisten Angaben formuliert. Um den Text rechtssicher zu machen, fehlen aber noch drei Angaben.

a **Nennen Sie die fehlenden Angaben.**

b **Markieren Sie im Produkttext zwei Begriffe, die nach Ihrer Meinung als Schlüsselwörter (Key-Wörter) einzustufen sind.**

c **Begründen Sie, warum die Schlüsselwörter so wichtig für den Erfolg eines Onlineshops sind.**

6

Herr Dahm würde seinen Kunden am liebsten nur drei Zahlungsverfahren im Onlineshop anbieten:

* Vorauszahlung (durch Banküberweisung),
* Nachnahme und
* Kreditkarte.

Auswertungen von Kundenverhalten in Onlineshops zeigen aber immer wieder, dass viele Kunden den Kaufvorgang abbrechen, wenn nur die genannten Zahlungsverfahren möglich sind.

a **Begründen Sie, warum nach Ihrer Meinung Kunden den Shop bei der aufgeführten Zahlungsauswahl verlassen.**

b **Ergänzen Sie die drei genannten Zahlungsmöglichkeiten um weitere drei Verfahren, die von Kunden bevorzugt werden.**

7

In einem Onlineshop hat Herr Dahm folgende Zahlungsmöglichkeiten in unmittelbarer Nähe des Kassenhinweises gesehen. Er fragt sich, welche Vorteile Kunden haben, wenn sei eines der beiden Verfahren nutzen.

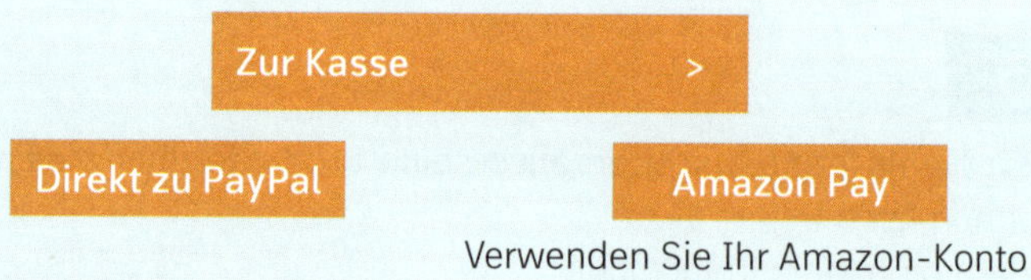

a **Beschreiben Sie die wesentliche Gemeinsamkeit der beiden Zahlungsverfahren.**

b **Erläutern Sie den entscheidenden Unterschied eine Zahlung über Amazon Pay im Vergleich zu PayPal.**

c **Begründen Sie, welchen Vorteil Kunden haben, die eines der beiden Zahlungsverfahren nutzen.**

d **Beschreiben Sie den zentralen Vorteil beider Verfahren für Onlinehändler.**

8

Für eine rechtliche sichere Widerrufsbelehrung hat sich Herr Dahm einen Text aus dem Internet heruntergeladen. Er ist sich aber nicht sicher, ob der Text juristisch korrekt ist.

Widerrufsbelehrung (Auszug)

Widerrufsrecht

Sie haben das Recht, binnen vierzehn Tagen ohne Angabe von Gründen diesen Vertrag zu widerrufen.

Die Widerrufsfrist beträgt vierzehn Tage ab dem Tag, an dem Ihre Bestellung bei uns eingegangen ist.

Um Ihr Widerrufsrecht auszuüben, müssen Sie uns mit einem Brief per Einschreiben über Ihren Entschluss, diesen Vertrag zu widerrufen, informieren. Elektronische Medien, wie z. B. E-Mails sind nicht zugelassen.

Folgen des Widerrufs

Sie haben die Waren unverzüglich und in jedem Fall spätestens binnen vierzehn Tagen ab dem Tag, an dem Sie uns über den Widerruf dieses Vertrags unterrichten, zurückzusenden.

Wir erstatten wir Ihnen den Kaufpreis für die von Ihnen gekauften Produkte. Die Lieferkosten beim Kauf der Waren werden nicht ersetzt. Auch die unmittelbaren Kosten der Rücksendung der Waren müssen von Ihnen getragen werden...

Prüfen Sie den Text und markieren Sie eventuell die Stellen, die rechtlich nicht in Ordnung sind.

9

Den Ablauf einer Kundenbestellung hat Herr Dahm sich wie folgt vorgestellt:

1. Ein Kunde klickt den Onlineshop Vogelhaus.de an.
2. Er orientiert sich im Warenkatalog über die angebotenen Waren.
3. Er wählt ein Produkt aus und legt es in den Warenkorb usw.
4. Am Ende klickt er auf den Button „Zahlungspflichtig bestellen".
5. Der Onlineshop schickt dem Kunden eine Bestätigung des Bestelleingangs. Der E-Mail sind die Widerrufsbelehrung und die AGB beigefügt.
6. Der Kunde erhält eine E-Mail, in der er über den Versand der Ware informiert wird.

a **Bestimmen Sie anhand der beschriebenen Ablaufs den Zeitpunkt, zu dem der Kaufvertrag zwischen einem Kunden und dem Onlineshop zustande gekommen ist.**

b **Geben Sie in allgemeiner Form an, wann der Onlineshop den Kunden über sein Widerrufsrecht und die AGB informieren muss.**

10

Um den Kunden Rücksendungen zu erschweren und ganz allgemein die Retourenquote zu senken, hat sich Herr Dahm verschiedene Möglichkeiten überlegt.

- ☐ In den Allgemeinen Geschäftsbedingungen wird das Widerrufsrecht des Kunden ausgeschlossen.
- ☐ Der Kunde muss die Kosten der Rücksendung bezahlen.
- ☐ Die Produktinformationen werden sehr sorgfältig formuliert, damit der Kunde auch das Produkt erhält, das er sich vorgestellt hat.

☐ Eine Rücksendung wird nur akzeptiert, wenn der Kunde einen sinnvollen Grund nennen kann.

☐ Jede Sendung attraktiv verpacken und den Liefertermin genau einhalten.

Kreuzen Sie die Möglichkeiten an, die zur Senkung der Retourenquote infrage kommen.

11

Herr Dahm möchte auch Kundenbewertungen in seinem Shop ermöglichen. Kunden sollen zu allen Produkten Bewertungen abgeben können. Alle bisherigen Kundenbewertungen werden den Kunden zur Verfügung gestellt.

a **Nennen Sie jeweils einen Vorteil für Kunden und den Shop-Betreiber, wenn Kundenbewertungen möglich sind.**

b **Erläutern Sie das Risiko, dass der Onlinehändler mit Kundenbewertungen eingeht.**

12

Über die Kundenbindungsmaßnahme „Kundenbewertungen“ ist bereits entschieden worden (siehe Aufgabe 11)

Herrn Dahm ist klar, dass ein Onlineshop, besonders gute Gelegenheiten bietet, intensive Kundenbeziehungen herzustellen.

Aus seinem stationären Geschäft weiß er außerdem, dass Tierfreunde gerne Kontakt zu Gleichgesinnten suchen und sich austauschen wollen. Er überlegt daher, welche Kundenbindungsmaßnahmen für seinen Onlineshop Vogelfutter.de besonders gut geeignet sind.

Maßnahmen zur Kundenbindung im Onlineshop

1	Anmeldung bei Preisvergleichsportalen
2	ein Gütesiegel beantragen
3	monatliche Newsletter herausgeben
4	Links zu sozialen Medien wie Facebook, WhatsApp und Twitter herstellen

Wählen Sie zwei Maßnahmen aus, die nach Ihrer Meinung besonders gut für den Onlineshop Vogelfutter.de geeignet sind, um die Kundenbindung zu stärken.

13

Herr Dahm hat den Onlineshop eingerichtet. Nach einem Monat schaut er sich die besonders wichtige Kennzahl „Konversionsrate“ an. Folgende Zahlen liegen ihm vor:

- Besucher im Shop: 945
- Abgeschlossene Bestellungen: 88

a **Berechnen Sie die Konversionsrate.**

b **Beurteilen Sie das Ergebnis, wenn man von einer durchschnittlichen Konversionsrate von 1–2 % ausgehen kann.**

Situation 2

Der Onlineshop des City-Warenhauses Bauer ist erfolgreich. Steigende Klickzahlen von Besuchern und erfreuliche Umsatzsteigerungen machen deutlich, dass die Entscheidung, einen Shop einzurichten, richtig war.

14

Weitere Produkte aus der Abteilung Schreibwaren/Büro sollen im Onlineshop angeboten werden.
Den Anfang soll der ELBA-Ordner machen – ein Artikel, der im stationären Angebot sehr beliebt ist.

a Halten Sie zwei bis drei Keywords fest, die für die Suchmaschine in der Produktbeschreibung enthalten sein sollten.
b Ergänzen Sie die Artikelstammdaten zum ELBA-Ordner.
c Fügen Sie die Abbildung ein (siehe Verzeichnis „Bilder“ im digitalen Begleitmaterial zu INTWASYS).
d Stellen Sie den Artikel online.
e Überprüfen Sie den Artikel im Onlineshop.

Produkteigenschaften des ELBA-Ordners:
- Ordner für DIN A4-Formate, 8 cm breit
- aus stabilem Karton
- Metall-Kantenschutz
- Bezug aus hochwertigem Wolkenmarmor-Papier
- farbig sortiert
- Rücken mit Spezialpapier verstärkt
- einfache Handhabung durch Grifflochring
- innen hochwertige Präzisionsmechanik
- Sichttasche mit auswechselbarem Rückenschild
- für Büro, Schule und zu Hause; immer die passende Ordnerlösung
- unterstützt effizientes Arbeiten und kinderleichte Organisation
- der Ordner in A4 fasst ca. 280 DIN A4-Blätter

15

Den Kunden des Onlineshops soll auch Click & Collect angeboten werden, also der Kauf eines Artikels im Shop, aber die Abholung im City-Warenhaus Bauer. Allerdings enthalten die Allgemeinen Geschäftsbedingungen des Shops noch eine gegensätzliche Aussage (siehe roten Text im untenstehenden Auszug aus den AGB).

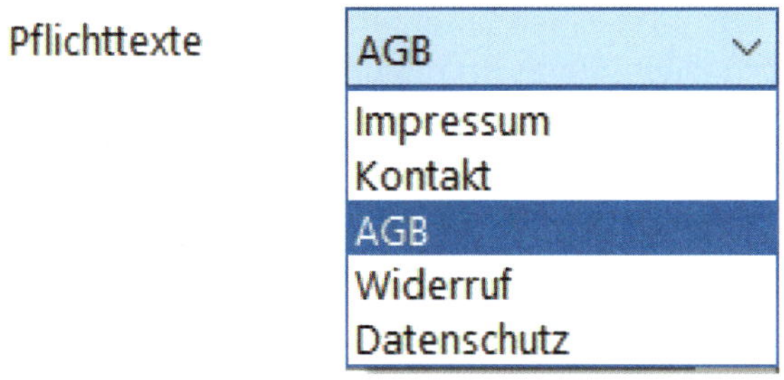

AGB des City-Warenhauses Bauer (Auszug)

4. Lieferbedingungen
Zuzüglich zu den angegebenen Produktpreisen können noch Versandkosten anfallen. Nähere Bestimmungen zu ggf. anfallenden Versandkosten erfahren Sie bei den Angeboten. Wir liefern nur im Versandweg. Eine Selbstabholung der Ware ist leider nicht möglich. Wir liefern nicht an Packstationen.

a Rufen Sie die AGB in den Unternehmensstammdaten auf und löschen Sie die beiden Sätze.
b Überprüfen Sie das Ergebnis im Onlineshop.

16

Onlineeinkäufe von Kunden müssen – nachdem aus dem Shop heraus noch eine Bestelleingangsbestätigung verschickt worden ist - im Warenwirtschaftssystem weiterbearbeitet werden. Die Kunden erhalten eine Versandmitteilung, sobald alle Arbeiten für den Versand der Artikel erledigt worden sind. Ferner sind ein Lieferschein und die Rechnung zu erstellen.

a Registrieren Sie sich als Kunde im Onlineshop des City-Warenhauses Bauer.
b Kaufen Sie Artikel nach eigenen Wünschen ein.
c Verlassen Sie den Shop und gehen Sie zurück in das Warenwirtschaftssystem.
d Greifen Sie Ihre Einkäufe unter MODULE - VERKAUF -VORGANGSVERWALTUNG auf und verschicken Sie die Versandmitteilung.
e Erstellen Sie den Lieferschein und die Rechnung.

17

Erstmalige Besucher des Onlineshops müssen sich registrieren, um im Shop einkaufen zu können.

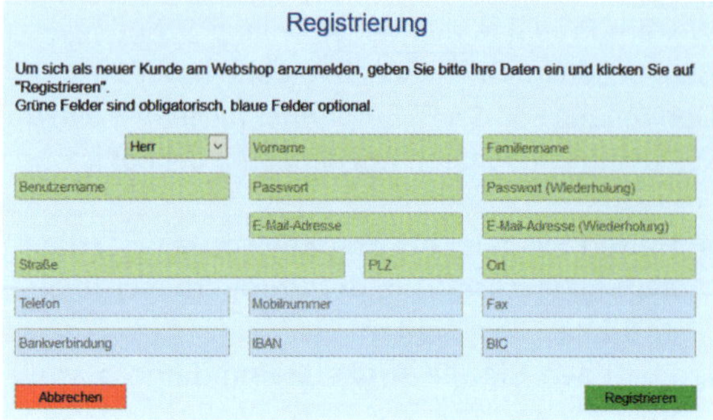

a Begründen Sie, warum das Passwort und die E-Mail-Adresse doppelt eingegeben werden müssen.

b Die blauen Felder sind nicht verpflichtend. Begründen Sie, welche dieser Felder Sie ohne Weiteres ausfüllen würden und bei welchen Feldern Sie Bedenken hätten.

18

Das City-Warenhaus bietet in seinem Onlineshop verschiedene Zahlungsverfahren an. Aus Sicht vieler Kunden fehlt leider das Lastschriftverfahren. Das soll nun zusätzlich angeboten werden.

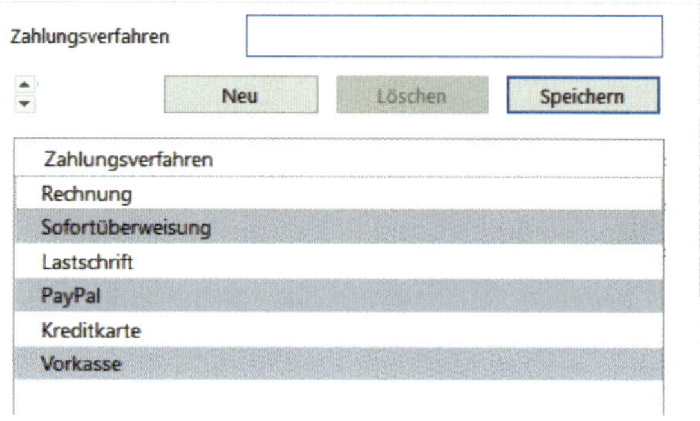

a Richten Sie das Zahlungsverfahren „Lastschrift" in den Unternehmensstammdaten ein.

b Stellen Sie es an die dritte Position (nach Sofortüberweisung).

c Überprüfen Sie im Shop, ob das Lastschriftverfahren korrekt eingefügt worden ist.

d Nennen Sie ein weiteres Zahlungsverfahren, das Sie sich als Kunde wünschen würden.

19

Der Onlinehandel entwickelt sich äußerst rasant, weil er gegenüber dem Einkauf in einem stationären Geschäft viele Vorteile bietet, z. B. den Einkauf rund um die Uhr oder bequemes Einkaufen von Zuhause aus (siehe rechts).
Der stationäre Einzelhandel steht vor dem Problem, dass Kunden die Einkaufsmöglichkeiten in Onlineshops, mit denen im stationären Handel vergleichen. Dabei schneidet der Einzelhändler vor Ort oft schlechter ab. Die Folge sind rückläufige Umsätze in den Innenstädten und Geschäftsschließungen.

Online-Kundenwünsche
- alles
- überall
- sofort
- bequem
- große Auswahl
- niedriger Preis
- viele Bezahlformen

a Nennen Sie Beispiele, wie der stationäre Einzelhandel die Erwartungen, die Kunden an den Onlinehandel haben, ebenfalls erfüllen kann.

b Erläutern Sie drei besondere Stärken des stationären Einzelhandels gegenüber dem Onlinehandel.

INFORMATIONEN
Warenwirtschaftssystem 1

1 Warenwirtschaftssystem INTWASYS 4.0

1.1 Warenwirtschaft – Warenwirtschaftssystem

Als **Warenwirtschaft** bezeichnet man die Erfassung der Warenbewegungen in einem Einzelhandelsbetrieb von der Bestellung (Wareneinkauf) bis zum Warenverkauf. Der Begriff **Warenwirtschaftssystem** macht eine Verbundwirkung sichtbar, weil ein Datenbestand in einem umfangreichen Beziehungsnetz verwaltet wird. Werden alle Warenbewegungen vom Bestellvorgang über den Wareneingang und die Lagerhaltung bis zum Warenausgang nach der Stückzahl und nach dem Wert der Waren lückenlos erfasst, spricht man von einem geschlossenen Warenwirtschaftssystem.

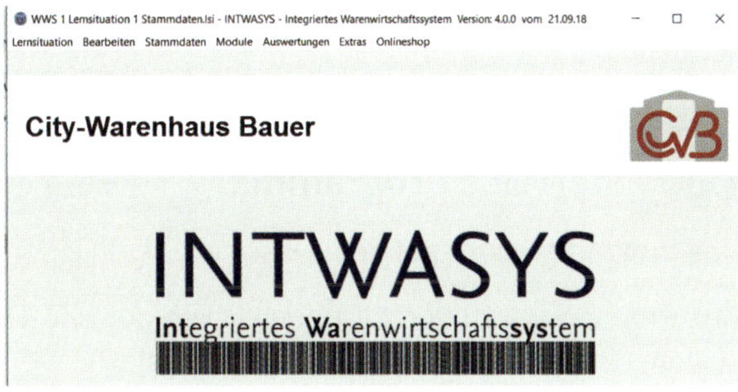

Warenbewegungen lassen sich heute

* aktuell (zu jeder Zeit),
* vollständig (für das gesamte Sortiment) und
* detailliert (artikelgenau) verfolgen.

Das Warenwirtschaftssystem macht aber nicht nur die Warenbewegungen sichtbar, sondern liefert in Kombination mit anderen Daten, z. B. über Verkaufsfläche, Mitarbeiterzahl u. Ä., wichtige Informationen zur Führung eines Einzelhandelsbetriebes. Es wertet die anfallenden Daten aus. Ein Warenwirtschaftssystem gibt z. B. Antwort auf folgende Fragen:

* Wie akzeptieren die Kunden einen festgesetzten Preis?
* Welche Verkaufswirksamkeit hat eine bestimmte Art der Warenpräsentation?
* Welche Verkaufsleistung erzielt das Geschäft pro Quadratmeter und pro Verkaufsmitarbeiter?

Das Programm INTWASYS (**Int**egriertes **Wa**ren**wi**rtschafts**sys**tem) ist ein schulisches Warenwirtschaftssystem, das die grundlegenden Funktionen eines Warenwirtschaftssystems aus der Praxis nachbildet.

Warenwirtschaftssystem: Computerprogramm, das Warenbewegungen vom Einkauf bis zum Verkauf erfasst und die Daten auswertet.

1.2 Technische Hinweise

Das Programmpaket sollte kopiert und auf den Desktop oder in ein separates Verzeichnis eingefügt werden. Eine Installation ins Betriebssystem ist nicht erforderlich.

Das Programm kann von einer Festplatte oder vom Stick gestartet werden, **nicht aber direkt von einer CD,** weil das Programm temporäre (vorübergehende) Dateien anlegen muss.

Name	Änderungsdatum	Typ
Benutzer	23.09.18 11:46	Dateiordner
Daten	23.09.18 11:46	Dateiordner
INTWASYS Libs	21.09.18 11:41	Dateiordner
INTWASYS Resources	27.03.19 12:21	Dateiordner
Voreinstellungen	16.06.19 15:23	Dateiordner
INTWASYS.exe	21.09.18 11:40	Anwendung

Das Programmpaket enthält mehrere Unterverzeichnisse von denen zwei für die Anwendung besonders bedeutsam sind:

Benutzer	Es nimmt die Daten des Anwenders/Benutzers auf und ist in der Basisversion leer.
Daten	In diesem Verzeichnis befinden sich die Datensätze, die das Datenmaterial für die Bearbeitung der Lernsituationen zur Verfügung stellt. Die Dateibezeichnung **WWS 1 Lernsituation 1 Stammdaten** bedeutet: WWS = Warenwirtschaftssystem 1 = Teil 1 Lernsituation 1 = Lernsituation im Kapitel „Warenwirtschaftssystem" Stammdaten: Stichwort für den Inhalt der Lernsituation

Das eigentliche Programm hat die Dateibezeichnung INTWASYS.EXE. Eventuell wird die Endung „EXE" nicht im im Verzeichnis dargestellt.

1.3 Start des Programms

Das Programm muss auf dem Desktop oder in einem Verzeichnis auf dem Computer zur Verfügung stehen.

Das Programm wird durch Doppelklicken der EXE-Datei gestartet. Da das Programm nicht in das Betriebssystem eingebunden ist, kann es nicht gestartet werden, indem man einen Datensatz anklickt.

Startroutine:

1. INTWASYS.EXE anklicken
2. LERNSITUATION – ÖFFNEN
3. Es öffnet sich das Verzeichnis „Daten".
4. Aus dem Verzeichnis den gewünschten Datensatz auswählen, z. B.
   WWS 1 Lernsituation 1 Stammdaten.lsi.
5. Eine Meldung besagt, dass der Datensatz in die Datenbank des Programms kopiert worden ist. Mit „ok" bestätigen.
6. In der Maske erscheinen der Schriftzug und das Logo des City-Warenhauses Bauer. Nun kann man mit dem Programm arbeiten.

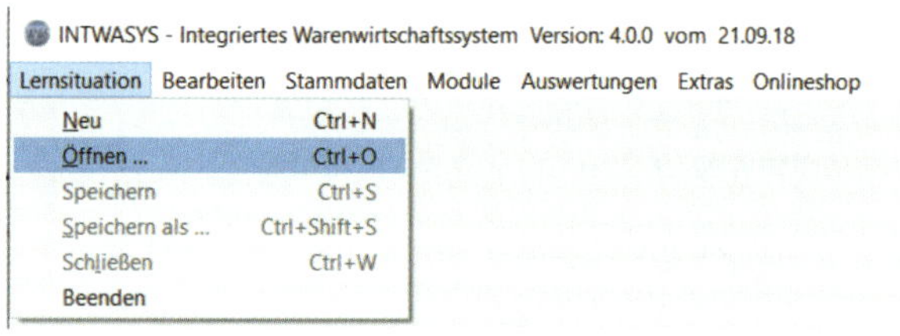

Über den Pfad EXTRAS – PROGRAMMZEIT – kann die Software auf ein bestimmtes Datum eingestellt werden. Dies ist sinnvoll, wenn eine Arbeit zu einem späteren Zeitpunkt fortgesetzt werden soll (z. B. Kassiervorgänge).

1.4 Menü „Stammdaten"

Daten, die sich im Zeitablauf gar nicht oder nur selten ändern, nennt man **Stammdaten**. In der Lernsituation 1 werden folgende Stammdaten bearbeitet:

* die Daten des **Unternehmens**,
* Informationen über die **Lieferanten**,
* Daten über die **Kunden** und
* die **Artikelstammdaten**.

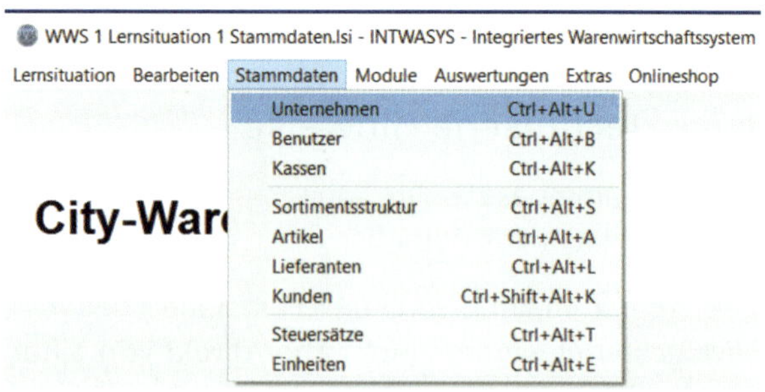

Die täglichen Veränderungen im Datenbestand, vor allem die Warenbewegungen, bezeichnet man als **Bewegungsdaten**.

Stammdaten: Daten, die sich im Zeitablauf nicht oder nur selten ändern.

Bewegungsdaten: Daten, die sich häufig ändern.

Stammdaten „Unternehmen“

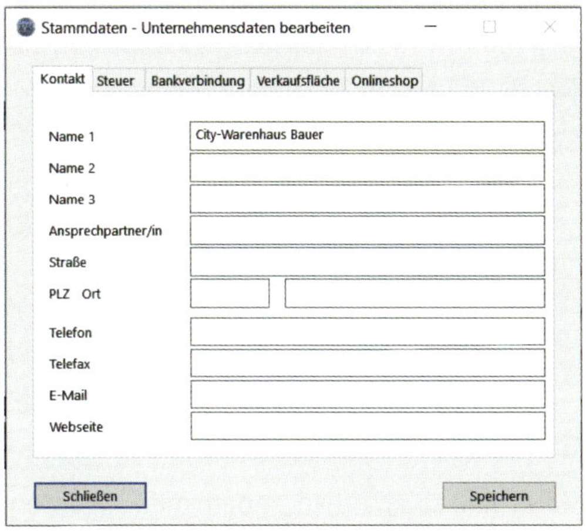

Hier werden die grundlegenden Informationen über das Unternehmen hinterlegt. Das Programm greift auf diese Daten bei verschiedenen Anlässen zu, z. B., wenn aus dem Warenwirtschaftssystem eine Rechnung erstellt oder eine Kassenauswertung erzeugt wird.

Eintragungen oder Korrekturen werden mit dem Button „Speichern“ dauerhaft im System festgehalten.

Der Eintrag im Feld „Name 1“ (City-Warenhaus Bauer) ist vorgegeben. Beim Start greift das Programm auf dieses Feld zu und weist die Firma des Unternehmens in der Startmaske aus.

Stammdaten „Kunden“

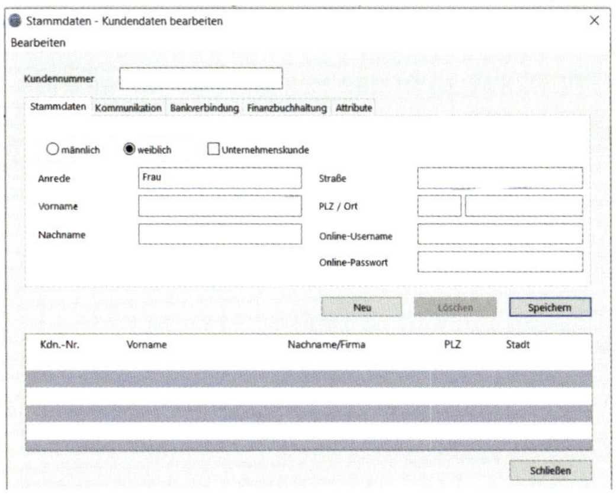

Die Kundendaten werden in den oberen Teil der Maske eingegeben.

1. Button „Neu“ anklicken
2. Daten eingeben
3. Button „Speichern“ betätigen

Mit der Wahl des Geschlechts (weiblich/männlich) wird im Feld „Anrede“ automatisch die entsprechende Anrede ergänzt.

Handelt es sich um einen Unternehmenskunden, verschwinden die ersten beiden Felder (Anrede, Vorname) und aus „Nachname“ wird „Firma“.

Nach der Speicherung erscheinen die Kundendaten im unteren Teil der Maske.

Attribute

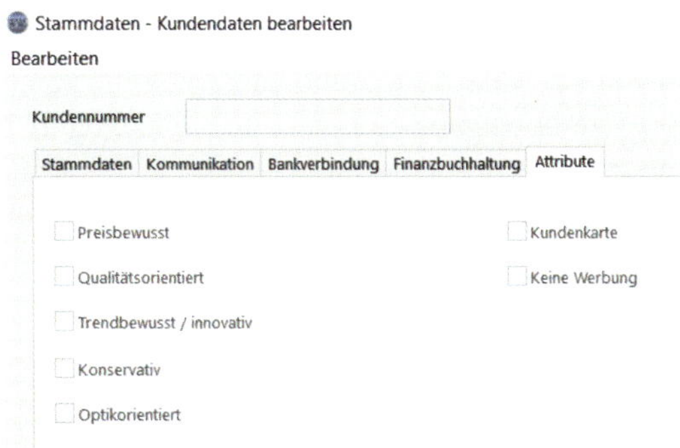

Über den Reiter „Attribute“ können Kunden nach Ansprüchen, z. B. „preisbewusst“ und nach weiteren Besonderheiten eingeteilt werden.

Datenschutz

Der Umgang mit personenbezogenen Daten unterliegt den Bestimmungen des **Bundesdatenschutzgesetzes** (BDSG). **Personenbezogene Daten** sind Einzelangaben über die persönlichen Verhältnisse einer bestimmten natürlichen Person.

Beispiele für personenbezogene Daten:

* Anrede
* Name
* Anschrift
* E-Mail-Adresse
* Telefonnummer
* Bankverbindung
* Kreditkartennummer

Hat ein Einzelhändler diese Daten in seinem Warenwirtschaftssystem gespeichert, kann er sie nur in ganz bestimmten Grenzen verwenden.

* Bestelldaten (Name, Adresse usw.) dürfen ohne Zustimmung des Kunden verwendet werden, aber ausschließlich für die Abwicklung der Bestellung.
* Darüber hinausgehende Verwendungen (z. B. für die Zusendung von Werbematerialien) erfordern ein ausdrückliches Einverständnis des Kunden.

Stammdaten „Artikel“

Neue Artikel oder Änderungen der Artikeldaten sind im Warenwirtschaftssystem zu erfassen, damit sie z. B. an der Kasse registriert und die korrekten Daten auf dem Kassenbon ausgewiesen werden können.

Die Maske (siehe rechts) zeigt, dass neben grundlegenden Informationen (z. B. Artikelnummer, Bezeichnung) auch Daten über den Lieferanten, Lagerbestände und die Kalkulation aufzunehmen sind.

Im mittleren Bereich der Maske wird der Artikel für die Präsentation im Onlineshop des City-Warenhauses Bauer vorbereitet.

Man sucht einen Artikel, indem man die unten aufgeführte Artikelliste durchsucht oder die Suchfunktion des Programms nutzt.

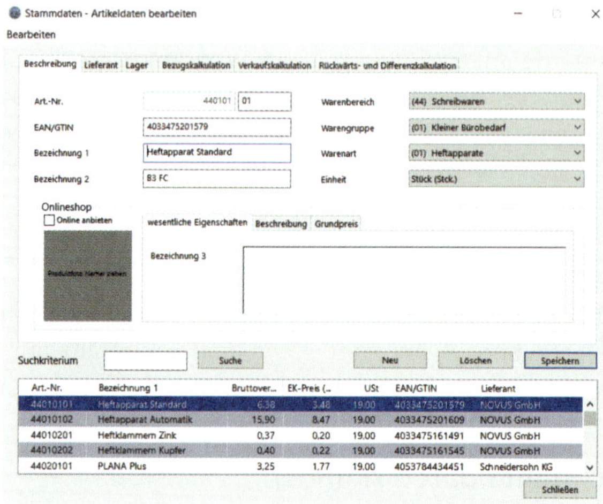

Gibt man z. B. in das Feld „Suchkriterium“ die Artikel- oder EAN-/GTIN-Nummer ein, wird man vom Programm zum gesuchten Artikel geführt. Es genügt auch, z. B. Teile der Artikelbezeichnung oder einer EAN-/GTIN-Nummer einzugeben. Das Programm macht dann Vorschläge, welche Artikel der Sucheingabe entsprechen.

Änderungen der Artikel-Daten werden mit dem Button „Speichern“ in das System übernommen.

▪ Stammdaten „Kassen“

Im Programm sind zwei Kassen voreingestellt (siehe Abbildung rechts). Über den Schalter „Neu“ können weitere Kassen hinzugefügt werden. Nach dem Speichern erscheinen die neuen Kassen in der Übersicht.

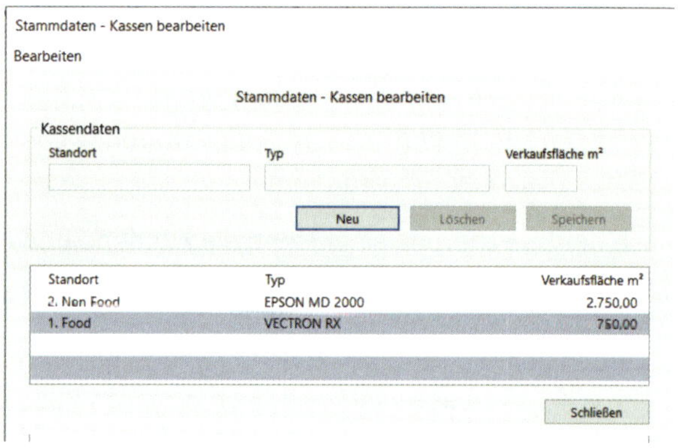

▪ Stammdaten „Benutzer“

Bevor ein Mitarbeiter/eine Mitarbeiterin kassieren darf, ist die Zugangsberechtigung festzulegen. Dazu muss der Name des Mitarbeiters/der Mitarbeiterin und ein Kennwort (mindestens acht Zeichen) festgelegt werden.

Vier (neutrale) Benutzer sind als Platzhalter vorhanden. Sie werden mit konkreten Namen überschrieben (anschließend abspeichern).

Bei einer Neuanlage ist wie folgt vorzugehen:

1. einen Benutzernamen anklicken (z. B. martin.muster1)
2. Schaltfläche „Neu“ betätigen
3. Daten eingeben (Benutzername, Kennwort)
4. Angaben speichern (die Liste wird ergänzt)

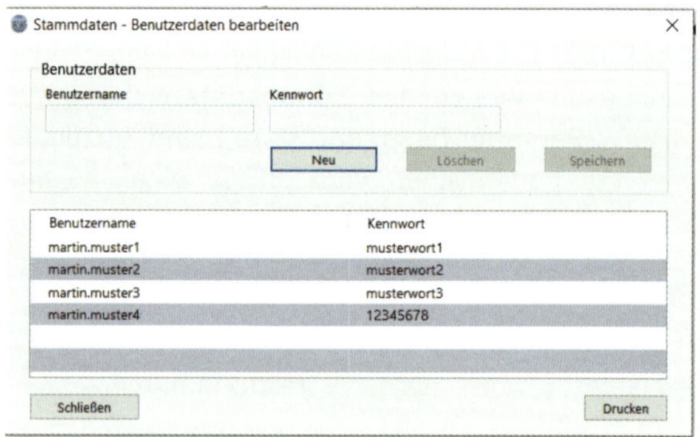

Modul „Kasse“ siehe Seite 90

Der 4. Platzhalter muss bestehen bleiben, weil über ihn der verkürzte Zugang zur Kasse (ohne Kennwort) durchgeführt wird.

1.5 Daten speichern

INTWASYS verlangt ein zweistufiges Speichern, damit Daten endgültig im System festgehalten werden.

1. Speichern in einem Menü, z. B. bei den Benutzerdaten, siehe Maske oben
2. Speichern des gesamtes Datensatzes mit „Speichern“ oder „Speichern als“.

Es empfiehlt sich, den individuellen Datenstand für eine spätere Bearbeitung zu speichern. Dazu ist der Datensatz unter dem Menüpunkt „LERNSITUATION – **SPEICHERN ALS**“ mit einem eigenen Namen im Unterverzeichnis **„Benutzer“** abzulegen. Beim Befehl SPEICHERN ALS öffnet sich das Unterverzeichnis „Benutzer“ automatisch. Unter „Dateiname“ erscheint zunächst der Name des ursprünglichen Datensatzes, z. B WWS 1 Lernsituation 1 Stammdaten.lsi. Diesen Namen kann man nun mit einer individuellen Kennung ergänzen (zum Beispiel mit einem Vornamen, es ist aber z. B. auch das Bearbeitungsdatum möglich).

Werden die bearbeiteten Datensätze stets mit dem Befehl „Speichern als“ unter „Benutzer“ gespeichert, bleiben die ursprünglichen Datensätze (aus dem Verzeichnis „Daten“) erhalten und man kann jederzeit wieder auf die Ursprungsfassung zugreifen. Daher sollte beim ersten Abspeichern nicht der Menüpunkt „Speichern“ gewählt werden, denn dadurch würde der Ursprungsdatensatz überschrieben.

1.6 Programm beenden

1. Schritt: Datensatz schließen

Bevor das Programm beendet oder ein anderer Datensatz geöffnet werden kann, muss die Bearbeitung des aktuellen Datensatzes geschlossen werden; dies geschieht über den Menüpunkt LERNSITUATION – SCHLIEẞEN.

2. Schritt: Programm beenden

Die Arbeit mit dem Programm wird über den Menüpunkt „LERNSITUATION – BEENDEN“ endgültig abgeschlossen.

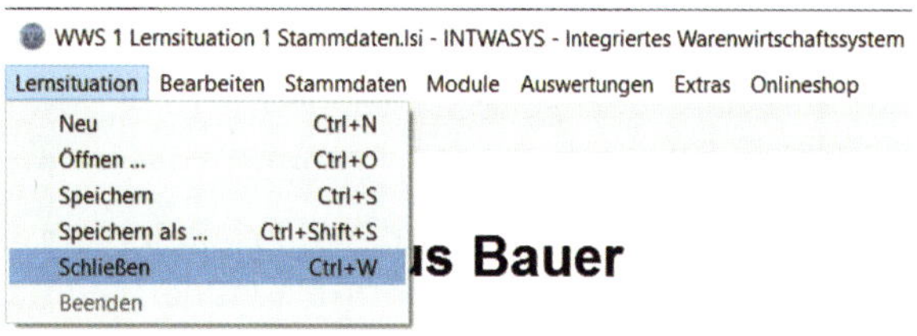

Zusammenfassung

Warenwirtschaftssystem INTWASYS	
Warenwirtschafts-system:	Computerprogramm zur lückenlosen Erfassung aller Warenbewegungen nach Stückzahl und Wert sowie deren Auswertung.
Programmstart:	* Doppelklicken der Anwendung INTWASYS.EXE * Laden eines Datensatzes (Verzeichnis „Daten“)
Stammdaten:	Daten, die sich im Zeitablauf nicht oder nur selten ändern.
Bewegungsdaten:	Daten, die sich häufig ändern.
Unternehmensdaten:	Grundlegende Informationen über das Unternehmen, auf die bei verschiedenen Anlässen zugegriffen wird.
Kundendaten:	Grundlegende Informationen über Kunden
Datenschutz:	Personenbezogene Daten (z. B. Anschrift, E-Mail-Adresse, Telefonnummer, Bankdaten) dürfen nur eingeschränkt verwendet werden, z. B. für die Bestellabwicklung. Weitere Verwendungen erfordern das Einverständnis des Kunden (BDSG).
Artikelstammdaten:	Basisinformationen über jeden Artikel im Sortiment
Kassenstammdaten:	Einrichtungsdaten einer Kasse
Benutzerstammdaten:	Angaben zur Person, die berechtigt ist, die Kasse zu bedienen.
Datenspeicherung:	Im Verzeichnis „Benutzer“ mit dem Befehl LERNSITUATION – SPEICHERN ALS
Programmende:	1. Beendigung des aktuellen Datensatzes mit LERNSITUATION – SCHLIEẞEN 2. Beendigung des Programms mit LERNSITUATION – BEENDEN

2 Datenkasse

2.1 Modul Kasse

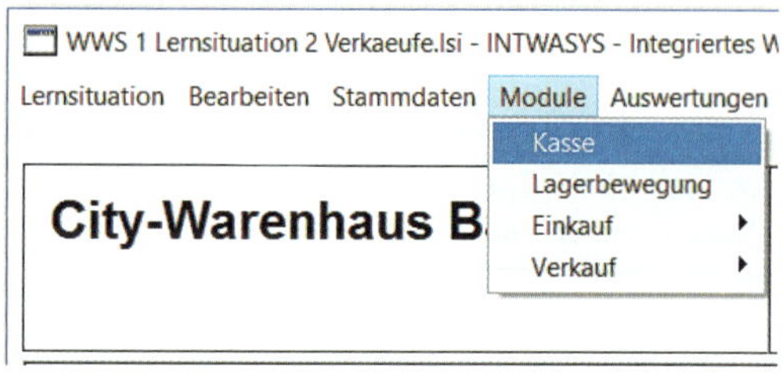

Für Verkäufe des Unternehmens, die über die Kasse abgewickelt werden sollen, steht das Modul „**Kasse**" zur Verfügung.

Grundsätzlich muss der Benutzer vorher in den Stammdaten als zugelassener Benutzer erfasst worden sein (siehe Stammdaten Benutzer).

Nach Eingabe der zu verwendenden Kasse und der Zugangsdaten (Benutzername, Kennwort) erhält man die Zugangsberechtigung zur Kasse über den Button „Anmelden" (nicht durch ENTER auf der Computertastatur).

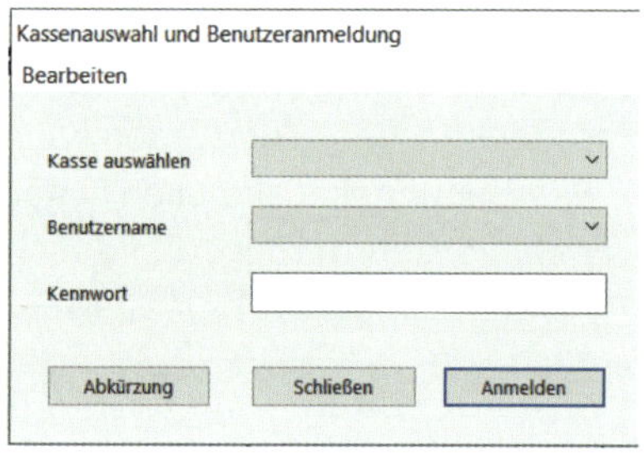

Das Programm lässt es (ausnahmsweise) zu, die Prüfung der Zugangsberechtigung zu umgehen (Taste „Abkürzung"; der Zugang geschieht über den 4. Benutzer mit dem Kennwort 12345678).

Die aktiven Felder (Eingabefelder) sind jeweils gelb unterlegt. Über das Fragezeichen [?] neben der Artikelnummer kann auf das Sortiment zugegriffen werden. Der Artikel kann angeklickt und damit in das Kassenmodul übernommen werden.

Die Daten können über das Tastaturfeld des **Computers** oder der **Kasse** eingegeben werden. Jeder Arbeitsschritt erfordert aber eine Bestätigung mit „**ENTER**"

Nun ist noch die Menge einzugeben und der Vorgang durch „ENTER" zu bestätigen. Der ausgewählte Artikel erscheint in der Artikelübersicht.

Über die **Suchfunktion** können einzelne Datensätze gezielt ermittelt werden. Dazu ist ein Suchkriterium einzugeben, z. B. die Artikelnummer oder die Produktbezeichnung (bzw. jeweils Teile davon).

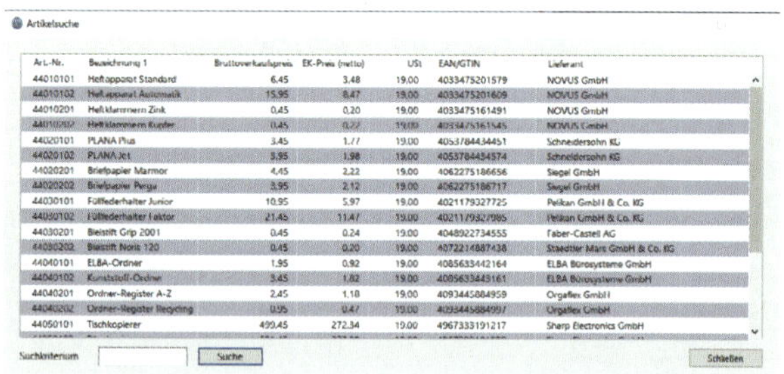

2.2 Barverkäufe

Sind alle Artikel eines Kunden an der Kasse erfasst, wird die Artikeleingabe mit dem Button „Abschluss" beendet. Das Feld „Gegeben" wird gelb unterlegt und wartet auf die Eingabe eines sinnvollen Bargeldbetrages. Danach wird das Rückgeld für den Kunden ausgewiesen und der parallel laufende Bon abgeschlossen.

Die Kasse steht nun für den nächsten Kunden bereit.

Arbeitsschritte:

1. Artikelnummer eingeben oder auswählen
2. ENTER (**Kassen- oder PC-Tastatur**)
3. Menge eingeben
4. ENTER
   [Weitere Artikel auswählen/eingeben]
5. ABSCHLUSS
6. Geld des Kunden eintragen
7. ENTER
8. Neuer Kassiervorgang oder SCHLIESSEN
   Der Bon kann ausgedruckt werden („Drucken" im Bon-Drucker), falls ein Drucker aktiviert ist.

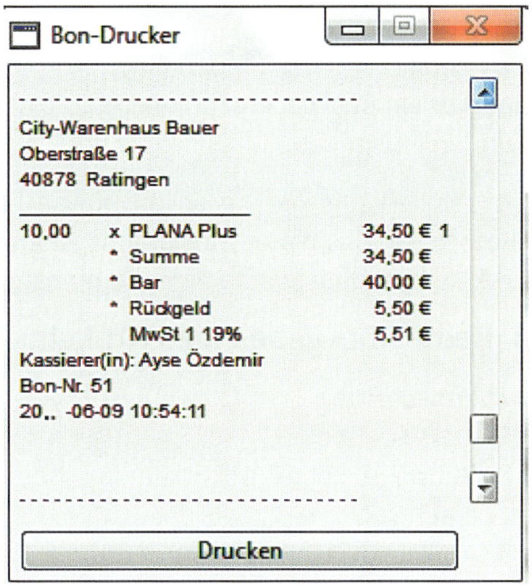

2.3 Bargeldlose Verkäufe

Kassiervorgänge, bei denen der Kunde bargeldlos zahlt, werden, mit einer Ausnahme (Schritt 6), genauso abgewickelt wie der oben beschriebene Barverkauf.

Arbeitsschritte:

1. Artikelnummer eingeben
2. ENTER
3. Menge eingeben
4. ENTER
   [Weitere Artikel eingeben]
5. ABSCHLUSS
6. **LASTSCHRIFT oder girocard oder KUNDENKARTE**
7. ENTER
8. Neuer Kassiervorgang oder SCHLIESSEN

2.4 Preisnachlässe

Preisnachlässe an Kunden werden über die Tasten PÄ (Preisänderung) € und PÄ % erfasst. Man kann auch den Reiter „Rabatt" verwenden.

■ Preisnachlass in Prozent

Arbeitsschritte:

1. Artikelnummer eingeben oder auswählen
2. Menge angeben
3. Schalter „PÄ %" aktivieren
4. Es erscheint ein Auswahlfenster, in dem der Prozentsatz in das gelb unterlegte Feld eingetragen wird.
5. Bestätigen mit „ENTER"
6. Der Artikel wird mit dem reduzierten Preis angezeigt.
7. Der Bon-Drucker führt den Ursprungspreis sowie den Preisnachlass in % und in € auf.

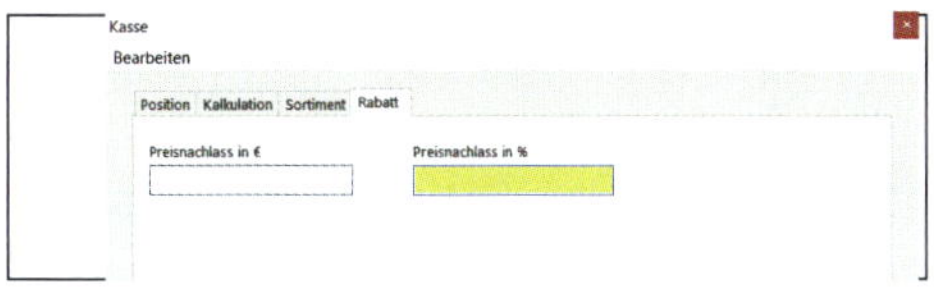

■ Preisnachlass in EURO

PÄ € aktivieren. Im Auswahlfenster ist nun das Feld „Preisnachlass in €" gelb unterlegt. Der Betrag ist einzugeben. Auf dem Bon erscheint der Preisnachlass in €:

2.5 Storno

Die Storno-Funktion macht einen gebuchten Verkauf rückgängig und verhindert damit eine Abbuchung vom Bestand. Storno ist nur möglich, solange der Verkauf noch nicht beendet wurde (durch den Button „Abschluss").

Arbeitsschritte:

1. Verkäufe eingeben
2. Den zu stornierenden Artikel (im Beispiel rechts 5 x PLANA Jet) im Kassendialog anklicken.

3. Taste „Storno“ drücken. Der Storno-Artikel wird im Kassendialog wiederholt, allerdings mit einem Minuszeichen und in Kursiv-Schrift.
   Im Warenwirtschaftssystem wird der ursprüngliche Verkauf rückgängig gemacht.
4. Weitere Verkäufe eingeben oder den Bon mit „Abschluss“ abschließen.

Storno: Rückgängigmachung eines gebuchten Verkaufs während des Kassiervorgangs.

2.6 Retoure

Gelegentlich wollen Kunden einen Artikel, den sie gekauft haben, zurückgeben. Vielfach gewähren Einzelhändler ein Rückgaberecht innerhalb einer bestimmten Frist, wenn der Artikel nicht den Vorstellungen des Kunden entspricht.

Da der Verkaufsvorgang an der Kasse bereits abgeschlossen ist, muss dieser Artikel über die Funktion „Retoure“ in das Warenwirtschaftssystem zurückgeführt werden. Eine Retoure kann aus der Rückgabe eines Artikels bestehen oder in einer Kombination mit einem Neukauf.

■ Reine Rückgabe eines Artikels

Arbeitsschritte

1. Kasse öffnen
2. Button „Retoure“ anklicken: das nebenstehende Fenster erscheint.
3. Artikel auswählen [?], der retourniert wird
4. Stückzahl eingeben
5. Preisvorschlag des Programms (laut Stammdaten) akzeptieren oder abändern, falls der Kunde den Artikel zu einem Sonderpreis erworben hat.
6. Die Retoure wird im Kassendialog unterstrichen und mit negativer Menge angezeigt.
7. Vorgang abschließen (Button „Abschluss“)
8. Im Feld „Gegeben“ 0,00 € eintragen
9. ENTER
10. Im Kassenbon wird das Rückgeld ausgewiesen (im Beispiel 10,95 €).

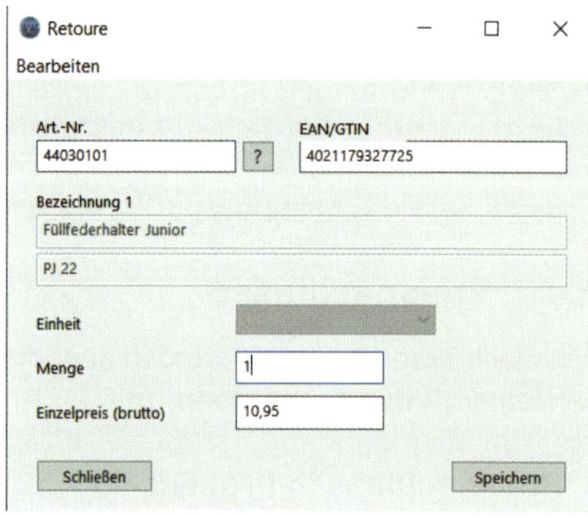

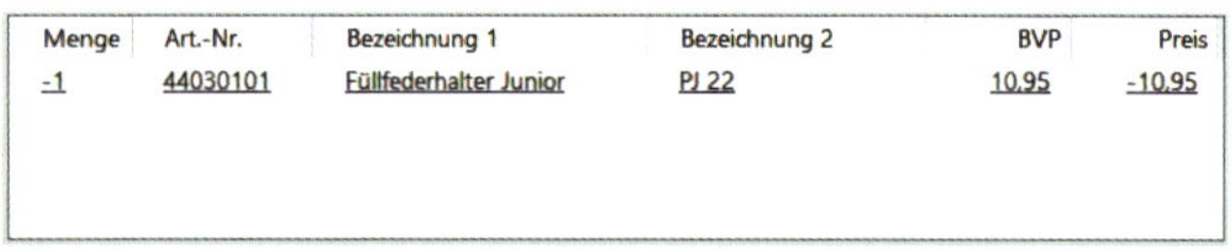

Menge	Art.-Nr.	Bezeichnung 1	Bezeichnung 2	BVP	Preis
-1	44030101	Füllfederhalter Junior	PJ 22	10,95	-10,95

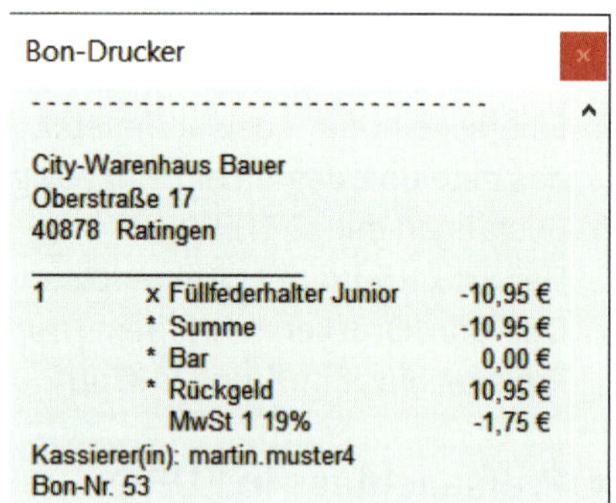

Bon-Drucker

City-Warenhaus Bauer
Oberstraße 17
40878 Ratingen

1	x Füllfederhalter Junior	-10,95 €
	* Summe	-10,95 €
	* Bar	0,00 €
	* Rückgeld	10,95 €
	MwSt 1 19%	-1,75 €

Kassierer(in): martin.muster4
Bon-Nr. 53

■ Retoure mit Kauf eines neuen Produkts

Arbeitsschritte

1. Kasse öffnen
2. Retoure eingeben wie oben
3. Neukauf eingeben
4. Abschluss: Unter- oder Überzahlung wird angezeigt
   Unterzahlung: Eine zusätzliche Zahlung des Kunden ist erforderlich (siehe Kassenbon rechts).
   Überzahlung: Der Kunde erhält den Differenzbetrag ausgezahlt.

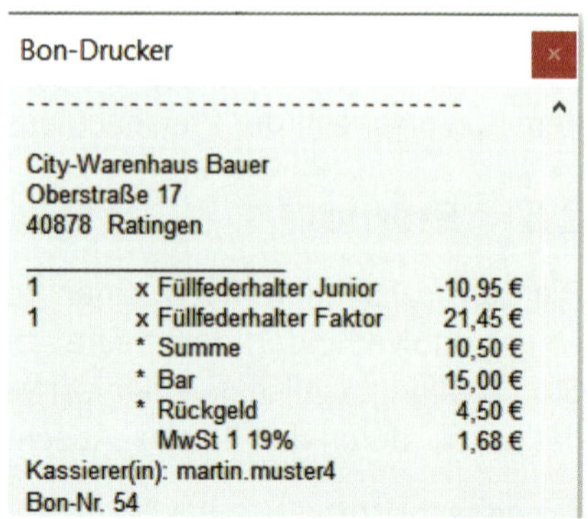

Bon-Drucker

City-Warenhaus Bauer
Oberstraße 17
40878 Ratingen

1	x Füllfederhalter Junior	-10,95 €
1	x Füllfederhalter Faktor	21,45 €
	* Summe	10,50 €
	* Bar	15,00 €
	* Rückgeld	4,50 €
	MwSt 1 19%	1,68 €

Kassierer(in): martin.muster4
Bon-Nr. 54

Retoure: Rückgängigmachung eines gebuchten Verkaufs, nachdem der Verkaufsvorgang abgeschlossen ist.

2.7 Bon-Texte

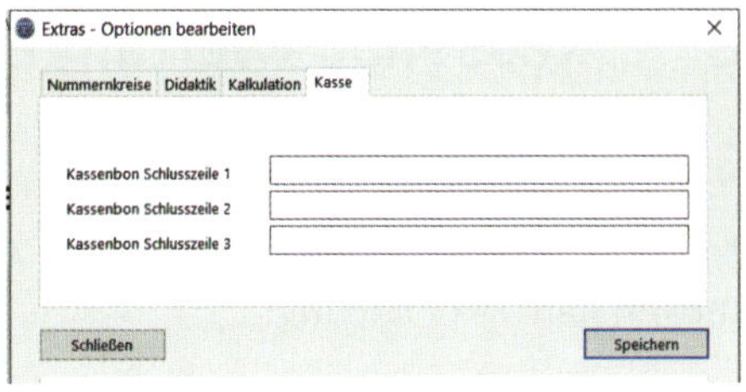

Über den Menüpunkt EXTRAS – OPTIONEN – KASSE können bis zu 3 Zeilen Text erstellt werden, der auf dem Kassenbon erscheint. Die Textlänge wird vom Programm nicht geprüft. Überschreitungen des Eingabefeldes werden „abgeschnitten."

2.8 Weitere Buttons

■ Bon-Ausdruck

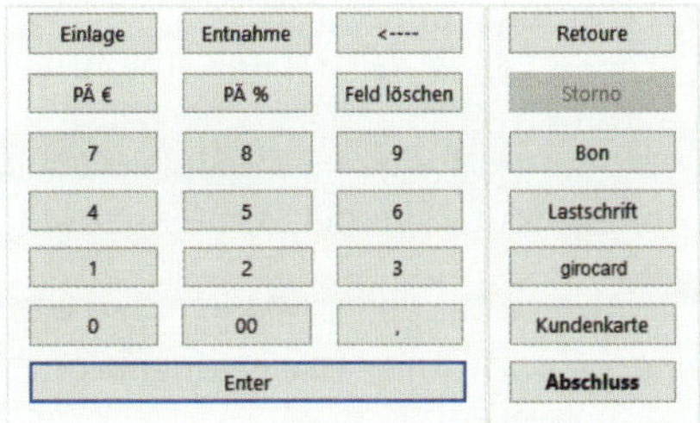

Der Bon kann über den Schalter „Drucken" ausgedruckt werden. Wird der Schalter „Bon" in der Tastatur betätigt, erzeugt das Programm den letzten Bon noch einmal. Diese Funktion ist erst nach Abschluss des Kassiervorgangs möglich. Der Schalter ist in der Praxis von Bedeutung, wenn die Rolle gewechselt werden muss.

■ Einlage – Entnahme

Über diese Funktionen können Bargeldbeträge in die Kasse eingelegt (z. B. Wechselgeld) oder entnommen werden (z. B. Kassenabschöpfungen).

■ Pfeil (< -----), Feld löschen

Mit dem Pfeil-Button wird die letzte Eingabe (Buchstabe oder Zahl) gelöscht. Der Button „Feld löschen" macht den gesamten Eintrag eines Feldes rückgängig.

Zusammenfassung

Datenkasse	
Modul Kasse:	Simulation einer Kasse aus der Praxis mit den Elementen Kassentastatur (Kassendialog), Kundendisplay und Bondrucker.
Barverkäufe:	Nach der Registrierung des Verkaufs durch die Kassentastatur bezahlt der Kunde mit Bargeld.
Bargeldlose Verkäufe:	Zahlung durch Kunden mit Lastschrift, girocard oder Kundenkarte
Preisnachlässe:	Änderung des im Warenwirtschaftssystem hinterlegten Preises durch einen prozentualen oder wertmäßigen Nachlass.
Storno:	Rückgängigmachung eines gebuchten Verkaufs während des Kassiervorgangs. Der stornierte Artikel wird im Kassendialog mit einem Minuszeichen ausgewiesen. Der Bestand wird im Warenwirtschaftssystem wieder erhöht.
Retoure:	Rückgängigmachung eines gebuchten Verkaufs, nachdem der Verkaufsvorgang abgeschlossen ist. Es wird an der Kasse ein neuer Bon eröffnet.
Bon-Texte:	Hinterlegung kundenfreundlicher Texte, die auf dem Kassenbon erscheinen sollen.

3 Kassenauswertungen

3.1 Menü „Auswertungen"

In der Lernsituation werden folgende Auswertungen nähere betrachtet:

1. Verkäuferbericht
2. Warengruppenbericht
3. Stundenfrequenz
4. Finanzbericht
5. Leistungskennzahlen
6. Umsatzranking (TOPs und FLOPs)

Die Auswertungen „Bestellvorschläge" und „Rohergebnis" werden später genutzt.

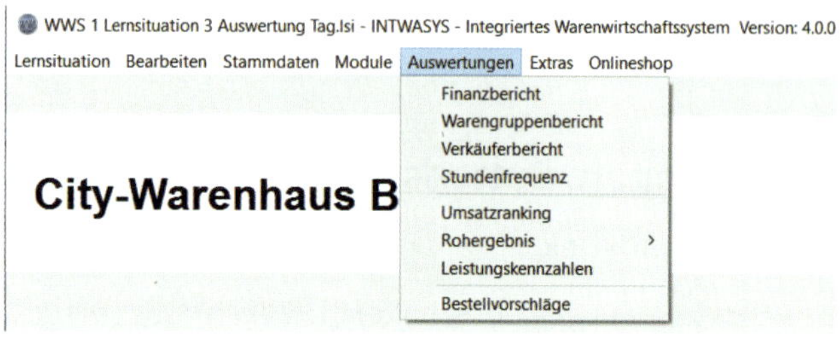

Alle Auswertungen sind auf einen bestimmten Betrachtungszeitraum (Periode) bezogen, z. B. einen Tag oder einen Monat. Die Auswertungen unterstützen den Inhaber eines Einzelhandelsgeschäftes bei der Führung seines Unternehmens.

Auswertungen: Kombination von Daten aus dem Warenwirtschaftssystem, um Informationen für die Führung eines Einzelhandelsunternehmens zu erhalten.

Vor der Auswertung der Berichte 1–6 ist zunächst der Auswertungszeitraum festzulegen. Im Beispiel rechts liegt eine Tagesauswertung vor.

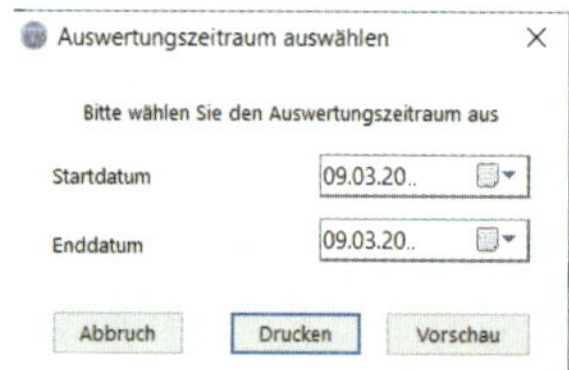

3.2 Finanzbericht

Der Finanzbericht wertet die Umsätze und Absatzzahlen einer bestimmten Periode (z. B. eines Tages) an der Kasse aus.

Auswertungsgesichtspunkte:

* Gesamtumsatz (brutto, netto)
* Preisänderungen durch gewährte Preisnachlässe
* Anzahl der Artikel und Kunden
* Artikelzahl und Umsatz pro Kunde
* Umsatz nach Zahlungsart

Von jedem Bericht lassen sich PDF-Dateien erzeugen. Auch ein Ausdruck ist möglich, sofern ein Drucker angeschlossen und aktiviert ist.

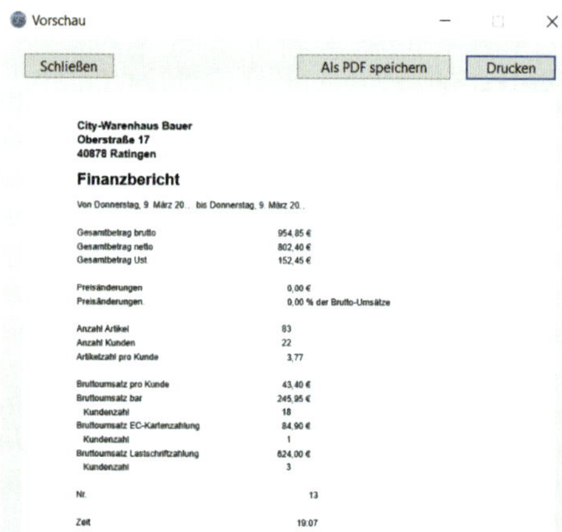

Finanzbericht: Auswertung der Umsätze und Absatzzahlen an der Kasse für eine bestimmte Periode. Die Daten werden auch auf die Kunden bezogen (Artikelzahl/Umsatz pro Kunde, Wahl des Zahlungsverfahrens).

3.3 Warengruppenbericht

Der Warengruppenbericht gibt Auskunft über folgende Daten:

* Warengruppe
* Anzahl der verkauften Artikel im Auswertungszeitraum
* Umsatz dieser Warengruppe
* Anteil dieser Warengruppe am Gesamtumsatz des Auswertungszeitraums

Warengruppenbericht: Auswertung der Warengruppen nach Artikelzahl, Umsatzhöhe und prozentualem Anteil am Gesamtumsatz.

3.4 Verkäuferbericht

Nach der Festlegung des Auswertungszeitraums (hier der 09.03.20(0)), listet das Programm die Umsätze der Verkaufsmitarbeiter und die Anzahl der verkauften Artikel auf.

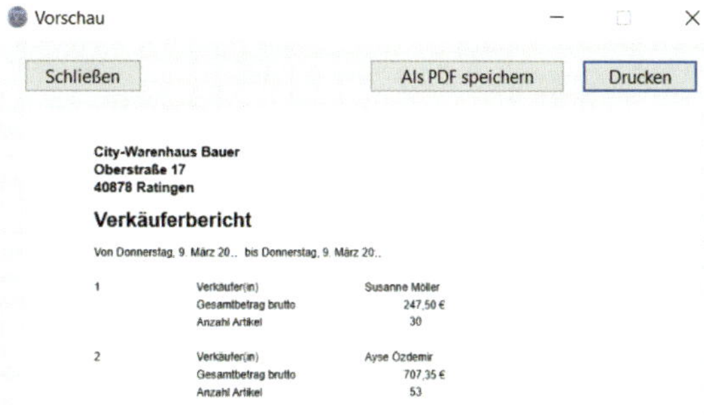

Verkäuferbericht: Auswertung der Verkaufsmitarbeiterleistungen nach Umsatzhöhe und verkauften Artikeln.

3.5 Stundenfrequenz

Dieser Bericht macht deutlich, wie viel Umsatz jeweils pro Stunde im Verlauf eines Verkaufstages erzielt worden ist. Gleichzeitig werden Artikel- und Kundenanzahl angezeigt.

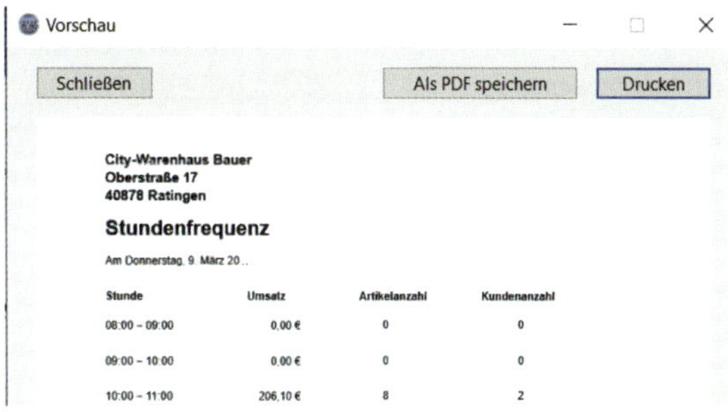

Stundenfrequenz: Auswertung der stündlichen Umsätze über die Verkaufszeiten eines Geschäftes, einschließlich Artikel- und Kundenzahl pro Stunde.

3.6 Umsatzranking

Der Bericht gibt die umsatzmäßig 10 besten (TOP 10) und die 10 schlechtesten (FLOP 10) Artikel für den betrachteten Zeitraum (hier 1 Tag) an.

Im Einzelhandel spricht man auch von „Rennern" und „Pennern".

Umsatzranking: Wertmäßige Auswertung der einzelnen Artikel durch Gliederung nach Umsatzstärke und Umsatzschwäche.

3.7 Leistungskennzahlen

Folgende Leistungszahlen werden in diesem Bericht dargestellt:

* der Umsatz im Berichtszeitraum
* der durchschnittliche Umsatz pro Verkaufsmitarbeiter
* der Umsatz der einzelnen Verkaufsmitarbeiter
* der Umsatz pro Quadratmeter Verkaufsfläche der Abteilung

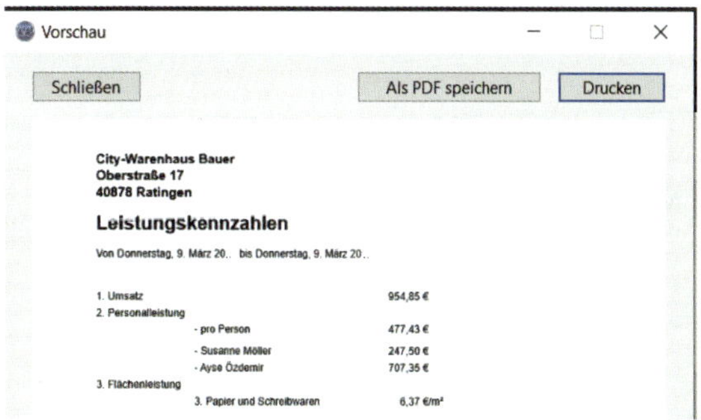

Leistungskennzahlen: Auswertung des Umsatzes sowie der Personal- und Flächenleistung eines Geschäftes oder einer Filiale/Abteilung

Zusammenfassung

Kassenauswertungen	
Auswertungen:	Kombination von Daten aus dem Warenwirtschaftssystem, um Informationen für die Führung eines Einzelhandelsunternehmens zu erhalten.
Finanzbericht:	Auswertung der Umsätze und Absatzzahlen an der Kasse für eine bestimmte Periode. Die Daten werden auch auf die Kunden bezogen (Artikelzahl/Umsatz pro Kunde, Wahl des Zahlungsverfahrens).
Warengruppenbericht:	Auswertung der Warengruppen nach Artikelzahl, Umsatzhöhe und prozentualem Anteil am Gesamtumsatz.
Verkäuferbericht:	Auswertung der Verkaufsmitarbeiterleistungen nach Umsatzhöhe und verkauften Artikeln.
Stundenfrequenz:	Auswertung der stündlichen Umsätze über die Verkaufszeiten eines Geschäftes, einschließlich Artikel- und Kundenzahl pro Stunde.
Leistungskennzahlen:	Auswertung des Umsatzes sowie der Personal- und Flächenleistung eines Geschäftes oder einer Filiale/Abteilung.
Umsatzranking:	Wertmäßige Auswertung der einzelnen Artikel durch Gliederung nach Umsatzstärke (Top 10, Renner) und Umsatzschwäche (Flop 10, Penner).

Warenwirtschaftssystem 2

1 Wareneingang

1.1 Menü „Stammdaten“

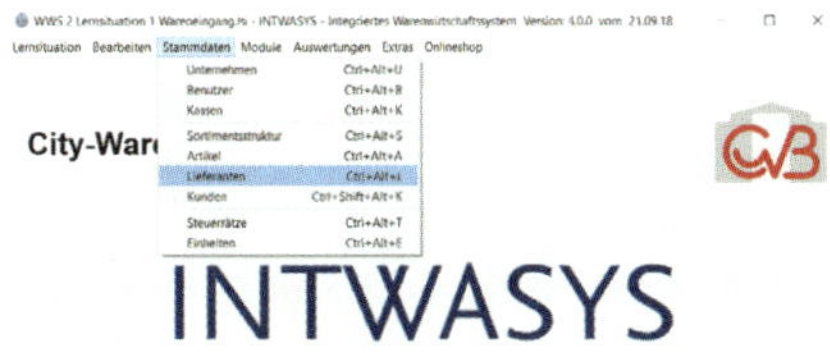

Daten, die sich im Zeitablauf gar nicht oder nur selten ändern, nennt man **Stammdaten**. In der Lernsituation werden folgende Stammdaten bearbeitet:

* Informationen über die **Lieferanten**,
* die **Artikelstammdaten**.

Die Stammdaten des Unternehmens, der Kunden, die Zugänge zu den Kassen (Benutzer) und die Kassenstammdaten sind bereits im Teil 1 (Warenwirtschaftssystem 1) bearbeitet worden.

Stammdaten: Daten, die sich im Zeitablauf nicht oder nur selten ändern

1.2 Stammdaten Lieferanten

Werden Waren von einem neuen Lieferanten bezogen, müssen die Daten des Lieferanten in das Warenwirtschaftssystem übernommen werden, weil ein Lieferant im Warenwirtschaftssystem z. B. seinen Artikeln zugeordnet wird und weil Bestellungen über das Warenwirtschaftssystem abgewickelt werden. Die Lieferantenstammdaten sind auch anzupassen, wenn sich grundlegende Daten eines Lieferanten ändern, z. B. die Adresse oder die Firma.

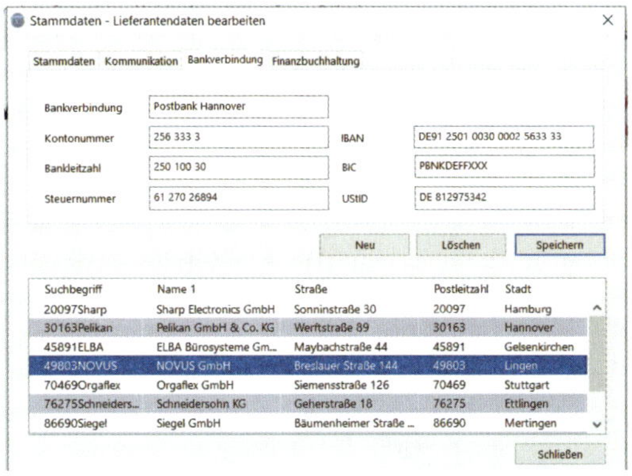

Für die Verwaltung der Lieferantenstammdaten steht eine Maske im Warenwirtschaftssystem zur Verfügung.
Suchbegriff: Er wird gebildet als Kombination von Postleitzahl und (verkürzter) Firma ohne Leerzeichen.
Bankverbindung: Neben den Bankdaten werden auch die Steuernummer und die Umsatzsteuer-Identifikationsnummer (UStID) gespeichert.
Finanzbuchhaltung: Enthält ein Feld für die Lieferantennummer in der Buchhaltung des City-Warenhauses Bauer.

Alle Eingaben in die Formularmaske müssen zum Schluss gespeichert werden (Button „Speichern“), damit sie dauerhaft im Warenwirtschaftssystem verankert sind.

1.3 Sortimentsstruktur

Dem Warenwirtschaftssystem INTWASYS wird in der Basisversion ein vereinfachtes Sortiment von 24 Artikeln zugrunde gelegt, das beliebig erweitert werden kann. Betrachtet wird lediglich die Abteilung Schreibwaren/Büro des City-Warenhauses Bauer.

Die Neuaufnahme eines Artikels erfordert auch eine Einordnung des Produktes in das Sortiment. Dabei ist die Ware in die Sortimentsstruktur des Einzelhandelsgeschäftes einzuordnen. Dies soll am Beispiel des Artikels „Heftapparat Standard“ verdeutlicht werden.

Im City-Warenhaus Bauer besteht – aus Sicht der Abteilung Schreibwaren/Büro – folgender Sortimentsaufbau:

Sortiment:		Das gesamte Sortiment des City-Warenhauses Baue
Bereich:	44	Schreibwaren (Schreibwaren/Büro)
Warengruppe:	01	Kleiner Bürobedarf
Warenart:	01	Heftapparate
Artikel:	01	Heftapparat Standard B3 FC

Die komplette Artikelnummer lautet demnach: **44 01 01 01**. Sie ergibt sich aus dem Sortimentsaufbau des City-Warenhauses und speziell der Abteilung Schreibwaren/Büro.

Schreibwaren/Büro					
01 Kleiner Bürobedarf	02 Papier	03 Schreibgeräte	04 Ordnungsmittel	05 Technik	06 EDV-Zubehör

Die Artikelnummer 44 01 01 01 erscheint auch in der Artikeldatei.

Man sieht, dass das Warenwirtschaftssystem in der Maske die ersten sechs Ziffern der Artikelnummer vorgibt (grau unterlegtes Feld). Dies hat damit zu tun, dass die Sortimentsbestandteile „Bereich“, „Warengruppe“ und „Warenart“ feststehende Größen sind, die man auf der Artikelebene nicht verändern kann. Würde z. B. ein weiterer Artikel „Heftapparate“ in das Sortiment aufgenommen, so könnte er die Endziffern 03 erhalten (es gibt bereits Heftapparate mit den Endziffern 01 und 02).

Ein völlig neuer Artikel, der einer bestehenden Warenart nicht zugeordnet werden könnte, müsste erst in der Maske „Sortimentsstruktur“ erfasst werden.

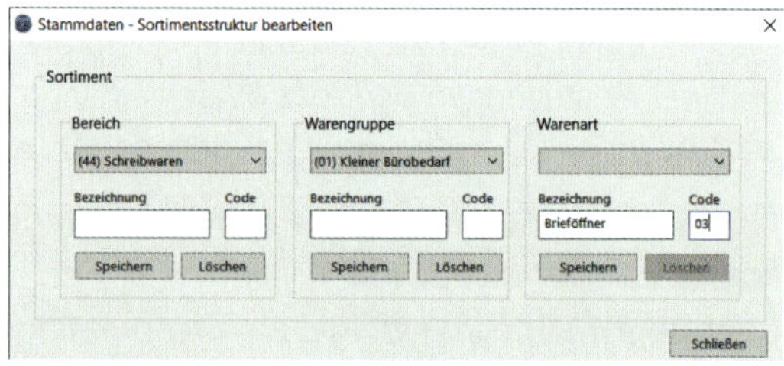

Siehe Seite 100

Wird z. B. in der Warengruppe „Kleiner Bürobedarf“ die Warenart „Brieföffner“ neu aufgenommen, muss diese neue Warenart zunächst unter „Bezeichnung“ eingegeben und mit dem zutreffenden Code (= Nummerierung) gekennzeichnet werden. Da 01 (Heftapparate) und 02 (Heftklammern) bereits bestehen, erhalten alle Brieföffner die Warenarten Nummer 03.

Für den konkreten Artikel (z. B. Brieföffner Edelstahl C44) würden dann noch zweistellige Endziffern angehängt (beginnend mit 01). Die Artikelnummer würde sich dann wie folgt zusammensetzen:

Sortiment:	Das gesamte Sortiment des City-Warenhauses				
Bereich:	44	Schreibwaren (Schreibwaren/Büro)			
Warengruppe:		01	Kleiner Bürobedarf		
Warenart:			03	Brieföffner	
Artikel:				01	Brieföffner Edelstahl C44

Zusammengefasst: 44 01 03 01

1.4 Stammdaten Artikel

Nachdem ein neuer Artikel (hier der Brieföffner) in die Sortimentsstruktur eingeordnet worden ist, indem

* der Bereich,
* die Warengruppe und
* die Warenart

festgelegt worden sind, kann der neue Artikel („Brieföffner Edelstahl C44“) auch in den Artikelstammdaten erfasst werden.

Dazu geht man wie folgt vor (siehe Maske unten):

1. Da es sich um einen neuen Artikel handelt, den Button „Neu“ anklicken. Nun kann in die Felder der Maske eingetragen werden.
2. Im Feld „Warenbereich“ (44) Schreibwaren anklicken

3. Im Feld „Warengruppe“ die Warengruppe (01) Kleiner Bürobedarf auswählen
4. Die Warenart (03) Brieföffner festlegen Daraufhin erscheinen im Feld „Art.-Nr.“ links die ersten sechs Ziffern der Artikelnummer (440103, aus dem Menü „Sortimentsstruktur“, siehe oben).
5. Da es sich um den ersten Brieföffner in dieser Warenart handelt, wird die Artikelnummer mit „01“ ergänzt; damit ist die achtstellige Artikelnummer komplett.
6. Nun können die restlichen weiß unterlegten Felder ergänzt werden (EAN/GTIN, Bezeichnung 1 und 2, Einheit). Die Bezeichnung 1 steht beim Verkauf des Artikels auf dem Kassenbon.

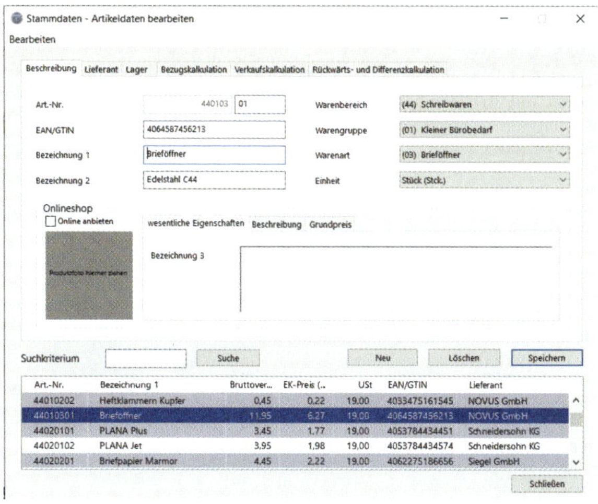

7. Sobald die übrigen Daten zu diesem Artikel eingegeben worden sind, kann der Artikel gespeichert werden und er erscheint unten in der Auflistung aller Artikel. So lange die Daten unvollständig sind, erscheinen Fehlermeldungen, die auf bestehende Lücken verweisen.

1.5 Lagerbewegungen

Daten, die sich regelmäßig verändern, bezeichnet man als Bewegungsdaten. Das sind im Regelfall Warenbewegungen.

Bewegungsdaten: Daten, die sich häufig ändern

In einem Einzelhandelsgeschäft werden regelmäßig Waren von Lieferanten eingekauft und an Kunden verkauft. Soll das Warenwirtschaftssystem den Warenbestand und seine Veränderungen artikelgenau erfassen, muss dem System auch jede Veränderung zur Verfügung gestellt werden. Letztlich ist jede Bewegung eines Artikels vom Wareneingang bis zum Warenausgang aufzuzeichnen.

Trifft zum Beispiel bestellte Ware ein, ist der Wareneingang als Lagerzugang zu registrieren. Neue Produkte sind zunächst in die Sortimentsstruktur des Warenwirtschaftssystems einzuordnen. Danach kann der Wareneingang auch gebucht werden.

Dazu steht unter dem Menüpunkt „MODULE“ die Funktion „LAGERBEWEGUNGEN“ zur Verfügung.

Man gibt die Artikelnummer ein oder wählt den Artikel durch einen Klick auf das Fragezeichen [?] aus. Die übrigen Artikeldaten werden automatisch ergänzt.

Die Eingabe der EAN/GTIN führt zum gleichen Ergebnis.

Die Felder „Zugang“ und „Abgang“ sind hell unterlegt. Das bedeutet, dass man in diese Felder Daten eingeben kann.

Der nebenstehenden Wareneingangsmaske ist zu entnehmen, dass bei den neu ins Sortiment aufgenommenen Brieföffnern 20 Exemplare eingekauft worden sind. Da kein Lagerbestand vorhanden war, ist dies auch der aktuelle Warenbestand an Brieföffnern.

Zusammenfassung

Wareneingang			
Stammdaten:	Daten, die sich im Zeitablauf nicht oder nur selten ändern. * Unternehmen * Benutzer * Kassen	* Sortimentsstruktur * Artikel * Lieferanten	* Kunden * Steuersätze * Einheiten
Lieferanten:	* Ersterfassung oder Änderung von Lieferantenstammdaten * Das WWS nutzt die Lieferantenstammdaten, z. B. für Bestellungen		
Sortimentsstruktur:	* Neue Produkte müssen zunächst in die Sortimentsstruktur eingeordnet werden.		
* **Gliederung:**	* Sortiment (z. B. 44) * Bereich (z. B. 01) * Warengruppe (z. B. 01)	* Warenart (z. B. 01) * Artikel (z. B. 01)	Ergebnis: z. B. 44 01 01 01

Wareneingang		
* Verknüpfung:	6 Stellen der Artikelnummer werden von der Artikeldatei übernommen	
Artikel:	Artikelstammdaten anlegen: 1. „Neu“ anklicken 2. „Bereich“ auswählen 3. „Warengruppe“ bestimmen 4. „Warenart“ beschreiben und codieren	5. Siebte und achte Stelle der Artikelnummer festlegen 6. übrige Daten eingeben 7. speichern
Lagerbewegungen:	Bewegungsdaten: Daten, die sich häufig ändern. Im Warenwirtschaftssystem erfasste Artikel können in ihren Beständen durch Zu- und Abgänge verändert werden.	

2 Bestellung

2.1 Angebotsvergleich – Entscheidung für ein Produkt

Wie bei jeder Warenbestellung bei einem neuen Lieferanten steht am Anfang in der Regel ein Vergleich verschiedener Angebote. Ist die Entscheidung zugunsten eines bestimmten Lieferanten gefallen, ist das neue Produkt in das Warenwirtschaftssystem einzufügen.

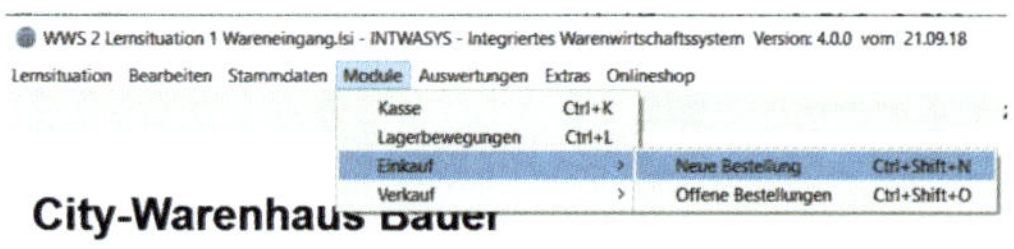

Der gesamte Ablauf stellt sich wie folgt dar:
1. Angebotsvergleich durchführen
2. Entscheidung für einen (neuen) Lieferanten
3. Lieferantenstammdaten in das Warenwirtschaftssystem einbringen
4. Artikel in die Sortimentsstruktur einordnen
5. Artikelstammdaten einfügen
6. Bestellung durchführen

2.2 Lieferantenstammdaten

Aus den Angebotsunterlagen sind gewöhnlich alle Informationen verfügbar, um die Stammdaten des Lieferanten in das Warenwirtschaftssystem einzugeben. Über den Button „Neu“ werden die Eingabefelder für Einträge verfügbar gemacht (hell unterlegt). Zum Schluss ist der Datensatz abzuspeichern; siehe Maske rechts.

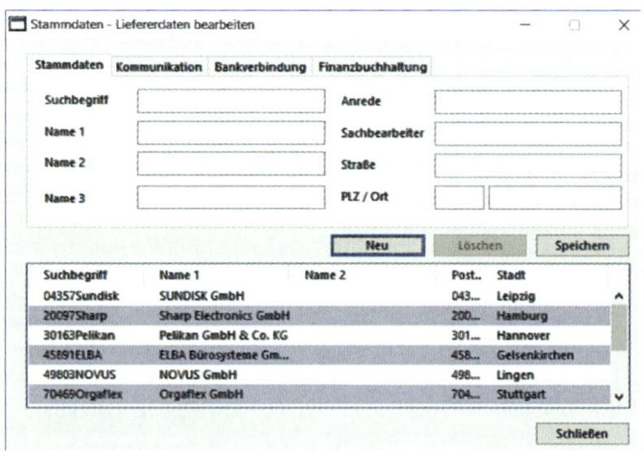

Stammt das neue Produkt von einem Lieferanten, der bereits ins Warenwirtschaftssystem aufgenommen worden ist, sind lediglich die Artikelstammdaten einzupflegen.

2.3 Sortimentsstruktur

Bevor man ein neues Produkt in das Warenwirtschaftssystem aufnimmt, ist zunächst zu prüfen, ob Warenbereich [①], Warengruppe [②] und Warenart [③] für das Produkt bereits festgelegt sind. Wird z. B. eine neue Druckertinte eingekauft, liegen die ersten 6 Ziffern der Artikelnummer bereits vor (440602); siehe Maske „STAMMDATEN – SORTIMENTSSTRUKTUR BEARBEITEN“. Für das neue Produkt ist dann lediglich bei den Artikelstammdaten (siehe Maske „STAMMDATEN – ARTIKELDATEN BEARBEITEN“ [④]) die laufende Nummer festzulegen. (siehe Abbildung auf der nächsten Seite)

2.4 Artikelstammdaten

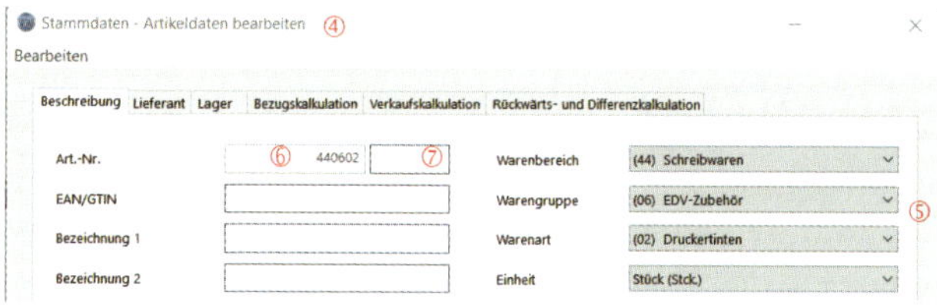

Sind bereits 2 Druckertinten im Sortiment, erhält die neue Tinte die Nummer 03. Dazu sind zunächst die ersten 6 Ziffern der Artikelnummer aufzurufen (Warenbereich, Warengruppe, Warenart [⑤]) Im Feld „Art.-Nr." erscheinen die ersten sechs Ziffern 440602 [⑥]. Nun ist noch die laufende Nummer „03" zu ergänzen [⑦]. Damit ist das neue Produkt korrekt in die vorhandene Sortimentsstruktur eingegliedert und die übrigen Daten können in die Masken eingegeben werden.

Würde eine neue Warenart beschafft, z. B. Reinigungsmittel für Datenträger und EDV-Geräte, wäre zunächst die Warenart „Reinigungsmittel" festzulegen. Unter „Bezeichnung" und „Code" kann die neue Warenart definiert werden [⑧] (nach 01 Toner, 02 Druckertinten und 03 Speichermedien würde der Code 04 lauten). Die ersten 6 Ziffern des Produkts hätten dann die Nummernfolge 44 (Schreibwaren) 06 (EDV-Zubehör) 04 (Reinigungsmittel).

2.5 Bestellung

Nachdem Lieferanten- und Artikelstammdaten im Warenwirtschaftssystem hinterlegt worden sind, kann man mit einer Bestellung auf diese Daten zugreifen (MODULE – EINKAUF – NEUE BESTELLUNG). Das Programm fragt zunächst die Artikelnummer ab. Nach der Eingabe ergänzt das System die übrigen Felder automatisch, bis auf die Bestellmenge, die nun noch eingegeben werden muss. Das Programm erzeugt ein Bestellformular mit allen Daten. Man kann es ausdrucken und abschicken.

Über MODULE – EINKAUF – OFFENE BESTELLUNGEN lässt sich feststellen, ob die Bestellung ordnungsgemäß im WWS erfasst worden ist. Außerdem kann man jederzeit erkennen, bei welchen Bestellungen der Wareneingang (oder Teile davon) noch aussteht.

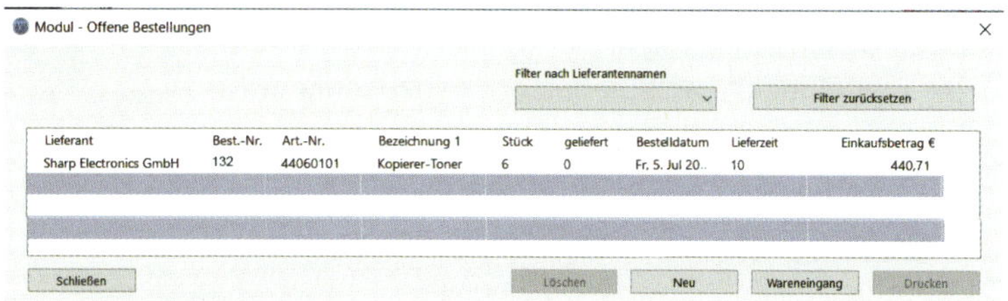

Zusammenfassung

Bestellung	
Angebotsvergleich:	Über den üblichen Angebotsvergleich wird zunächst der Lieferant festgelegt.
neuer Lieferant:	Die Stammdaten des Lieferanten sind im Warenwirtschaftssystem zu erfassen.
Sortimentsstruktur:	Ein neuer Artikel muss zunächst in das Sortiment eingeordnet werden: Sortiment – Warenbereich – Warengruppe - Warenart
Artikelstammdaten:	Die Daten des neuen Artikels werden in der Maske „Stammdaten – Artikeldaten bearbeiten" erfasst. Dem Artikel werden die letzten beiden Ziffern der Artikelnummer zugeordnet.
Lieferant und Warenart bekannt:	Es sind lediglich die Artikelstammdaten einzugeben.
Bestellung:	Nach Eingabe der Artikelnummer oder über die Suchfunktion [?] erscheint eine Bestellmaske mit allen wesentlichen Daten. Nur die Bestellmenge ist noch zu ergänzen. Nach einer Überprüfung druckt das WWS ein Bestellformular aus.
offene Bestellungen:	Über MODULE – EINKAUF – OFFENE BESTELLUNGEN kann der Bestellvorgang überprüft und der Wareneingang kontrolliert werden.

3 Bestelldisposition bei bekannten Lieferanten

3.1 Vorteile eines Warenwirtschaftssystems

Bei den regelmäßigen Nachbestellungen zum Ausgleich der Abverkäufe macht sich das Warenwirtschaftssystem besonders positiv bemerkbar:

* Die Daten des Lieferanten sind im System vorhanden und können für Bestellungen verwendet werden.
* Auch die Artikeldaten liegen vor und müssen nicht bei jeder Bestellung eingegeben werden.
* Das Warenwirtschaftssystem kann die Warenbestände überwachen und auf Anforderung Bestellvorschläge machen (siehe nachfolgend).

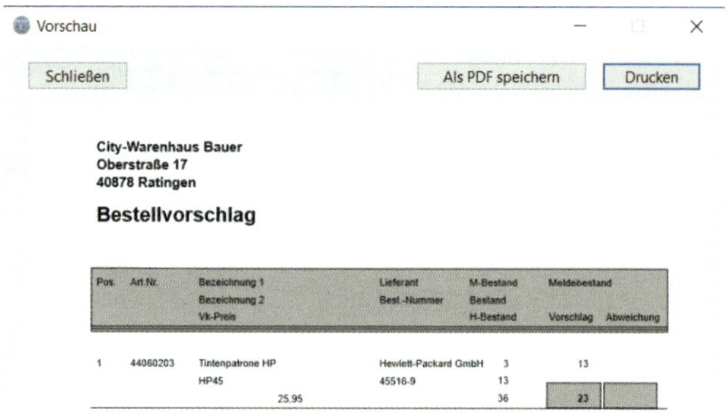

Bestelldisposition: Entscheidung über die Menge der einzukaufenden Produkte

3.2 Bestellvorschlagsliste

Auf Anforderung (AUSWERTUNGEN – BESTELLVORSCHLÄGE) kann man eine Vorschlagliste des Warenwirtschaftssystems abrufen. Das Programm listet alle Produkte auf, deren **Meldebestand** erreicht oder unterschritten worden ist und entwickelt einen **rechnerischen** Bestellvorschlag. Diese Vorschläge sind in zweierlei Hinsicht zu überprüfen:

1. Gibt es **besondere Anlässe**, die es ratsam erscheinen lassen, von der vorgeschlagenen Menge abzuweichen? Das zu erwartende Wetter oder besondere Ereignisse können dazu führen, die Bestellmenge anzuheben oder abzusenken.

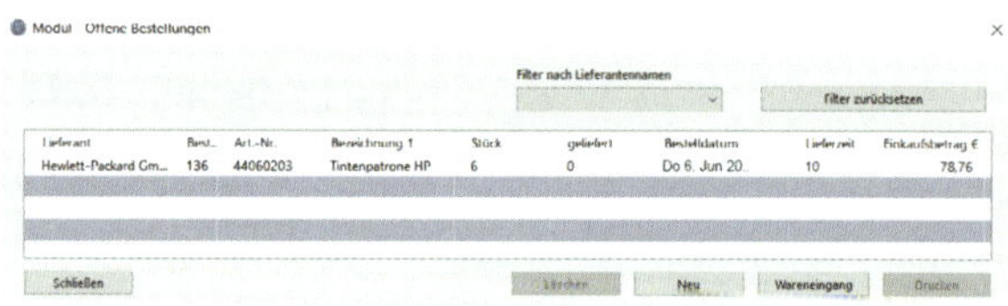

2. Es ist zu prüfen, ob **Bestellungen** zu diesen Produkten noch **ausstehen**. Dazu bietet das Programm eine Bestellüberwachung an (MODULE – EINKAUF – OFFENE BESTELLUNGEN).

Im vorliegenden Fall (siehe beide Masken) schlägt das System vor, 23 Stück Tintenpatronen nachzubestellen, 6 Artikel stehen aber noch aus („geliefert 0"). Daher sollte die vorgeschlagene Menge vermindert werden, sofern keine Ereignisse anstehen, die weitere Veränderungen der Bestellmenge nahelegen.

Siehe auch Bestellmaske Seite 101

3.3 Bestellung

Alle Daten sind im System hinterlegt, lediglich die Artikelnummer und die Menge der Produkte, die nachbestellt werden sollen, sind in die Bestellmaske einzutragen (MODUL – EINKAUF – NEUE BESTELLUNG).

Im Beispiel oben: Das Warenwirtschaftssystem schlägt vor, 23 Tintenpatronen nachzubestellen (nachzudisponieren). Das Feld neben dem Vorschlag dient – nach einem Ausdruck – der handschriftlichen Ergänzung der tatsächlichen Bestellmenge.

In der Praxis können die Bestellvorschlaglisten mit einer Vielzahl von Vorschlägen z. B. an die zuständige Abteilung weitergereicht werden, damit die Abteilungsleitung ihr Wissen über zu erwartende Absatzzahlen kritisch in die Vorschlagsmengen einbringt.

Zusammenfassung

Bestelldisposition bei bekannten Lieferanten		
WWS-Vorteile:	* Daten der Lieferanten und der Artikel sind bekannt.	* Das Warenwirtschaftssystem kann die Warenbestände überwachen und Bestellvorschläge machen.
Bestelldisposition:	Entscheidung über die Menge der einzukaufenden Produkte	

Bestelldisposition bei bekannten Lieferanten	
Bestellvorschlagsliste	Listet alle Produkte auf, deren Meldebestand erreicht oder unterschritten worden ist. Auf dieser Grundlage wird ein Bestellvorschlag errechnet. Prüfung des Vorschlages: * Liegen besondere Anlässe vor, die eine Abweichung vom Vorschlag nahelegen? * Stehen von den vorgeschlagenen Produkten noch Bestellungen aus?
Bestellung:	Aufgrund der hinterlegten Stammdaten sind nur noch Artikelnummer und Bestellmenge in die Bestellmaske einzugeben.

4 Verkauf gegen Rechnung

4.1 Neuer Vorgang

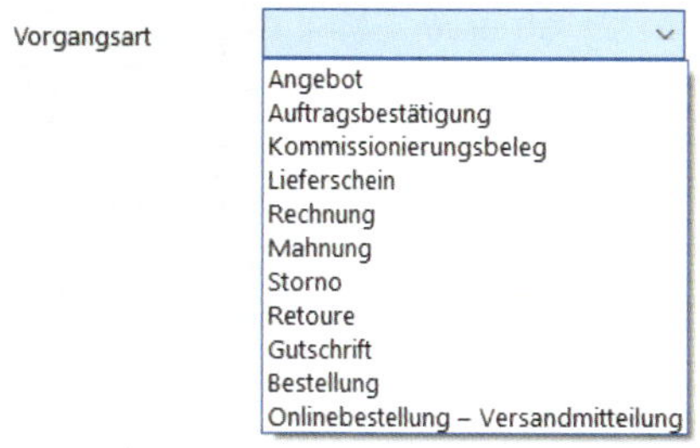

Verkäufe gegen Rechnung werden über das Modul „VERKAUF“ erfasst. Auch die Arbeitsschritte, die letztlich zu einer Kundenbestellung und zur Auslieferung der bestellten Ware führen, werden an dieser Stelle in das System eingegeben und von ihm überwacht (MODULE – VERKAUF – NEUER VORGANG).

Nachfolgend werden nur die Standard-Arbeitsschritte einer **Auftragsbearbeitung** näher betrachtet:

* Angebot
* Auftragsbestätigung
* Lieferschein
* Rechnung

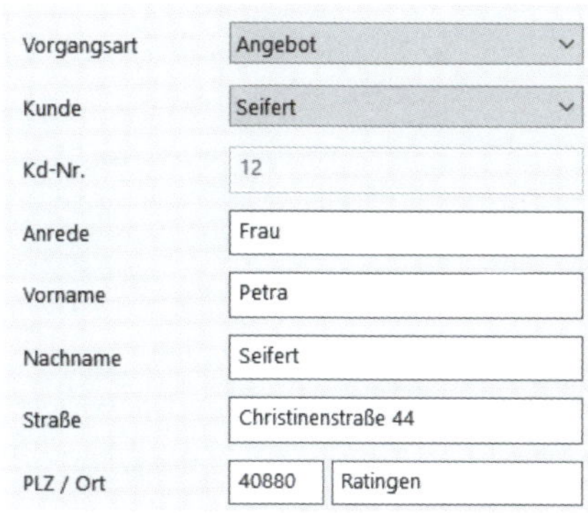

In einem ersten Schritt kann die benötigte Vorgangsart in einem Pull-Down-Menü ausgewählt werden (siehe Abbildung oben rechts).

Beispielhaft soll die Anfrage einer Kundin dargestellt werden: Die Kundin Seifert hat eine Anfrage an das City-Warenhaus Bauer gestellt und bittet um ein Angebot über einen Tischkopierer und 2 Kopierer-Toner.

Die Kundin ist Stammkundin; ihre Daten befinden sich demnach im Warenwirtschaftssystem. Unter „Neuer Vorgang“ wird die Vorgangsart „**Angebot** aufgerufen und die Kundin „Seifert“ ausgewählt. Das Programm füllt automatisch die Felder mit den Kundendaten.

Mit dem Button „Weiter“ gelangt man in die nächste Maske, in der die Artikel ausgewählt werden können.

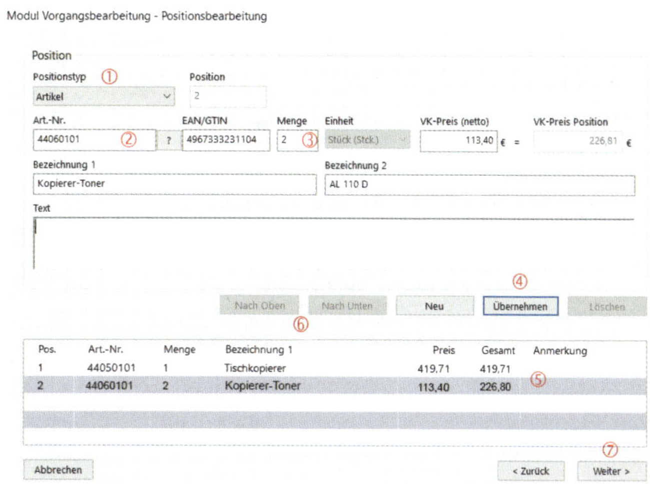

[①] Der Positionstyp „Artikel“ ist zu bestimmen.

[②] Die Artikelnummer ist auszuwählen.

[③] Mit der TAB-Funktion gelangt man zum Feld „Menge“.

[④] Über den Button „Übernehmen“ wird der ausgewählte Artikel in die nachfolgende Liste übernommen.

[⑤] Liste der Angebotspositionen

[⑥] Mit den Knöpfen kann die Reihenfolge der Artikel im Angebot verändert werden.

[⑦] Über den Button „Weiter“ gelangt man zur nächsten Maske. Mit „**Zurück**“ kann man zur vorherigen Maske wechseln. Die ausgewählten Artikel bleiben aber bestehen. Sie können durch Markieren und den Button „**Löschen**“ entfernt werden.

In der letzten Maske zum Angebot können weiteren **Angebotsbedingungen** aufgenommen werden (Lieferbedingungen, Rabatt, Zahlungsbedingungen).

In den weiß unterlegten Feldern sind die Texte einzugeben, die am Ende auch im Angebotstext erscheinen.

Mit der Speicherung wird das Angebot vom Warenwirtschaftssystem verwaltet.

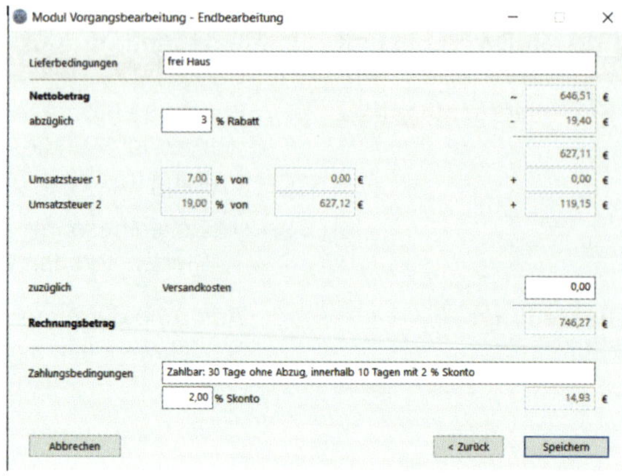

Abschließend lässt sich das Angebot ausdrucken und per Post verschicken.

Alternative: Erstellen einer PDF-Datei, die z.B. an eine E-Mail angehängt werden kann.

Vorschau

Schließen | Als PDF speichern | Drucken

City-Warenhaus Bauer

Frau Petra Seifert
Christinenstraße 44
40880 Ratingen

Angebotsdatum: 02.08.20..

Angebot Nr. 129

Pos.	Art.-Nr.	Bezeichnung 1 / Bezeichnung 2	Menge	Einheit	Einzelpreis	Positionspreis
1	44050101	Tischkopierer Standard	1	Stück	419,71 €	419,71 €
2	44060101	Kopierer-Toner AL 110 D	2	Stück	113,40 €	226,81 €
Netto-Betrag:						646,51 €
abzüglich:		3,00 % Rabatt			-	19,40 €
Netto-Betrag (nach Rabatt):						627,11 €
		19,00 % USt. von	627,12 €		+	119,15 €
Rechnungsbetrag:						746,27 €

Zahlungsbedingungen: Zahlbar: 30 Tage ohne Abzug, innerhalb 10 Tagen mit 2 % Skonto
Skonto: 2,00 % 14,03 €
Lieferbedingungen: frei Haus

City-Warenhaus Bauer
Sven Bauer
Oberstraße 17
40878 Ratingen

Ust.-ID: DE 433 711 343
IBAN: DE92 3015 1660 4566 0610 00
BIC: WELADED1RAT

4.2 Vorgangsverwaltung

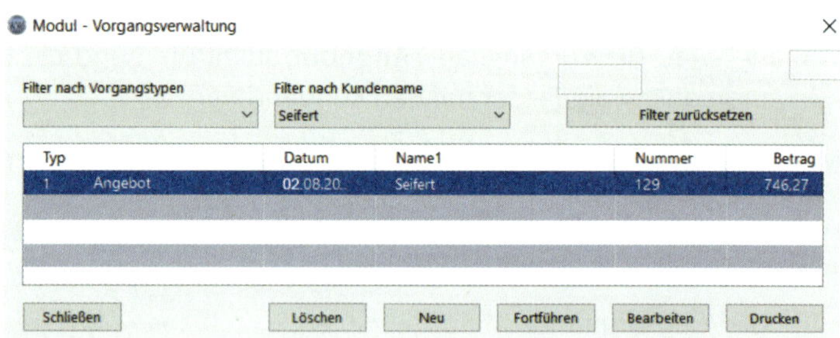

Über MODULE – VERKAUF – VORGANGSVERWALTUNG – können die Angebotsdaten für die Kundin Seifert aufgerufen werden. Da die Auftragsverwaltung in der Praxis bunt gemischt sein kann, lässt sich der gewünschte Vorgangstyp (hier Angebot) und der Kundenname (hier Seifert) herausfiltern.

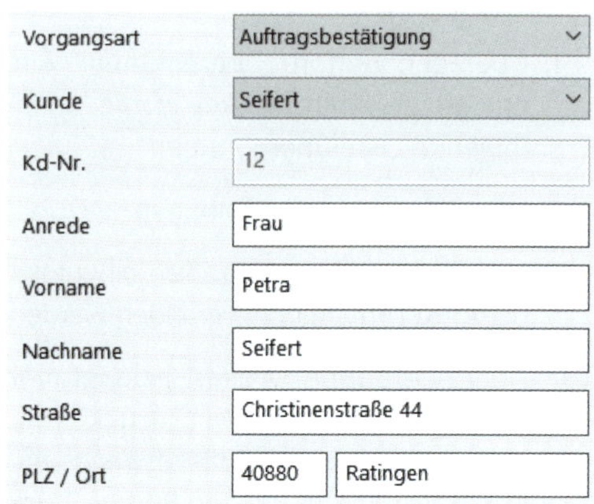

Die Eingaben, die bei einem neuen Vorgang gemacht wurden, finden sich nun automatisch in der Vorgangsverwaltung wieder.

Das Angebot für die Kundin Seifert kann z.B. noch einmal ausgedruckt werden, um sich einen Überblick über den Text zu verschaffen. Sollte sich das City-Warenhaus mit der Kundin über eine Änderung des Angebotes geeinigt haben, ließen sich die neuen Bedingungen in den Datensatz einbringen („Bearbeiten"). Genauso könnte auch ein völlig neues Angebot erstellt werden („Neu"). Im Regelfall wird man das Angebot aber fortführen.

Annahme: Die Kundin ist mit dem Angebot einverstanden und bestellt die angebotene Ware. Der Einzelhändler könnte daraufhin z. B. eine **Auftragsbestätigung** an die Kundin senden. Dazu würde der vorangegangene Vorgang „Angebot“ aufgerufen.

Über den Button „**Fortführen**“ gelangt man wieder zur Vorgangsart und kann hier „Auftragsbestätigung“ auswählen und das Datum der Auftragsbestätigung festlegen.

In den weiteren Schritten werden die Angebotsdaten noch einmal sichtbar gemacht, damit sie überprüft werden können. Am Ende steht die Möglichkeit, die Auftragsbestätigung auszudrucken.

Im nebenstehenden Beispiel ist die Auftragsbestätigung mit der Erstellung des Lieferscheins fortgeführt worden.

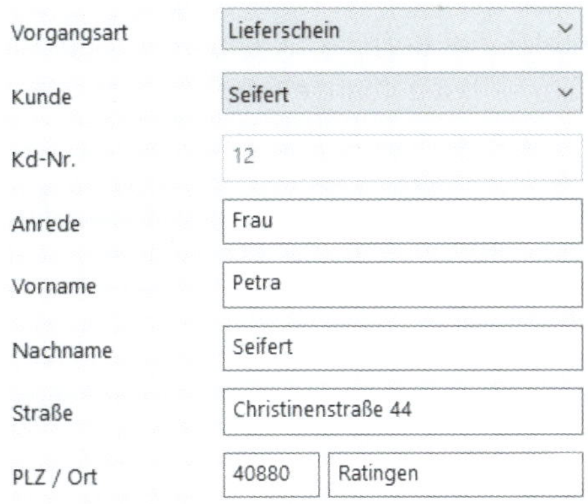

Nach dem Abspeichern fragt das Programm noch, ob die auszuliefernden Artikel vom Lager abgebucht werden sollen. Da der Lieferschein die ausgehenden Waren begleitet, verringert sich der Lagerbestand tatsächlich, sodass hier mit „Ja“ zu antworten ist.

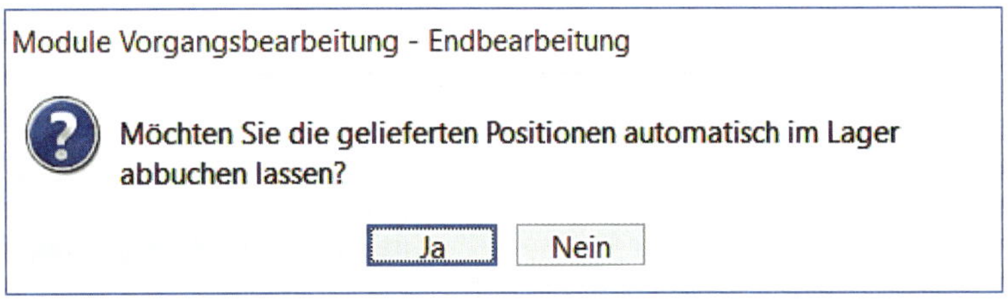

Nun ist noch die Rechnung auszustellen. Das Eingangsmenü der Vorgangsverwaltung hat den Lieferschein erfasst. Dieser lässt sich in eine Rechnung „fortführen“.

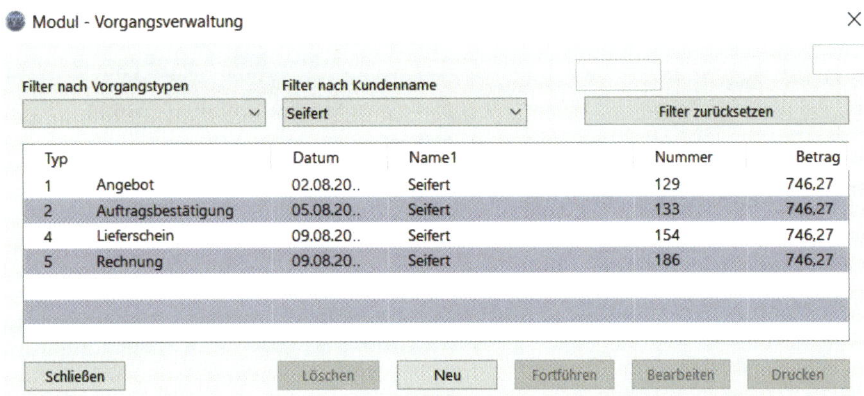

Auch dieser Vorgang wird in der Eingangsübersicht festgehalten, sodass man den Verlauf von der Angebotsabgabe bis zur Rechnungserstellung jederzeit nachvollziehen kann.

Für Korrekturen an einem bestehenden Vorgang stehen zwei Möglichkeiten zur Verfügung:

* Button „**Bearbeiten**“: Die Daten z. B. für ein abgegebenes Angebot werden neu verhandelt und führen zu einem veränderten Angebot.
  Die Änderungen können in das bestehende Angebot eingearbeitet und abgespeichert werden. In der Vorgangsverwaltung wird das alte Angebot überschrieben.
* Button: „**Fortführen**“: Die einzelnen Schritte des Vorgangs werden noch einmal durchlaufen und korrigiert. Nach der Speicherung erscheint ein veränderter Vorgang in der Übersicht (z. B. ein zweites Angebot).

Zusammenfassung

Verkauf gegen Rechnung	
Vorgang:	Teilschritt in der Auftragsbearbeitung und -verwaltung
Standard-Vorgänge:	Angebot – Auftragsbestätigung – Lieferschein – Rechnung
Warenwirtschaftssystem:	Nutzung der hinterlegten Kunden- und Artikelstammdaten für die Vorgangsbearbeitung
Vorgangsverwaltung:	Fortführung eines Vorgangs im Rahmen der Auftragsbearbeitung

5 Kalkulationsfunktion des Warenwirtschaftssystems

Ein Warenwirtschaftssystem erfasst alle Warenbewegungen in einem Einzelhandelsbetrieb vom Wareneinkauf bis zum Warenverkauf. Eine wichtige Aufgabe des Warenwirtschaftssystems besteht auch darin, Bezugs- und Verkaufspreise zu kalkulieren und im System festzulegen.

5.1 Bezugskalkulation

Mithilfe der Bezugskalkulation wird der Preis berechnet, den der Einzelhändler für die einkaufte (bezogene) Ware selbst aufbringen muss.

Der Bezugspreis ergibt sich aus den Einkaufsbedingungen des Lieferanten:

* Listenpreis
* Zahlungsbedingungen
* Bezugskosten

Im Warenwirtschaftssystem werden diese Daten in den rechten Teil der Maske eingegeben [①]. Das Programm ermittelt dann automatisch den Bezugspreis [②].
Der Füllfederhalter Faktor hat demnach einen Bezugspreis von 11,47 €.

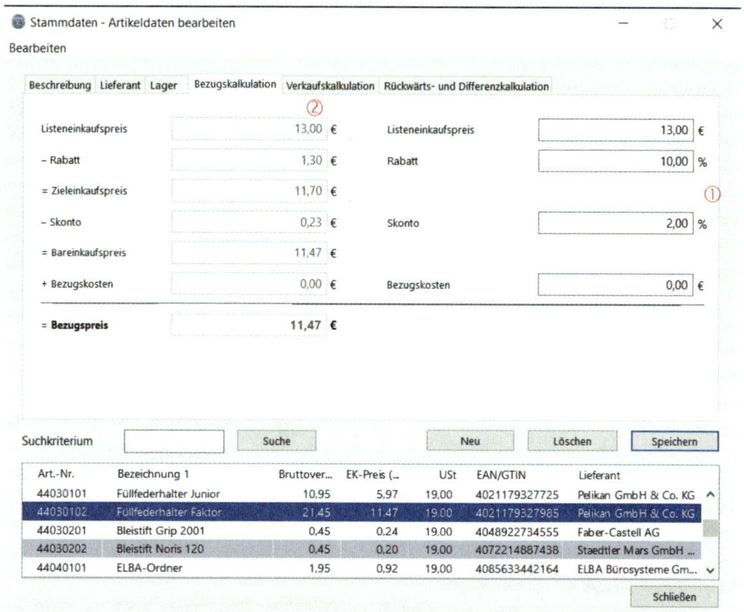

Bezugskalkulation: Verfahren zur Berechnung des Preises für die eingekaufte Ware

5.2 Verkaufskalkulation

Die Verkaufskalkulation [①] übernimmt den Bezugspreis für den Füllfederhalter Faktor aus der Bezugskalkulation [②] und wendet darauf die im System (siehe EXTRAS – OPTIONEN) hinterlegten Zuschlagssätze an (Handlungskostenzuschlag, Gewinnzuschlag, Umsatzsteuer) [③]. Automatisch errechnet werden auch Handelsspanne, Kalkulationszuschlag, Kalkulationsfaktor und Kalkulationsabschlag [④].

Der ermittelte Bruttoverkaufspreis [⑤] kann unverändert beibehalten werden (Button „Übernahme") oder der Preis wird für die Preisauszeichnung angepasst [⑥].

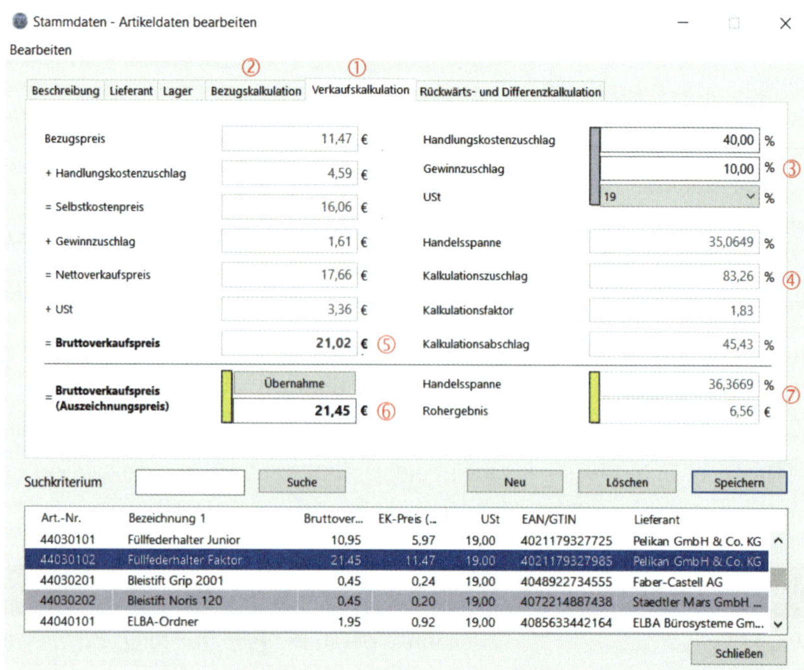

In der Abbildung wird der kalkulierte Preis von 21,02 € auf 21,45 € erhöht. Diese Preisanpassung führt zu einer veränderten Handelsspanne (36,3669 %) und zu einem Rohergebnis von 6,56 € (siehe Zahlen unterhalb des Querstrichs und mit einem gelben Balken markiert [⑦]). Die Ursprungskalkulation bleibt erhalten. Ins System übernommen wird aber der **2. Bruttoverkaufspreis, Auszeichnungspreis** (gelber Balken, [⑥]). Dieser Preis wird auch bei einem Verkauf wirksam.

Verkaufskalkulation: Verfahren zur Berechnung des Bruttoverkaufspreises

5.3 Rückwärts- und Differenzkalkulation

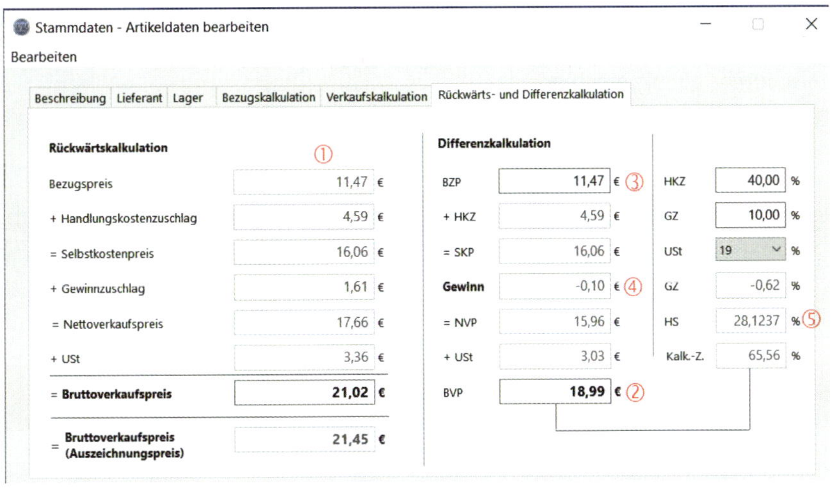

Für das Menü Rückwärts- und Differenzkalkulation gilt: **Es finden nur Rechenoperationen statt, die den gültigen Bruttoverkaufspreis nicht beeinflussen**. Soll der Bruttoverkaufspreis wirksam geändert werden, ist der Preis im Menü „Verkaufskalkulation" einzugeben(zweiter Bruttoverkaufspreis, Auszeichnungspreis [⑥], oben).

Im Menü „Rückwärts- und Differenzkalkulation erscheinen zunächst die Zahlen aus der Verkaufskalkulation im Kalkulationsformular „Rückwärtskalkulation" [①].

In der **Differenzkalkulation** können nun beliebige Bezugs- und Bruttoverkaufspreise (BZP bzw. BVP) eingegeben werden (in der Abbildung 18,99 € als BVP [②] und 11,47 € als Bezugspreis [③]).

Das Programm wendet den ausgewiesenen Handlungskostenzuschlag (in der Abbildung 40 %) an und berechnet den Selbstkostenpreis (16,06 €). Gleichzeitig wird aus dem eingegebenen Bruttoverkaufspreis die Umsatzsteuer herausgerechnet und der Nettoverkaufspreis ausgewiesen (15,96 €).Die Differenz ist der verbleibende (hier negative) **Gewinn** (–0,10 €) [④]. Die Werte in den Feldern GZ = Gewinnzuschlag, HS = Handelsspanne, Kalk.-Z. = Kalkulationszuschlag beziehen sich auf die Zahlen der Differenzkalkulation [⑤].

Differenzkalkulation: Verfahren zur Berechnung des verbleibenden Gewinns auf der Grundlage eines bestimmten Bezugs- und eines angenommenen Bruttoverkaufspreises.

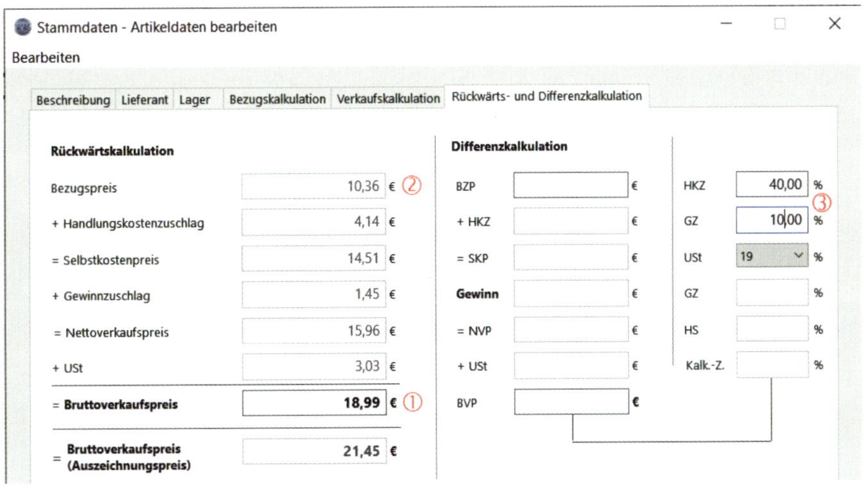

Für eine **Rückwärtskalkulation** kann der hell unterlegte Bruttoverkaufspreis abgeändert werden [①]. Das Programm errechnet daraufhin den Bezugspreis, der für den eingegebenen Bruttoverkaufspreis aufzuwenden wäre [②]. Dabei werden die hinterlegten Zuschläge (Handlungskostenzuschlag, HKZ, Gewinnzuschlag, GZ und Umsatzsteuer, USt. [③]) berücksichtigt.

Der bisherige Auszeichnungspreis von 21,45 € bleibt unbeachtet.

Werden diese Zuschlagssätze abgeändert (indem man z. B. den Gewinnzuschlag auf 0,00 % setzt [①]), verändern sie die Rückwärtskalkulation (Gewinn = 0,00 € [②], aufwendbarer Bezugspreis 11,40 € [③]).

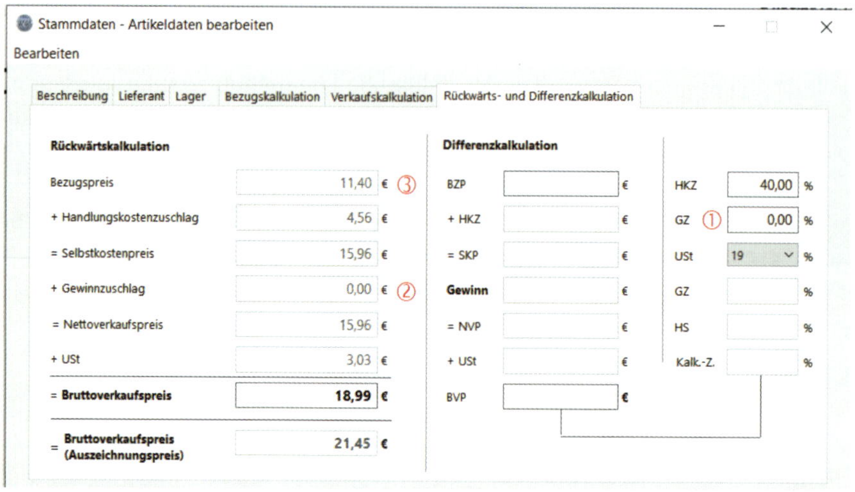

Das hat aber keinen Einfluss auf den im System geltenden Bruttoverkaufspreis; es sind reine Rechenvorgänge, die sichtbar machen sollen, wie Veränderungen von Kalkulationsgrößen Preise verändern.

Rückwärtskalkulation: Verfahren zur Berechnung des aufwendbaren Bezugspreises, wenn man einen bestimmten Bruttoverkaufspreis annimmt.

Zusammenfassung

Kalkulationsfunktion des Warenwirtschaftssystems

Bezugskalkulation:	Verfahren zur Berechnung des Preises für die eingekaufte Ware. Aufbau: Listeneinkaufspreis – Rabatt – Skonto + Bezugskosten
Verkaufskalkulation:	Verfahren zur Berechnung des Bruttoverkaufspreises. Aufbau: Bezugspreis + Handlungskostenzuschlag + Gewinnzuschlag + Umsatzsteuer
Differenzkalkulation:	Verfahren zur Berechnung des verbleibenden Gewinns auf der Grundlage eines bestimmten Bezugs- und eines angenommenen Bruttoverkaufspreises.
Rückwärtskalkulation:	Verfahren zur Berechnung des aufwendbaren Bezugspreises, wenn man einen bestimmten Bruttoverkaufspreis annimmt.

E-Commerce

1 Planung eines Onlineshops

1.1 Elektronischer Handel

Das Internet und die Netzwerke von Mobilfunkanbietern sind in Form von Onlineshops (Webshops) zu einer mächtigen Konkurrenz für den stationären Einzelhandel geworden. Die Umsätze im elektronischen Handel steigen mit jedem Jahr.

Auch kleine und mittelständische Einzelhandelsunternehmen nutzen mittlerweile das Internet als Plattform für den elektronischen Güter- und Informationsaustausch. Durch das World Wide Web (WWW) hat der Einzelhändler die Möglichkeit, von einer räumlich weit verstreuten Kundschaft als Anbieter von Waren wahrgenommen zu werden.

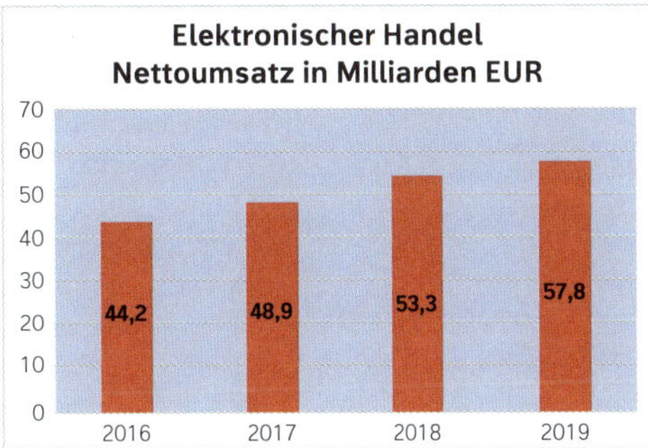

Eigene Darstellung mit Zahlen nach Handelsverband Deutschland (HDE), Online-Monitor 2019, abgerufen unter https://einzelhandel.de/online-monitor am 27.02.2020, 2019 Progrose

Häufig bieten Einzelhändler ihre Waren über ihr stationäres Geschäft und einen Onlineshop an. Das Zusammenwirken von Offlinekanal (Geschäft) und Onlinekanal (Onlineshop) kann unterschiedlich intensiv sein.

■ Vertriebskanäle

Versandhandel	Angebot von Waren mithilfe eines Mediums wie Katalog, Prospekt, Anzeige, Internet, Radio oder Fernsehen. Man spricht auch von interaktivem Handel oder Distanzhandel.
E-Commerce	Besondere Form des Versandhandels. Es ist elektronischer Handel, z. B. über das Internet oder über Netzwerke von Mobilfunkanbietern.
Single-Channel (Ein-Kanal-Vertrieb)	Das Geschäft hat nur einen Vertriebskanal, z. B. ein stationäres Geschäft oder nur einen Onlineshop. Einzelhändler, die nur einen Onlineshop betreiben, werden auch **Pure-Player** genannt.
Multi-Channel (Mehr-Kanal-Vertrieb)	Ansprache der Konsumenten auf verschiedenen Kommunikations- und Vertriebskanälen. Die Kanäle sind **nicht** miteinander verzahnt. Der Kunde kauft also entweder im stationären Geschäft ein **oder** im Onlineshop.
Omni-Channel (All-Kanal-Vertrieb)	Verzahnung von Verkaufskanälen, um Kunden auf verschiedenen Wegen (Kanälen) anzusprechen. Der Kunde kann z. B. Ware online bestellen und selbst im Geschäft abholen (Click & Collect). Aus Sicht des Kunden liegt ein einheitlicher Kaufprozess vor. Der Kunde wechselt fließend z. B. vom Katalog zum stationären Geschäft und in den Onlineshop (auch vom Smartphone oder vom Tablet-Computer aus). Omni-Channel wird auch als **Cross-Channel** (Quervertrieb) bezeichnet.

pure (engl.) = rein

Beispiel

Vertriebskanäle eines Einzelhändlers

* stationäres Geschäft
* Katalog
* Onlineshop (über PC, Smartphone und Tablet erreichbar)

■ Vorteile des elektronischen Handels

Entschließt sich ein Einzelhändler, am elektronischen Handel teilzunehmen, ist das für ihn mit deutlichen Vorteilen verbunden.

Vorteile des elektronischen Handels	
Kundenkreis	Ein Onlineshop wird ins World Wide Web eingestellt. Damit stehen theoretisch Menschen aus aller Welt als mögliche Kunden zur Verfügung. Das bedeutet auf jeden Fall eine erhebliche Ausweitung des Kundenkreises. Beispiel 79 Einzelhändler einer Stadt betreiben gemeinsam einen Onlineshop. Innerhalb von 8 Monaten werden 87 500 Artikel in 84 Länder verkauft.

Vorteile des elektronischen Handels	
Sortiment	Die Verkaufsfläche eines Einzelhandelsgeschäftes ist i. d. R. deutlich begrenzt. Auch das Reservelager kann die Auswahl für den Kunden oft nur wenig ausweiten. Waren eines Onlineshops können aus einer Lagerhalle ausgeliefert werden. Mit der Lagerung und Auslieferung kann man einen Logistikdienstleister beauftragen. Dies führt zu einer Sortimentserweiterung unabhängig von der Größe des Verkaufs- und Reservelagers des Einzelhändlers („Regalverlängerung" für das Ladengeschäft). Beispiel Ein Fachgeschäft für Koffer kann das umfangreiche Sortiment an unterschiedlichen Koffern nicht in seinem Laden vorrätig halten. Das Geschäft fährt zweigleisig: Im ausgewählten Sortiment des stationären Geschäfts: Die persönliche Beratung steht im Vordergrund. Im Onlineshop: Der Verkauf ist weitgehend automatisiert, daher ist keine Beratung möglich. Die Produktbeschreibungen informieren den Kunden über das gesamte Sortiment.
Umsatz	Die starke Ausweitung des Kundenkreises und die Erweiterung des Sortiments führen gewöhnlich auch zu einer deutlichen Umsatzsteigerung. Beispiel **Fortsetzung des Beispiels** Die 79 Einzelhändler erzielen in den 8 Monaten einen durchschnittlichen Onlineumsatz von 90 000,00 € pro Einzelhändler.
Öffnungszeiten	Ein Onlineshop ist immer erreichbar. Das bedeutet Einkauf rund um die Uhr.
Kunden	Die Kundenansprüche haben sich verändert. Kunden erwarten heute ein Onlineangebot von einem Einzelhändler. Sie wollen sich vorinformieren und bequem von zu Hause aus einkaufen. Wer das neue Such- und Kaufverhalten der Kunden ignoriert, verliert Umsätze.
Kanalnutzung	Verkaufskanäle sind nicht nur Vertriebskanäle von Waren. Ebenso wichtig ist die Funktion des Onlineshops als Service- und Kommunikationskanal für die vorhandenen Kunden. Beispiel Über die Funktion „Kundenbewertung" erhält der Einzelhändler einer Rückmeldung von seinen Kunden.
Wachstum und Existenzsicherung	Der Onlinehandel entwickelt sich rasant. Nur wer online vertreten ist, nimmt an dieser Wachstumsdynamik teil. Auf Dauer ist das rein stationär betriebene Einzelhandelsgeschäft in seiner Existenz gefährdet.

Nachteile des elektronischen Handels

Neben den Vorteilen muss ein Einzelhändler auch Nachteile durch den elektronischen Handel in Kauf nehmen.

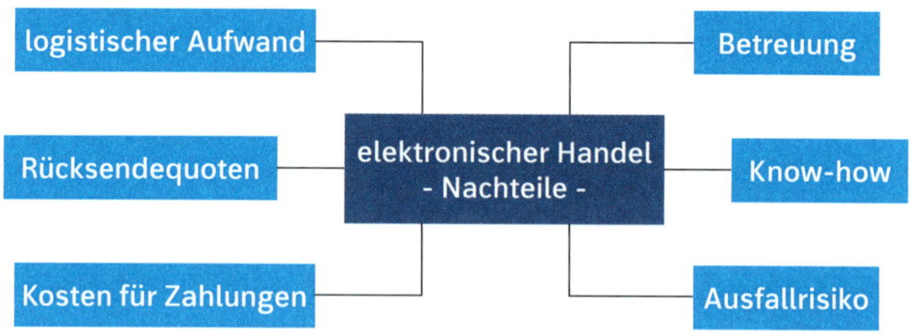

* Die **Betreuung** eines Onlineshops ist mit Aufwand verbunden. Vor allem ist der Warenkatalog einzurichten und dauerhaft zu aktualisieren. Ferner müssen die Bestellungen der Kunden zusammengestellt und versandt werden, und der Zahlungseingang ist zu überwachen.
* Ein Onlineshop verlangt **technisches Know-how** durch den Betreiber. Eine wichtige technische Frage ist z. B. die Anbindung des Onlineshops an das Warenwirtschaftssystem.
* Die Technik kann **ausfallen** und den Shop lahmlegen.
* Die **Kosten** für die **Kundenzahlungen** sind höher als bei einer Bar- oder Kartenzahlung im Geschäft. Auch bestehen größere Ausfallrisiken bei den Zahlungen.
* Die **Rücksendequoten** sind oft sehr hoch, vor allem in Bereich Mode.
* Der Aufwand für den **Versand** der Güter (die Logistik) kann sehr hoch sein.

1.2 Wege in den Onlinehandel

Es gibt für Einzelhändler einen relativ einfachen Weg, am elektronischen Handel teilzunehmen. Der führt nicht über einen eigenen Onlineshop, sondern über **Verkaufsplattformen** (**Onlinemarktplatz**). Der Betreiber eines solchen Marktplatzes erhält vom Einzelhändler die Daten der anzubietenden Produkte, die er dann in sein Produktangebot einbindet. Der Betreiber übernimmt auch den gesamten kaufmännischen Ablauf wie Bestellabwicklung und Überwachung des Zahlungseingangs. Auch die Lagerung und den Versand der Produkte kann man dem Betreiber übertragen. Dafür erhält er i. d. R. eine laufende Gebühr und eine Umsatzprovision, z. B. zwischen 7 % und 20 %.

Beispiel

Verkaufsplattformen
* Amazon Marketplace (größter Anbieter)
* eBay-Shop
* Rakuten (japanischer Anbieter)
* Zalando
* Yatego
* Alibaba (chinesischer Anbieter)
* Wish (chinesischer Anbieter)

Große Onlinehändler bemühen sich, weitere Einzelhändler über eine Verkaufsplattform an sich zu binden. Das gilt insbesondere für Amazon, aber auch z. B. für Zalando. Amazon bietet auf diese Weise ein unvorstellbar großes Produktangebot. Besucher des Amazon-Shops haben den Eindruck, dass man bei Amazon „alles" bekommen kann – was auch weitgehend zutrifft.

Annäherung an die Onlinewelt

Der typische Weg eines Einzelhändlers im Onlinehandel läuft vielfach wie folgt ab:

1. Ausgewählte Produkte werden über einen digitalen Marktplatz, z. B. Amazon Marketplace oder eBay-Shop, angeboten.
2. Der Einzelhändler sammelt erste Erfahrungen und platziert seine Ware auf weiteren Marktplätzen.
3. Er richtet einen eigenen Onlineshop ein.
4. Er entwickelt den Shop weiter zu einer Multi- oder Omni-Channel-Strategie, indem er den Onlineshop und sein stationäres Geschäft miteinander verzahnt.

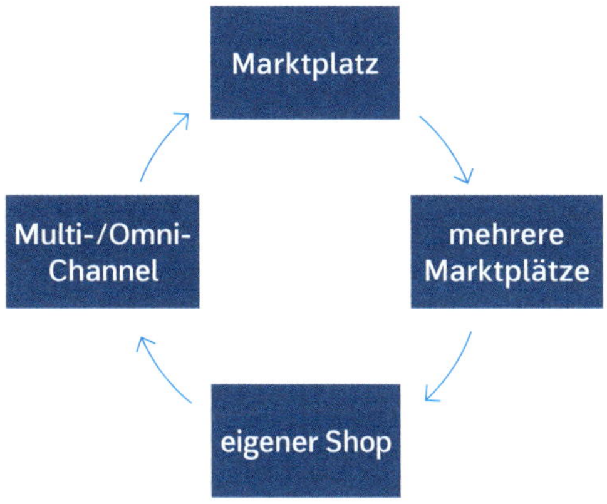

1.3 Onlineshop

Ein **Onlineshop** ist eine Handelsplattform, die Produkte im Internet zum Verkauf bereitstellt. Ein Onlineshop ist keine eigenständige Betriebsform, sondern gehört zum Versandhandel. Im Gegensatz zum klassischen Versandhandel bietet der Onlineshop seine Waren aber nicht in einem Papier-Katalog an, sondern elektronisch (digital).

Der Betrieb eines Onlineshops zwischen Unternehmen und Konsumenten wird als **B2C-Handel** (Business-to-Consumer) bezeichnet.

Die rasche Ausdehnung des Onlinehandels hat mit den vielfältigen Vorteilen zu tun, die Kunden im elektronischen Handel schätzen und die ihr Einkaufsverhalten nachhaltig verändert haben.

Beispiel

Vorteile des Onlinekaufs aus Kundensicht
* bequemes Einkaufen von zu Hause rund um die Uhr
* große Auswahl
* schnelle Lieferung
* leichter Preisvergleich
* vielfältige Informationen (Bilder, Videos, Kundenbewertungen).

Onlineshop: Handelsplattform, die Produkte im Internet zum Verkauf bereitstellt

Einrichtungsschritte

Wenn ein Einzelhändler die Einrichtung eines Onlineshops plant, hat er umfangreiche Überlegungen anzustellen.

1. Analyse des Marktes, Produktauswahl
2. Klären, wer die Versandkosten in welcher Höhe trägt.
3. Prüfen, welche Zahlungsmöglichkeiten angeboten werden sollen.
4. Den technischen Ablauf des Einkaufs durch den Kunden klären.
5. Feststellen, welche Rechtsvorschriften zu beachten sind.
6. Über das Angebot von Zusatzfunktionen zur Kundenbindung (z. B. Verweise auf soziale Netzwerke) entscheiden.
7. Maßnahmen zur Erfolgsermittlung bestimmen.

Technische Umsetzung

Auf dem Markt gibt es heute ein breites Angebot an Software für das Betreiben von Onlineshops. Das Angebot reicht von kostenlosen Freeware-Programmen, die der Einzelhändler selbst verwaltet, bis zu aufwendigen Programmpaketen, die von Software-Unternehmen eingerichtet und betreut werden und die mehrere 10000,00 € kosten können. Neben dem Kauf solcher Shopsysteme bietet es sich evtl. an, die Software zu mieten. Für große Unternehmen ist auch die Entwicklung einer eigenen Software denkbar.

1.4 Analyse des Marktes

Wer einen Onlineshop eröffnen möchte, muss den Markt zunächst genau betrachten und z. B. folgende Fragen beantworten:

* Gibt es am Markt eine Nische, in die ich mein Angebot einbringen kann?
* Welche Produkte werden dort von Kunden gesucht?
* Welche Mitbewerber sind bereits am Markt tätig?
* Bin ich fachlich und preislich in der Lage, Produkte wettbewerbsfähig anzubieten?

Beispiel

Onlineshop mymuesli.com
Die Geschäftsidee bestand darin, Kunden eine Müslimischung nach Wunsch zusammenzustellen und nach Hause oder ins Büro zu liefern.
Die Idee war völlig neu. Es gab keine Mitbewerber. Die Gründer hatten keine Erfahrungen im Onlinegeschäft, waren aber von der Marktfähigkeit der Idee überzeugt. Heute ist der Shop sehr erfolgreich.

Die nebenstehende Grafik macht deutlich, dass praktisch jedes Produkt im elektronischen Handel angeboten werden kann: Möbel, Mode, Schmuck, Medikamente usw.

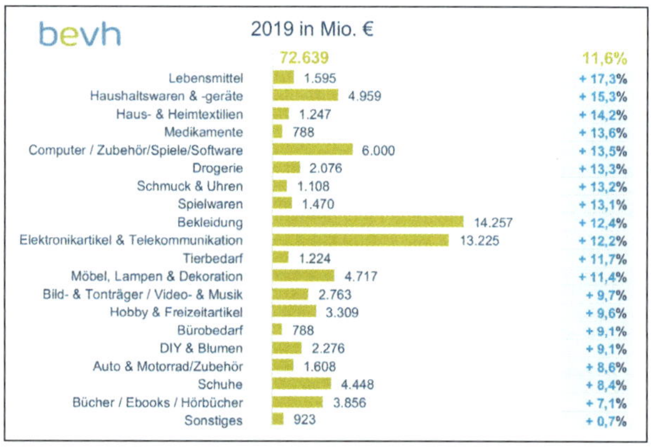

Auch Lebensmittel – aktuell ein stark diskutiertes Thema – wurden 2019 für rund 1,6 Milliarden € über das Internet verkauft. Diese Warengruppe weist gegenüber 2018 sogar den größten Zuwachs aus (+ 17,3 %).

DIY = Do it yourself = Baumarktartikel

1.5 Produktauswahl

Der Markt für Onlineprodukte ist bereits gut besetzt. Die wenigen großen Anbieter (z. B. Amazon, eBay, Otto, Zalando) haben eine gewaltige Sortimentsbreite. Hinzukommen zahllose kleine Anbieter, die oft mit speziellen Produkten (Nischenprodukten) am Markt Erfolg haben.

Für die Startphase eines Onlineshops ist es immer ratsam, mit einem kleinen Sortiment zu beginnen, erste Erfahrungen zu sammeln und dann das Sortiment auszuweiten. Gute Erfolgschancen haben Produkte mit folgenden Eigenschaften:

* Sie sind originell und/oder
* die Beschaffung ist schwierig.

Beispiel

Onlineshop mymuesli.com

* Auf die Idee, Müsli nach Kundenwunsch zusammenzustellen, war bisher keiner gekommen (originell).
* Der Einzelhandel bot gewöhnlich nur Fertigmischungen an. Man musste seine eigene Mischung folglich mit hohem Einkaufsaufwand (wegen der Sortenvielfalt) selbst beschaffen (schwierige Beschaffung).

Sollen aber die Vertriebskanäle miteinander verzahnt werden (Onmi-Channel-Vertrieb), müssen das Onlineangebot und das Sortiment im Geschäft (Offline) übereinstimmen. Mittel- und langfristig muss daher ein Einzelhändler mit stationärem Geschäft ein identisches Sortiment in seinem Onlineshop anbieten.

Omni-Channel siehe Seite 109

Kanalverzahnung

* Click & Collect
* Click & Reserve
* Onlineretouren im Geschäft
* Digitalisierte Kundenbetreuung

Strebt man die Unterstützung des stationären Verkaufs durch elektronische (digitale) Medien unter Zugriff auf den Onlineshop an, kann das Sortiment im Shop auch größer sein als im Geschäft. Verkäufe aus dem Onlineshop werden dann aus dem stationären Geschäft heraus in Gang gesetzt, sobald eine Ware im Geschäft nicht vorrätig ist (Regalverlängerung).

Zusammenfassung

Einrichtung eines Onlineshops		
Elektronischer Handel:	Handel über das Internet und über Mobilfunk-Netzwerke	
Vertriebskanäle:	* Versandhandel * E-Commerce * Single-Channel	* Multi-Channel * Omni-Channel
Multi-Channel:	Ansprache der Konsumenten auf verschiedenen Kommunikations- und Vertriebskanälen. Die Kanäle sind nicht miteinander verzahnt.	
Omni-Channel:	Verzahnung von Verkaufskanälen, um Kunden auf verschiedenen Wegen (Kanälen) anzusprechen	
Vorteile elektr. Handel:	* erweiterter Kundenkreis * „Regalverlängerung“ * mehr Umsatz * Verkauf rund um die Uhr	* Verkaufskanäle sind auch Service- und Kommunikationskanäle * Teilnahme an der Wachstumsdynamik des Onlinehandels
Verkaufsplattformen:	* Amazon Marketplace * eBay-Shop * Rakuten	* Zalando * Alibaba * und weitere
Onlineshop:	Handelsplattform, die Produkte im Internet zum Verkauf bereitstellt	
Kundenvorteile:	* bequemes Einkaufen von zu Hause, rund um die Uhr * große Auswahl	* schnelle Lieferung * leichter Preisvergleich * vielfältige Informationen
Einrichtungsschritte:	1. Analyse des Marktes, Produktauswahl 2. Versandkosten 3. Zahlungsmöglichkeiten 4. technischer Ablauf	5. Rechtsvorschriften 6. Zusatzfunktionen 7. Erfolgsermittlung
Technische Umsetzung:	* Freeware-Programm * Kauf	* Miete * eigene Software entwickeln
Marktanalyse:	Suche nach einem geeigneten Angebot für den Onlinemarkt	
Produktauswahl:	* Komplettes Sortiment oder Teilsortiment? * Die Nachfrage entscheidet, ob ein Produkt onlinefähig ist. * Verzahnung der Vertriebskanäle: Onlinesortiment = Offlinesortiment	

2 Versand

Ein wesentliches Merkmal des Onlinehandels ist die Tatsache, dass die Produkte den Kunden zugeschickt werden müssen. Zwar ist es möglich, dass man eine Onlinebestellung auch im stationären Geschäft abholt (Click & Collect), das ist aber aktuell die Ausnahme.

Der typische Onlinekäufer erwartet eine möglichst schnelle und fehlerfreie Lieferung.

Aus Sicht des Kunden ist das Auspacken der bestellten Ware der Abschluss des Onlineeinkaufs. Man kann diesen Vorgang ein wenig wie das Auspacken eines Geschenks auffassen. Es muss folglich alles gefällig aussehen und den Kunden erfreuen.

2.1 Versandarbeiten

Sobald der Kunde die Bestellung im Onlineshop abgeschlossen hat, z. B. durch einen Klick auf den Bestell-Button, werden dem Einzelhändler die Bestelldaten übermittelt. Nun beginnen für ihn die Versandarbeiten.

Arbeitsschritte	Erläuterungen
Kommissionieren	Die Software des Onlineshops erstellt gewöhnlich automatisch eine Paketliste. Sie enthält alle Angaben, die zur Lieferung gehören: Artikelnummer, Lagerplatz, Bestellmenge und aktueller Lagerbestand. Dieser Lagerbestand sollte immer mit der Verfügbarkeitsangabe im Onlineshop übereinstimmen. Beispiel **bei Amazon** „Nur noch 5 auf Lager (mehr ist unterwegs)." Die Software erzeugt im Regelfall auch die notwendigen Dokumente wie Lieferschein, Rechnung, Adressaufkleber und evtl. Unterlagen für Rücksendungen.
Verpacken und frankieren	Die Verpackung soll die Ware vor Beschädigungen, Diebstahl und Witterungseinflüssen schützen. Der Kunde erwartet vor allem leichtes Öffnen und die Möglichkeit des Rückversandes. Auch soll die Größe des Inhalts an die Verpackung angepasst sein (keine Riesenpakete für Miniprodukte). Das Paket soll in optisch gutem Zustand beim Empfänger eintreffen. Das wird durch eine ausreichende Stärke des Kartons und passende Füllmaterialien (Luftpolsterfolien, Holzwolle u. dgl.) erreicht. Versanddienstleister (siehe unten) stellen i. d. R. eine Software zur Verfügung, mit der Sendungen etikettiert und frankiert werden können. Außerdem kann man über die Software die Versanddaten an den Dienstleister übermitteln. Dieser übernimmt die Daten in sein System und ermöglicht ab diesem Zeitpunkt z. B. eine Sendungsverfolgung (siehe unten).
Versenden und zustellen	Mit den Versanddienstleistern kann man i. d. R. regelmäßige Abholtermine für die versandfertigen Pakete vereinbaren. Eine Selbstanlieferung ist aber auch vielfach möglich. Die Zustellzeiten liegen heute oft zwischen 24 und 48 Stunden. Zunehmend setzen sich Zustellungen am Tag der Bestellung durch (**Same Day Delivery**, siehe unten). Für Kunden ist von besonderer Bedeutung das Verhalten des Versanddienstleisters, besonders wenn der Kunde nicht angetroffen wird. Eine Zweitzustellung oder das Abholen der Sendung in einer Filiale des Dienstleisters innerhalb z. B. einer Woche ist heute die Regel.

Bestellbearbeitungsprozess: Kundenbestellung – Eingang Bestelldaten – Kommissionieren – Verpacken und frankieren – Versenden und zustellen

Versanddienstleister

Den Onlinehändlern stehen heute verschiedene Versanddienstleister zur Verfügung:
* **Paketsendungen**, z. B. DHL, DPD, UPS, Hermes, GLS
* **Express-Sendungen**: Die genannten Dienstleister bieten auch beschleunigte Sendungen an.
* **Schwere und größere Sendungen**: Dafür sind Speditionen zuständig. Ihre Zustellzeiten sind gewöhnlich etwas länger, die Preise deutlich höher. Bei Sendungen mit einem Gewicht von mehr als 30 kg ist im Regelfall eine Spedition zu beauftragen.

Zusatzleistungen

Onlinehändler können ihren Umsatz erhöhen, wenn Sie den Kunden im Zusammenhang mit dem Versand Zusatzleistungen anbieten. Diese erhöhen beim Kunden die Bereitschaft, das „Risiko" des Onlineeinkaufs einzugehen oder machen den Einkauf von zuhause aus noch attraktiver. Nachfolgend werden die wichtigsten Zusatzleistungen vorgestellt.

Zusatzleistungen	Erläuterungen
Geschenkverpackung	Ist eine Onlinebestellung als Geschenk vorgesehen, bieten Onlinehändler häufig an, das Produkt attraktiv als Geschenk zu verpacken. Beispiel **Amazon** „Geschenkverpackung verfügbar."
Abweichende Lieferadresse	Ein Kunde bestimmt nicht seine Bestell-/Rechnungsadresse als Zielort, sondern eine andere Adresse. Das kann eine andere Person sein oder auch der Arbeitsplatz des Kunden.
Sendungsverfolgung	Der Empfänger kann den Weg „seiner" Sendung elektronisch verfolgen. Dazu wird ihm z. B. in der Versandmitteilung des Onlinehändlers eine Sendungsnummer mitgeteilt.
Sendungsavisierung/ Bestimmung des Zustellzeitpunktes	Dem Kunden wird die voraussichtliche Zustellzeit des Pakets mitgeteilt (avisiert). Damit verbunden ist häufig die Möglichkeit, die Zeit zu verändern, um die Anwesenheit sicherzustellen.
Zweitzustellung	Wird der Empfänger nicht angetroffen, versucht der Versanddienstleister eine zweite Zustellung, häufig am nächsten Tag. Alternativ wird eine Abholung in einem Paketshop oder in einer Postfiliale angeboten.
Lieferung am selben Tag (Same Day Delivery)	Im stationären Handel erhält der Kunde das gekaufte Produkt sofort ausgehändigt. Onlinehändler versuchen diesen Vorteil auszugleichen, indem sie die Zustellung der Ware noch am Tag der Bestellung zusagen. Im Regelfall muss die Bestellung bis zu einem bestimmten Zeitpunkt im Laufe des Tages beim Händler eintreffen. Auch werden gewöhnlich Zusatzkosten fällig. Verwirklichen lässt sich dieser Service aktuell nur in Großstädten.

2.2 Rücksendungen (Retouren)

Bei Fernabsatzverträgen hat der (Privat-)Kunde das Recht, die gekaufte Ware innerhalb von 14 Tagen ohne Angabe von Gründen an den Verkäufer zurückzuschicken. Diese Regelung schützt den Verbraucher, hat aber auch den Onlinehandel stark begünstigt, denn sie gibt dem Kunden ein großes Maß an Sicherheit.

Widerrufsrecht siehe ausführliche Seite 128

Man schätzt, dass heute ca. 15 % aller Sendungen zurückgeschickt werden (**Retourenquote**). Bei Onlinekäufen im Bereich Mode ist die Quote oft deutlich höher (ca. 50 %). Dies liegt daran, dass der Kunde die Produkte nicht anprobieren kann. Daher bestellt er häufig mehrere Größen, um dann nur noch eine Größe zu behalten.

Für den Onlinehändler entstehen durch Rücksendungen vor allem folgende Probleme:
* Jede Retourenbearbeitung kostet Geld. Oft macht ein Onlinehändler bei einer Retoure sogar einen **Verlust**. Er kann die Rücksendekosten zwar auf den Kunden übertragen, oft übernimmt er die Kosten aber aus Gründen der Kulanz.
* Die zurückgeschickte Ware ist häufig nicht mehr oder nur noch mit hohen Abschlägen zu verkaufen. Die Schätzungen liegen bei 20 % **B-Ware** oder **Ausschuss**.

Die Retourenquote kann man durch geeignete Maßnahme senken.

Rücksendungen vermeiden	
Ursachen erforschen	Obwohl der Kunde Ware ohne Begründung zurückschicken kann, versuchen Onlinehändler den Kunden zu veranlassen z. B. auf dem Retourenschein den Grund für die Rücksendung anzugeben. Daraus lassen sich Verbesserungsmaßnahmen ableiten.
Informationen verbessern	Eine sehr genaue Produktbeschreibung im Onlineshop wird als wichtigste Maßnahme gegen Rücksendungen angesehen. Das stellt sicher, dass der Kunde auch das Produkt erhält, das seinen Ansprüchen entspricht.
Sichere Verpackung wählen	Die sorgfältige Auswahl einer geeigneten Verpackung senkt Beförderungsschäden, die auch Grund für Rücksendungen sind. Dann handelt es sich zwar nicht um eine Rücksendung aufgrund des Widerrufsrechts, sondern um eine Reklamation, die Auswirkungen für den Einzelhändler sind aber vergleichbar.
Attraktive Verpackung verwenden	Eine von der Größe her genau passende, vom Material her umweltfreundliche Verpackung, die auch optisch gut aussieht, erhöht das Einkaufserlebnis des Kunden. So behandelte Produkte werden seltener zurückgeschickt.
Pünktliche Lieferung	Auch die genaue Einhaltung der zugesagten Lieferzeit senkt die Retourenquote.

2.3 Versandkosten

■ Versanddienstleister

Mit den Versanddienstleistern können unterschiedliche Vereinbarung zum Beförderungspreis getroffen werden. Weit verbreitet sind folgende Regelungen:

* Ein fester Preis **pro Sendung**. Unabhängig von Größe und Gewicht erhält der Versanddienstleister einen einheitlichen Preis. Ausgangspunkt ist eine genaue Betrachtung der anfallenden Sendungen.

Beispiel: Der Dienstleister berechnet 3,50 € pro Sendung.

* Preisberechnung **nach Gewicht** oder nach Gewichtsklassen (z. B. bis 10 kg, 20 kg, 30 kg).

■ Kundenbeteiligung

Gegenüber den Kunden muss sich jeder Onlinebetreiber überlegen, wer die anfallenden Versandkosten tragen soll.

Folgende Möglichkeiten stehen zur Verfügung:

* Der Kunde wird **nicht** an den Versandkosten **beteiligt**. Diese Regelung ist immer häufiger vorzufinden und stellt ein wichtiges Werbeargument dar. Wenn die Frei-Haus-Regelung auch noch mit großzügigen Umtauschmöglichkeiten kombiniert wird, entsteht für Kunden ein sehr attraktives Angebot.
* Der Kunde wird bis zu einem bestimmten **Bestellwert** mit pauschalierten Versandkosten belastet. Wird der Bestellwert überschritten, liefert der Onlinehändler versandkostenfrei.
* Versandkosten **je Bestellung** und unabhängig vom Bestellwert.

Beispiel: Die Versandkosten betragen einmalig 5,00 € einschließlich Umsatzsteuer.

* Kostenlose Zustellung für ein Jahr gegen eine pauschale Gebühr, z. B. 19,99 € (Liefer-Flat)

Zusammenfassung

Versand		
Onlinehandel:	Waren müssen dem Kunden im Regelfall zugeschickt werden.	
Kommissionieren:	Erstellen einer Packliste aufgrund einer Kundenbestellung, i. d. R. zusätzlich Lieferschein, Rechnung und Versandetiketten	
Verpacken/frankieren:	Verpackung: Schutz vor Beschädigungen, Diebstahl und Witterung; leicht zu öffnen, rückversandfähig, nachhaltig und in passender Größe Frankieren: gewöhnlich mithilfe einer Software der Versanddienstleister	
Versenden/zustellen:	Versanddienstleister holt die fertigen Sendungen gewöhnlich ab. Zustellung im Regelfall innerhalb von 24–48 Stunden; Zweitzustellung ist üblich.	
Versanddienstleister:	z. B. DHL, DPD, UPS, Hermes und GLS; schwere Sendungen durch Spediteure	
Zusatzleistungen:	* Geschenkverpackung * abweichende Adresse * Avisierung/Wunschzeit	* Zweitzustellung * Same Day Delivery
Rücksendungen:	* hohe Kosten	* beschädigte, unverkäufliche Ware
Retourenvermeidung:	* Ursachen erforschen * Information verbessern * sichere Verpackung wählen	* attraktive Verpackung verwenden * pünktlich liefern
Kosten:	Versanddienstleister:	* Preis pro Sendung * Preis nach Gewicht
	Kundenbeteiligung:	* frei Haus * nach Bestellwert * Pauschale, Liefer-Flat

3 Warenkatalog

Die Warenpräsentation ist im stationären Einzelhandel von besonderer Bedeutung für die Verkäuflichkeit einer Ware. Das gilt noch viel mehr für die Produktpräsentation im Onlineshop, weil der Kunde die Ware hier ausschließlich ansehen kann. Im Einzelhandelsgeschäft hingegen kann der Kunde das Produkt anfassen, bei Textilien anprobieren, bei Lebensmitteln evtl. geschmacklich testen. Im Onlineshop genügt es daher nicht, die Produkte in schlichter Form vorzustellen. Vielmehr ist eine attraktive Produktpräsentation notwendig. Eine ansprechende Gestaltung des Warenkataloges entscheidet in hohem Maße über den Erfolg eines Onlineshops.

3.1 Navigation

Die Navigation, d. h. das Auffinden der Produkte im Shop durch den Kunden, kann als Herzstück des Onlineshops bezeichnet werden. Kunden möchten auf einfache Weise und schnell zum gewünschten Produkt kommen. Dazu muss ihnen ein Überblick über das Warenangebot gegeben werden. Dies geschieht in den meisten Fällen durch die Bildung von **Warengruppen**.

Warengruppen-Navigation in einem Haustier-Shop

Beispiel

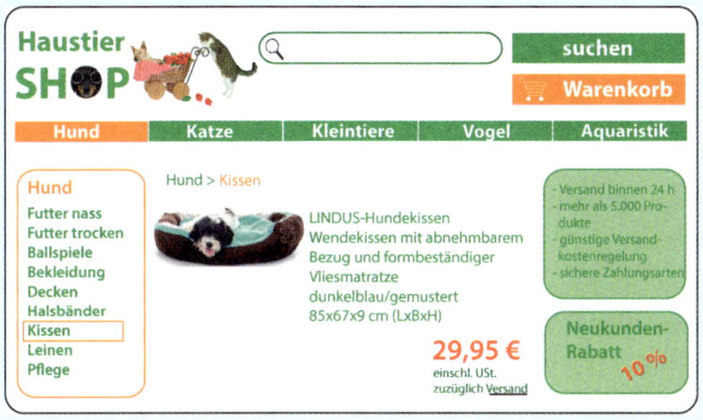

Im Beispiel sind fünf Warengruppen gebildet worden (Hund, Katze usw.). Die Warengruppen wurden in Untergruppen (= Warenarten) unterteilt (Hund: Futter nass, Futter trocken usw.)

Es gilt die Regel, dass nicht mehr als ca. sieben Warengruppen gebildet werden sollten.

Eine Alternative zur Gliederung nach Warengruppen ist die **Filternavigation**. Dabei werden dem Kunden bestimmte Eigenschaften vorgegeben, aus denen er sich sein Wunschprodukt zusammenstellt.

Möglichkeiten für Navigationsfilter

Beispiel

Textil: Größe, Material, Farbe, Hersteller, Stil (Freizeit, Business)
mymuesli: laktosefrei, ohne Getreide, hoher Eiweißgehalt, vegan

Die **Suchfunktion** hilft den Kunden, das gewünschte Produkt schneller zu finden (siehe Haustiershop oben). Diese Form der Suchunterstützung ist heute gewöhnlich in jedem Onlineshop zu finden.

Der Shop-Betreiber muss die Suchbegriffe und ihre Verlinkung festlegen. Da der Kunde aber oft nicht die korrekte Produktbezeichnung kennt und er auch Schreibfehler produziert, sollte der Einzelhändler eine fehlertolerante Suchfunktion anbieten, die zum richtigen Produkt führt, auch wenn der Suchbegriff nicht exakt richtig ist. Dazu muss man sich in den Kunden hineinversetzen und sich bemühen, seine **Suchlogik** vorwegzunehmen.

Beispiel

Im Angebot sind „LED-Lampen". Im Sprachgebrauch wird allerdings von „Birnen" gesprochen, obwohl das eigentlich nur eine mögliche Form einer Lampe darstellt. Die Lampe wird in eine Leuchte eingedreht. Im Volksmund wird die Leuchte aber eher als „Lampe" bezeichnet.

Navigation: Strukturelement als Hilfe für Shop-Besucher, um gewünschte Produkte leichter zu finden. Angeboten wird eine Navigation nach Warengruppen oder nach Produkteigenschaften.

3.2 Informationen

Im stationären Geschäft geben die Verkaufsmitarbeiter den Kunden die nötigen Informationen über das Produkt. In der Verkaufsargumentation wird der individuelle Nutzen verdeutlich, den das Produkt für den Kunden bietet. Dies führt letztlich auch zur Kaufentscheidung.

In einem Onlineshop fehlen die Verkaufsmitarbeiter. Dies ist der wesentliche Unterschied zwischen dem stationären Geschäft und dem Onlinehandel.

Im Onlineshop müssen daher die Informationen in schriftlicher Form zur Verfügung stehen.

Dabei geht es um alle Informationen, die für die Kaufentscheidung relevant sind. Außerdem verlangt der Gesetzgeber bestimmte Angaben.

Grundinformationen	* Produktbezeichnung sowie – in Abhängigkeit vom Produkt – z. B. Größe, Gewicht und Farbe
gesetzliche Anforderungen	* wesentliche Eigenschaften des Produkts * Preis nach Preisangabenverordnung (Bruttopreis, alle Preisbestandteile wie z. B. Pfand, Versandkosten, Verkaufseinheit) * Wenn Ware nach Gewicht, Volumen, Länge oder Fläche angeboten wird, ist der Grundpreis anzugeben, z. B. ein Preis für ein Kilogramm oder 100 Milliliter. * Der Hinweis, dass der Preis die Umsatzsteuer enthält, muss in unmittelbarer Nähe der Preisangabe stehen, auf jeden Fall, bevor der Kunde das Produkt in den Warenkorb legen kann. * Sonderregelungen gelten bei Textilien (Textilkennzeichnungsgesetz) und Lebensmitteln (Lebensmittelkennzeichnungsverordnung, Lebensmittel-Informationsverordnung) * Der Kunde muss über den Lieferzeitpunkt informiert werden, z. B. bis zum 28.03.
Abbildungen	Durch Bilder (zunehmend auch Videos) kann der Kunde einen Eindruck vom Produkt gewinnen. Sie ermöglichen eine erste Einschätzung und steigern auch den Wunsch, das Produkt zu kaufen. Außerdem konkretisieren Bilder die häufig vage Vorstellung der Kunden von der Ware. Heute werden Bilder vielfach in unterschiedlichen Perspektiven angeboten.
Verweise	* Auflistung der bisher betrachteten Produkte oder der Hinweis auf Produkte, die von anderen Kunden im Zusammenhang mit dem betrachteten Artikel gekauft worden sind. * Verweis auf den Warenkorb, in dem das ausgewählte Produkt abgelegt werden kann, um es in weiteren Schritten endgültig zu kaufen. * Bewertung der vorgestellten Produkte durch andere Kunden. * Verbindung zu sozialen Netzwerken (z. B. Facebook, Twitter), um anderen das Produkt zu zeigen und deren Meinungen einzuholen. 

3.3 Produkttexte

In der **Verkaufsargumentation** verbindet der Kundenberater die Ansprüche des Kunden mit den passenden Eigenschaften des Produkts und macht den Nutzen für den Kunden deutlich.

Auch die Produktbeschreibungen im Onlineshop haben die Aufgabe, **wesentliche Produkteigenschaften** sichtbar zu machen und den **Nutzen** für die Kunden darzustellen. Außerdem sollen **positive** Produkteigenschaften das Vertrauen des Kunden in das Produkt wecken.

Diese Texte können allerdings nicht auf einen einzelnen Kunden bezogen werden, sondern richten sich an alle interessierten Betrachter der Webseite.

Regeln für Produkttexte

* Produktvorteile herausstellen
* kurz und treffend formulieren
* sich verständlich ausdrücken
* möglichst eigene Texte verwenden (siehe unten „Textquellen")
* den Kaufwunsch anregen mit Wörtern wie „dein", „Ihr"
* Vertrauen in das Produkt wecken
* Texte immer aktuell halten

Texte für Produkte in einem Onlineshop zielen aber nicht nur auf den Kunden. Die **Suchmaschinen** (in den meisten Fällen Google) müssen den Shop finden.

Dazu benötigen sie **Schlüsselwörter** (Keywords), die eindeutig zum Produkt passen. Das sichert eine obere Position auf der Ergebnisliste. Damit haben die Produkttexte zwei Adressaten.

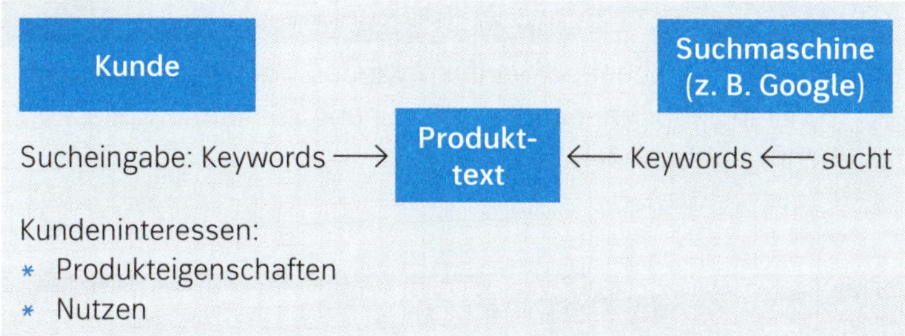

■ Textquellen

Es gibt verschiedene Möglichkeiten, Produktbeschreibungen für den Onlineshop zu bekommen.

* Man verwendet die Texte, die die **Hersteller** der Produkte bereitstellen. Da diese Texte von verschiedenen (oft sehr vielen) Shop-Betreibern verwendet werden, decken sie ein breites Spektrum von Anwendungen ab. Sie sind daher nicht sehr originell. Auch Suchmaschinen „bestrafen“ Textwiederholungen durch eine schlechtere Platzierung auf den Ergebnisseiten.
* Es gibt Unternehmen (**Textlieferanten**), die sich auf die Herstellung von Produkttexten spezialisiert haben. Man kann sie beauftragen, die Texte für den eigenen Shop zu erstellen. Das kostet Geld, und es ist nicht sicher, dass die Texte die gewünschte Wirkung beim Kunden erzielen.
* Am sichersten ist es, wenn der **Einzelhändler** die Texte selbst verfasst. Er kennt die Zielgruppe, für die er den Onlineshop entwickelt hat. Daher kennt er die Ansprüche seiner Kunden und kann die Produkttexte zielgenau (mit den richtigen Schlüsselwörtern) verfassen. Leider erfordert das viel Zeit, die bei einem Einzelhändler häufig nicht zur Verfügung steht.

Beispiel

Der Hersteller von Pomade liefert folgenden Text für die Anbieter seiner Produkte in Onlineshops:

Herkunft: Die „King Mens Pomade“ ist eine traditionsreiche Pomade aus Memphis. Seit 1938 wird sie in den USA nach der gleichen Rezeptur hergestellt. In den 1940ern war King die Lieblings-Pomade amerikanischer Herzensbrecher. In den 1950ern glänzte sie auf den Köpfen der größten Country- und Rock'n'roll-Stars, weil sie eine wunderschöne Tolle frisierte. Wer Country- und Rock'n'Roll-Stars der 1950/60er mag, wird diese Pomade lieben.

Inhaltsstoffe: Vaseline, Olivenöl und Parfüm, ohne Farb- und Konservierungsstoffe. Die Verpackung besteht aus einer Pappkarton-Dose mit Deckel aus rot gefärbtem Blech. Der Boden ist aus stabilem Aluminium.

Der Duft dieser Pomade erinnert an eine Mischung aus Lavendel-Rasierwasser und Zuckerwatte.

Menge: netto 142 g, Versandgewicht 250 g

Anwendung: Einen Finger voll King nehmen, zwischen den Fingern verreiben und am besten nach der Haarwäsche in die handtuchtrockenen Haare einrubbeln – von der Haarwurzel bis zur Haarspitze. Dieses 3- bis 4-mal wiederholen und die Haare anschließend in die gewünschte Form kämmen.

Produkttext für King Pomade

King Mens Pomade — **9,95 €**

Inhaltsstoffe: Vaseline, Olivenöl, Parfüm ohne Farb- und Konservierungsstoffe
Lieferung: 3 – 5 Tage

Preis einschließlich USt. zzgl. 4,99 € **Versand**
ab 60,00 € versandkostenfrei
Inhalt 142 g
100 g = 7,01 €

Die traditionsreiche Pomade aus Memphis, USA. Frisiert Ihnen eine wunderschöne Tolle. Die Lieblingspomade amerikanischer Country- und Rock-and-Roll-Stars.

Details

In den Text sind Schlüsselwörter (Keywords) eingearbeitet worden, mit denen Kunden das Produkt wahrscheinlich in einer Suchmaschine suchen würden (im Text optisch hervorgehoben). Und die Suchmaschine würde anhand dieser Keywords passende Produkte auswählen und im Idealfall oben auf der Ergebnisliste präsentieren.

Keywords: Wörter, nach denen in Suchmaschinen gezielt gesucht wird

Der Produkttext zur Pomade ist kurz gehalten. Vielfach werden den Besuchern eines Onlineshops durch Anklicken (z. B. „Details") weitere Informationen zur Verfügung gestellt. Für diesen Zweck ließen sich die Herstellerinformationen ebenfalls verwenden.

Zusammenfassung

Warenkatalog		
Navigation:	* Warengruppen- oder Filternavigation * Suchfunktion ist notwendig	
Informationen:	Basis:	Produktbezeichnung, Größe, Gewicht usw.
	nach Gesetz:	* wesentliche Eigenschaften * Preis nach Preisangabenverordnung, USt., produktnah * Sonderregelungen (z. B. Textilien, Lebensmittel) * Lieferzeit
	Abbildungen:	unbedingt notwendig (Produkteindruck, Kaufwunsch steigt)
	Verweise:	bisher betrachtet, Alternativen, Warenkorb, Bewertungen, soziale Netzwerke
Texte:	**kundenorientiert**: Produkteigenschaften, Nutzen (kurz, verständlich, eigene Texte, Kaufwunsch anregen, Vertrauen wecken, aktuell)	
	Google-orientiert: produktnahe Schlüsselwörter (Keywords) in den Text einbringen	

4 Zahlungsverfahren

Wenn Onlineshop-Besucher am Ende eines Bestellvorgangs feststellen, dass sie nur gegen Vorkasse bezahlen können (Vorabüberweisung des Rechnungsbetrages mit anschließender Lieferung der Ware), dann verlassen viele Besucher den Webshop und suchen sich einen anderen Anbieter. Wird Lieferung gegen Rechnung angeboten, ist die Akzeptanz durch die Kunden besonders groß, dafür steigt das Ausfallrisiko des Einzelhändlers aber deutlich.

Jeder Onlineshop-Betreiber muss sich daher sorgfältig überlegen, welche Chancen er nutzen und welche Risiken er eingehen will. Am besten bietet er eine Bezahl-Mischung an, die einerseits den Kunden anspricht und andererseits das Zahlungsrisiko überschaubar hält.

Nachfolgend werden die wichtigsten Zahlungsverfahren vorgestellt.

Zunächst wird der Ablauf der Verfahren beschrieben und dann aus der Sicht des Einzelhändlers und des Kunden betrachtet. Die Kosten der Zahlungsverfahren werden danach in einer Tabelle dargestellt.

4.1 Traditionelle Verfahren

■ Vorkasse (Vorauszahlung)

Ablauf	Nachdem der Kunde die Ware im Onlineshop bestellt hat, überweist er vorab den Kaufpreis per Banküberweisung. Die Ware wird ausgeliefert, sobald der Betrag auf dem Konto des Einzelhändlers eingegangen ist. Es kommt dadurch zu einer Lieferverzögerung von einigen Tagen.
Einzelhändler	Dieses Verfahren ist für den Einzelhändler ohne Risiko und technisch sehr einfach. Er wartet auf den Zahlungseingang und kann dann die Ware versenden. Eingebunden sind nur die Banken der Beteiligten. Zwischengeschaltete Dienstleister, die alle Geld kosten, gibt es nicht.
Kunde	Der Kunde kann die Produkte vor der Bezahlung nicht prüfen. Für ihn ist es ein unsicheres Zahlungsverfahren. Hinzu kommt die Verzögerung bei der Warenauslieferung. Andererseits ist es für ihn sehr einfach zu handhaben. Spätestens mit der Bestellbestätigung kann er eine ganz normale Banküberweisung veranlassen.

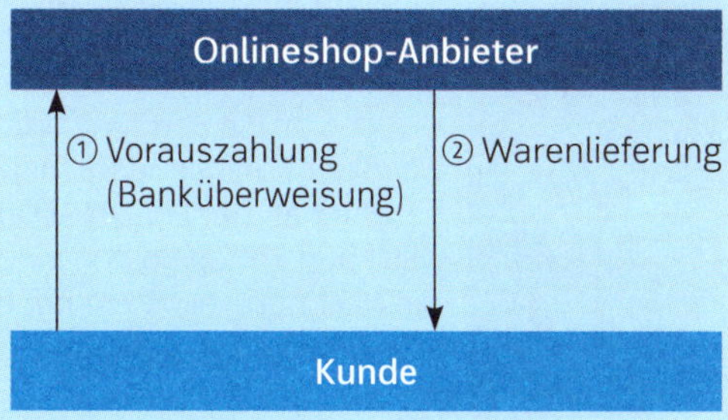

■ Rechnung

Ablauf	Aufgrund einer Bestellung veranlasst der Onlinehändler den Versand der Ware zusammen mit einer Rechnung. Innerhalb der Zahlungsfrist (oft 30 Tage) überweist der Kunde den Rechnungsbetrag. Hier geht der Einzelhändler in Vorleistung. Bei Vorkasse hingegen macht der Kunde den ersten Schritt (Überweisung).
Einzelhändler	Dieses Verfahren ist für den Einzelhändler sehr risikoreich, weil er die Ware aus der Hand gegeben hat und nun auf die Zahlung des Kunden warten muss. Das Risiko kann auf Zahlungsdienstleister übertragen werden (z. B. PAYONE), die die Zahlung garantieren und das Inkasso übernehmen. Es entstehen dadurch zusätzliche Kosten. Risikomindernd wirkt eine Prüfung der Zahlungsfähigkeit (Bonität) durch spezielle Dienstleister (z. B. SCHUFA).
Kunde	Für Kunden ist dieses Zahlungsverfahren ideal: Sie erhalten die Ware sofort und können sich mit der Bezahlung Zeit lassen.

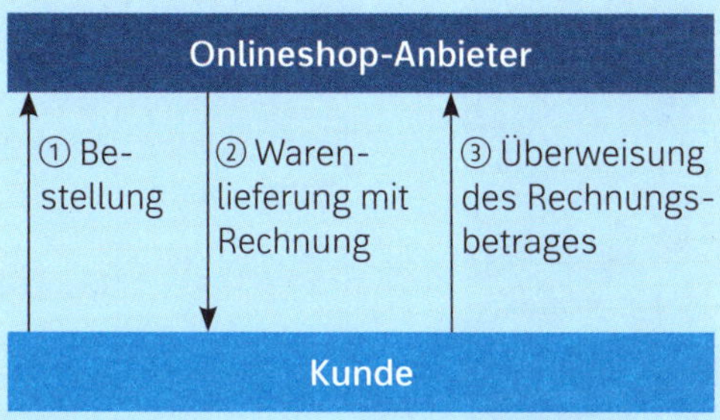

■ Lastschrift (ELV)

Ablauf	Nach der Bestellung des Kunden belastet der Einzelhändler das Bankkonto des Kunden mit dem Kaufbetrag (durch eine Lastschrift). Zuvor hat der Kunde seine Kontodaten zusammen mit einer Einzugsermächtigung (Lastschriftmandat) an den Onlinehändler übermittelt. Sobald der Betrag auf dem Konto des Einzelhändlers eingegangen ist, wird die Ware verschickt.
Einzelhändler	Auch hier kommt es zu einer Lieferverzögerung von einigen Tagen, bis das Zahlungsverfahren abgewickelt ist. Bei guter Bonität des Kunden (bekannter, pünktlicher Zahler) kann die Ware auch früher verschickt werden. Weil der Kunde eine Lastschrift innerhalb von acht Wochen widerrufen kann, ist dieses Verfahren für den Einzelhändler risikoreich.
Kunde	Für einen Kunden ist das Zahlungsverfahren einfach zu handhaben. Er muss lediglich einmal die Erlaubnis zur Belastung seines Kontos geben. Alles andere läuft automatisch ab. Da der Kunde dem Onlinehändler seine Bankdaten zur Verfügung stellt, besteht das Risiko des Datenmissbrauchs, falls Kriminelle die Daten ausspähen können.

■ Nachnahme

Ablauf	Sobald die Bestellung des Kunden beim Onlinehändler eingegangen ist, verschickt dieser die Ware, kombiniert mit einem Nachnahmeauftrag an den Logistik-Dienstleister. Dieser darf die Sendung erst dann übergeben, wenn der Kunde den Nachnahmebetrag an ihn bezahlt hat. Der Logistik-Dienstleister überweist den Betrag an den Einzelhändler. Die Nachnahmekosten (häufig 4,00 bis 5,00 €) trägt gewöhnlich der Kunde. 
Einzelhändler	Für den Einzelhändler ist dieses Zahlungsverfahren sehr sicher, weil die Ware nur gegen Bezahlung ausgehändigt wird.
Kunde	Der Kunde hat keine Möglichkeit, die Artikel zu prüfen, bevor er bezahlt. Er trägt demnach das Risiko, nicht die gewünschte Ware oder nicht die bestellte Qualität zu erhalten. Ihm steht aber die Widerrufsfrist von 14 Tagen zur Verfügung, wie jedem Käufer im Internet (siehe unten „rechtliche Überlegungen"). Außerdem kann er mangelhafte Ware reklamieren.

■ Kreditkarte

Ablauf	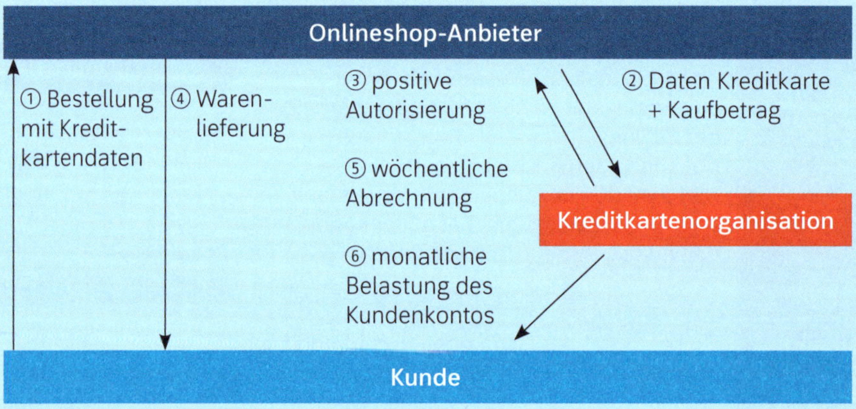 Hat sich ein Kunde für die Zahlung per Kreditkarte entschieden, wird er aufgefordert, seine Daten zur Kreditkarte einzugeben (Kartennummer, Ablaufdatum der Karte, die Sicherheitsnummer auf der Rückseite der Kreditkarte und ein individuelles Kennwort). Der Onlineshop stellt nun über das Internet eine Verbindung zur Kartengesellschaft her und übermittelt die Kartendaten sowie den Kaufbetrag. Die Kreditkartenorganisation prüft die Daten auf Richtigkeit und den finanziellen Verfügungsrahmen des Kunden (Autorisierung). Ist alles korrekt, erhält der Onlinehändler eine positive Rückmeldung. Damit garantiert die Kreditkartenorganisation die Zahlung des Kaufbetrages. Der Onlinehändler kann die Ware versenden. Die Kreditkartenorganisation rechnet z.B. wöchentlich mit dem Einzelhändler ab (aufgelaufene Kaufbeträge abzüglich Provision für die Kreditkartenorganisation). Der Kunde erhält gewöhnlich monatlich eine Abrechnung von der Kartenorganisation, die sein Bankkonto mit den aufgelaufenen Zahlungsbeträgen belastet.
Einzelhändler	Für den Onlinehändler ist dieses Zahlungsverfahren relativ sicher, weil das Zahlungsversprechen der Kreditkartenorganisation vorliegt. Die Einschaltung eines zusätzlichen Dienstleisters (Kreditkartenorganisation) führt aber zu höheren Kosten.
Kunde	Kunden schätzen die weitgehend einfache Handhabung und den Zahlungsaufschub durch die monatliche Abrechnung.

4.2 Moderne elektronische Verfahren

Anstelle der oben beschriebenen traditionellen Zahlungsverfahren bieten Onlineshop-Betreiber im Regelfall auch eigens für den elektronischen Handel entwickelte Verfahren an (**E-Payment-Verfahren**). Am bekanntesten sind PayPal und Sofortüberweisung.

■ PayPal

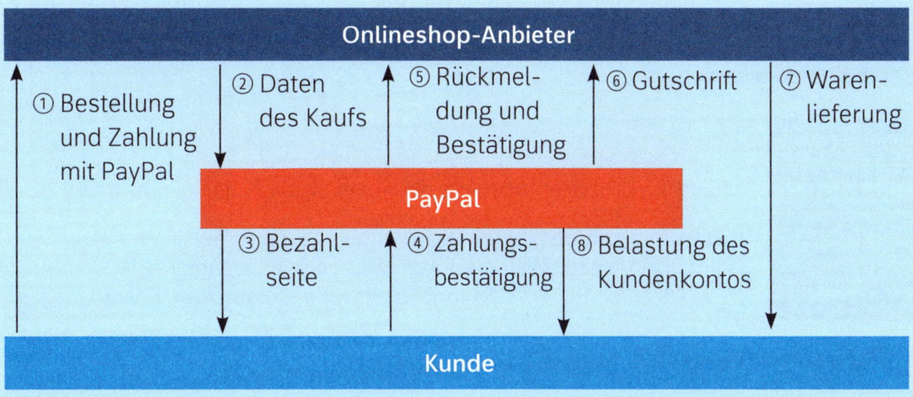

Ablauf	Nach der Produktauswahl und der Ermittlung des Kaufbetrages wählt der Käufer auf der Onlineshop-Seite das Zahlungsverfahren „PayPal" aus. Das setzt voraus, dass der Käufer Kunde bei PayPal ist, dort über ein Konto verfügt und seine Bankdaten hinterlegt sind. Der Onlineshop leitet nun den Zahlungsbetrag auf die Bezahlseite des E-Payment-Anbieters weiter, wo der Kunde die Zahlung bestätigt. Diese Bestätigung wird an den Onlineshop zurückgeleitet. Gleichzeitig erhält der Onlineshop-Betreiber eine Nachricht über die erfolgte Zahlung. Dem Shop-Anbieter wird der Betrag unter Abzug einer Vergütung für die E-Payment-Organisation gutgeschrieben. Im Hintergrund kümmert sich der Anbieter des E-Payment-Verfahrens um den Zahlungsausgleich, indem er z.B. das Bankkonto des Kunden per Lastschrift oder per Kreditkarte mit dem Kaufbetrag belastet. Letztlich ist PayPal nur ein Geldvermittler vom Konto des Kunden über das Konto bei PayPal auf das Konto des Einzelhändlers. Vergleichbar mit PayPal ist **Amazon Pay oder Google Pay**.
Einzelhändler	Der Einzelhändler erhält noch während des Kaufprozesses eine Zahlung von PayPal. Der Onlineshop kann die Ware ohne Risiko ausliefern. PayPal ist weltweit bekannt und sehr populär, vor allem auch bei jungen Kunden. Für die Leistungen nimmt PayPal eine Gebühr.
Kunde	Viele Kunden sehen PayPal als eine sichere und vertrauenswürdige Bezahlmethode an, vor allem, weil der Onlineshop die Bankdaten des Kunden nicht sehen kann und diese auch nicht bei ihm hinterlegt werden müssen. Ein Missbrauch dieser Daten ist daher ausgeschlossen.

■ Sofortüberweisung

Ablauf	Der wesentliche Unterschied zu PayPal besteht darin, dass das Geld für den Einkauf im Onlineshop direkt („sofort") vom Bankkonto des Kunden zum Konto des Einzelhändlers überwiesen wird. Wählt der Kunde im Onlineshop „Sofortüberweisung", wird er zu einem Dienstleister geleitet, der zwischen dem Onlineshop und der Bank tätig wird. Dazu muss der Kunde bei diesem Dienstleister seine normalen Bankzugangsdaten für Onlinebanking eingeben. Die Bank des Kunden verschickt daraufhin per SMS einen TAN-Code, der bestätigt werden muss. Der Onlinehändler erhält zunächst eine Zahlungsbestätigung vom Dienstleister in Höhe des Kaufbetrages. Im Hintergrund wird die Überweisung veranlasst. Damit ist der Zahlungsvorgang abgeschlossen und die Ware kann direkt versendet werden. **Giropay** und **Paydirekt** sind mit Sofortüberweisung vergleichbar.
Einzelhändler	Das Verfahren ist sehr sicher und – verglichen mit anderen Zahlungsarten – preiswert (siehe Kosten der Zahlungsverfahren Seite 124). Der Onlinehändler erhält eine Zahlungsbestätigung noch während des Einkaufs durch den Kunden.
Kunde	Die Handhabung ist relativ einfach. Der Kunde muss aber dem Dienstleister seine Bankdaten zur Verfügung stellen.

Paypal: Dienstleister, der die Zahlungsabwicklung im Onlinehandel über eine Konto des PayPal-Mitglieds übernimmt. Der Zahlbetrag wird anschließend vom Bankkonto des Kunden eingefordert.

Sofortüberweisung: Dienstleister, der eine direkte Überweisung vom Bankkonto des Kunden zum Onlinehändler vermittelt.

Kosten

Bei einer Zahlung im Onlinehandel entstehen für den Einzelhändler unterschiedliche Kosten, die an die Beteiligten des Verfahrens (Banken, Dienstleister) zu bezahlen sind. Grob lassen sich die Kosten in direkte und indirekte Kosten einteilen.

Kostenart	Beispiele
direkte Kosten	monatliche Grundgebühren, Kosten für einzelne Zahlungen (z. B. als Prozentsatz vom Umsatz)
indirekte Kosten	Überprüfung der Bonität des Kunden und seiner Adresse, Zinsverluste durch verspätete Zahlungseingänge, Kosten für Mahnungen oder vollständige Zahlungsausfälle, eigene Personalkosten für die Zahlungsabwicklung, Kosten für die Bearbeitung von Erstattungen

Die nachfolgende Übersicht bezieht sich auf einen durchschnittlichen Einkauf im Internet mit einem Bestellwert von 100,00 €.

Die EU hat die direkten Kosten für Kreditkartenzahlungen auf 0,3 % des Umsatzes begrenzt, dadurch betragen die Kosten für Kreditkartenzahlungen nur noch 2,94 € pro 100,00 € Umsatz. Andererseits sind die indirekten Kosten der Kreditkartenorganisationen gestiegen.

Zahlungsverfahren	Direkte Kosten	Indirekte Kosten	Gesamtkosten
	€	€	€
Vorkasse	0,98	2,56	3,54
PayPal	2,13	2,74	4,87
Rechnung	1,74	6,62	8,36
Kreditkarte	2,42	2,03	4,45
Lastschrift	1,36	3,05	4,41
Sofortüberweisung	1,33	0,55	1,88
Nachnahme	3,96	1,15	5,11

Eigene Darstellung nach den Zahlen von: ibi research an der Universität Regensburg GmbH: Gesamtkosten von Zahlungsverfahren – Was kostet das Bezahlen im Internet wirklich?, S. 11–12. In: www.ibi.de/article/197-e-business/1356-studie-gesamtkosten-von-zahlungsverfahren-waskostet-das-bezahlen-im-internet-wirklich.html [23.08.2018].

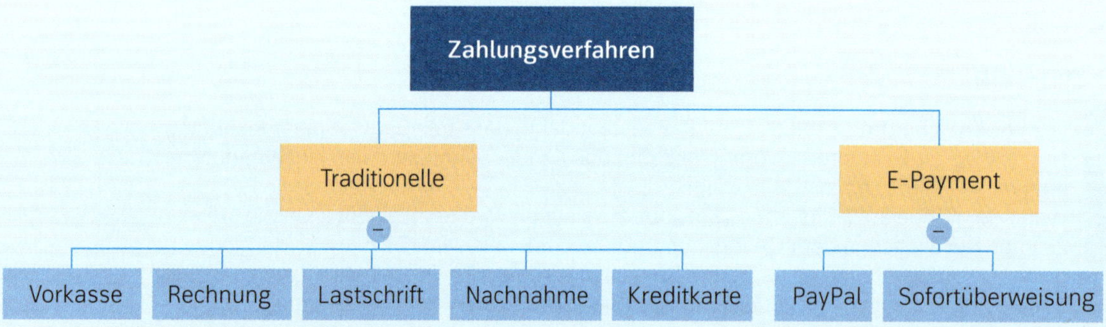

4.3 Zahlungsverfahren im Onlineshop

Jeder Onlinehändler entscheidet selbst, welche Zahlungsverfahren er in seinem Shop anbietet. Der Kunde kann nur die Verfahren auswählen, die vom Händler angeboten werden.

Worauf legen beide Seiten Wert?

Kunden	sicher, schnell, bequem
Onlinehändler	kostengünstig, Schutz vor Zahlungsausfällen, nutzerfreundlich

Durch Händler-Befragungen lässt sich feststellen, wie sich Angebot und Nachfrage zueinander verhalten.

Nachfolgend werden die wichtigsten Ergebnisse vorgestellt.

Von Händlern angeboten

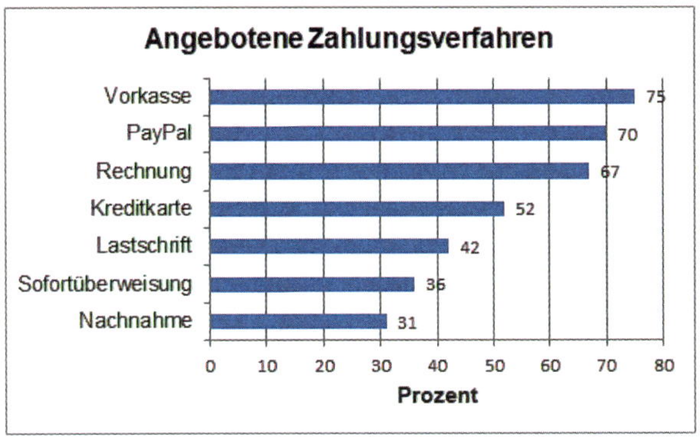

Von Kunden nachgefragt

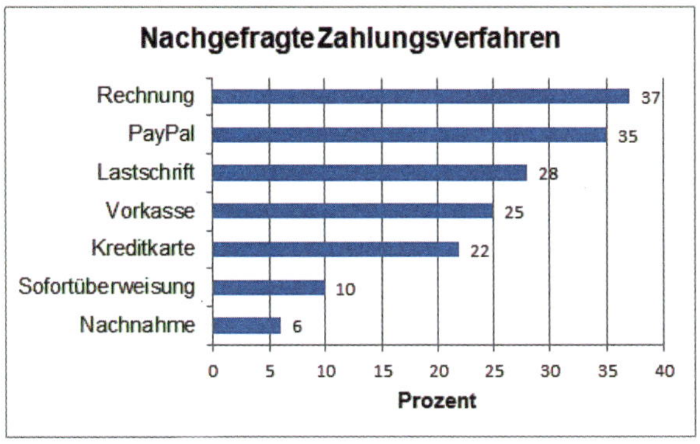

■ Das Zahlungsverhalten beeinflussen

Die verschiedenen Zahlungsarten im Onlineshop sind für den Betreiber zum Teil unsicher, zum Teil mit hohen Kosten verbunden. Das Nutzungsverhalten der Kunden lässt sich aber durch Vergünstigungen für die bevorzugten Zahlungsarten beeinflussen oder indem man auf die Nachteile von Zahlungsverfahren aufmerksam macht.

Beispiel

Zahlung per Vorkasse

Bei dieser Zahlungsart gewähren wir Ihnen zusätzlich 3 % Skonto auf den Warenwert Ihrer Bestellung. Nachdem der Kaufpreis auf unserem Konto eingegangen ist, wird die Ware sofort versendet.

Zahlung per Sofortüberweisung

Wir gewähren Ihnen hierbei zusätzlich 2 % Skonto auf den Warenwert. Sie haben dadurch eine schnelle, sichere und einfache Möglichkeit, Ihren Einkauf bei uns zu bezahlen. Direkt nachdem Sie an der Kasse den Button „jetzt bestellen" geklickt haben, wird der Überweisungsauftrag gestartet. In einem bereits vorausgefüllten Überweisungsformular müssen Sie nur noch Ihren Namen, Bankleitzahl und Kontonummer eingeben und mit Ihrer PIN oder TAN bestätigen. Der Versand erfolgt sofort nach Zahlungsbestätigung.

Zahlung per Nachnahme

Genau richtig für alle, die den anderen Zahlungsmöglichkeiten bei uns nicht ganz vertrauen. Hierbei möchten wir aber sagen, dass es auch die teuerste Zahlungsmöglichkeit für Sie ist. Die Bezahlung erfolgt erst bei Zustellung der Ware. Zusatzkosten für Sie: 5,00 € Nachnahmegebühr werden Ihnen auf unserer Rechnung zusätzlich zu den üblichen Versandkosten berechnet.

Zusammenfassung

Zahlungsverfahren	
traditionelle	
* Vorkasse:	Kunde bezahlt vor der Warenlieferung
* Rechnung:	Warenlieferung gegen Rechnung, Bezahlung nach Fristablauf
* Lastschrift:	Belastung des Kundenkontos nach der Bestellung, danach Warenlieferung
* Nachnahme:	Bezahlung bei Übergabe der Ware durch den logistischen Dienstleister
* Kreditkarte:	Kreditkartenorganisation vermittelt die Zahlung des Kunden (mit Zahlungsgarantie für den Onlinehändler)

Zahlungsverfahren	
elektronische	
* PayPal:	Zahlungsvermittlung über ein Konto bei PayPal
* Sofortüberweisung:	Vermittelt die Zahlung direkt vom Bankkonto des Kunden zum Onlinehändler
Kosten:	direkte (z. B. für Einzelzahlung) und indirekte Kosten (z. B. Bonitätsprüfung)
Einflussnahme:	Durch Vergünstigungen kann das Zahlungsverhalten etwas beeinflusst werden.

5 Rechtsvorschriften

Rechtsgrundlagen beim Onlinekauf

Für Onlinehändler gelten mehrere Rechtsvorschriften, z. B.:

* **Telemediengesetz** (TMG): Für Onlinehändler ist hier besonders die Impressumspflicht von Bedeutung.
* **Fernabsatzrecht** im BGB: Regelt u. a. die Vertragsbeziehung zwischen Onlineanbietern und Käufern.
* **Preisangabenverordnung**
* **Gesetz gegen unlauteren Wettbewerb** (UWG)
* **Datenschutz-Grundverordnung** (DSGVO)

Verbraucher: natürliche Person, die Rechtsgeschäfte für private (nicht gewerbliche) Zwecke abschließt.

Fernabsatzverträge zeichnen sich durch folgende Merkmale aus:
* Der Vertrag wird zwischen einem Verbraucher und einem Unternehmer abgeschlossen.
* Der Vertrag kommt durch die Verwendung von Fernkommunikationsmitteln zustande (z. B. Katalog, Telefon, Internet, E-Mail, SMS, Rundfunk, Fernsehen).

Fernabsatzvertrag: Vertrag zwischen einem Verbraucher und einem Unternehmen, der ausschließlich durch Fernkommunikationsmittel zustande kommt

Aufgrund der gesetzlich festgelegten Informationspflichten bei Fernabsatzverkäufen und der Pflichten im elektronischen Geschäftsverkehr steht ein Onlineshop-Betreiber unter erheblichem Handlungsdruck, seine Internetseite rechtssicher zu gestalten. Andernfalls drohen ihm kostenpflichtige Abmahnungen von Mitbewerbern, Industrie- und Handelskammern sowie Wettbewerbsvereinen.

5.1 Informationspflichten

Produktkatalog

Siehe Warenkatalog, Seite 117

Der Kunde muss im Produktkatalog über folgende Sachverhalte informiert werden:
* wesentliche Eigenschaften der Ware (z. B. Größe, Gewicht, Farbe und Funktion)
* Bruttoverkaufspreis sowie weitere Preisbestandteile (z. B. Preisnachlässe), evtl. Grundpreis
* Hinweis, dass der Bruttoverkaufspreis die Umsatzsteuer enthält.
* erweiterte Kennzeichnungspflichten für bestimmte Waren, z. B. für Textilien
* die zur Verfügung stehenden Zahlungsarten
* Lieferbedingungen, insbesondere ist ein Liefertermin anzugeben (z. B.: lieferbar in 3–5 Tagen)

Diese Angaben müssen vom Kunden gut erkennbar sein und im Regelfall in der Nähe des Produktes platziert werden, und zwar bevor der Artikel in den Warenkorb gelegt werden kann. Die Zahlungsbedingungen muss der Kunde erfahren, sobald der Bestellvorgang eingeleitet wird, also spätestens im Warenkorb.

Urheberrecht

Wer den Produktkatalog für einen Onlineshop erstellt, benötigt Texte, Abbildungen, vielleicht sogar Videos. Wenn der Einzelhändler dabei auf fremde Quellen zugreift, hat er das Urheberrecht zu beachten. Wer z. B. ein Bild produziert, hat daran ein geistiges Eigentum (Urheberrecht). Fremde dürfen dieses Bild nur mit Genehmigung des Urhebers (des ursprünglichen Verfassers) auf ihrer eigenen Webseite verwenden. Hier ist besondere Vorsicht geboten, weil die Missachtung des Urheberrechts Schadenersatzforderungen nach sich ziehen kann.

■ Impressum

Für den Besucher einer Webseite muss ersichtlich sein, wer sich hinter der Webseite verbirgt. Diese Kennzeichnung wird im **Impressum** festgehalten. Die Anforderungen an ein Impressum sind streng.

Pflichtangaben Impressum (Normalfall)

* Vor- und Zuname des Anbieters sowie die Rechtsform des Unternehmens
* Kommunikationsdaten
* Umsatzsteuer-Identifikationsnummer
* Name und Nummer des Handelsregistereintrages

■ Widerrufsrecht und Allgemeine Geschäftsbedingungen (AGB)

Der Shop-Käufer muss über sein Recht informiert werden, den Kaufvertrag zu widerrufen. Außerdem müssen ihm die Allgemeinen Geschäftsbedingungen des Shop-Anbieters zur Verfügung gestellt werden (siehe unten).

■ Bestell-Button

Wird die Bestellung über eine Schaltfläche (Button) abgeschickt, muss der Kunde mithilfe der Schaltfläche informiert werden, dass mit der Bestellung Kosten entstehen. Die Beschriftung des Buttons könnte z. B. lauten: „kostenpflichtig bestellen".

5.2 Zustandekommen des Kaufvertrags im Onlinehandel

Rechtlich gelten für den Internetkauf grundsätzlich die gleichen Regeln wie für das herkömmliche Einkaufen.

* Die Internetseite des Anbieters stellt eine **Anpreisung** dar (das Angebot richtet sich an die Allgemeinheit).
* Die Bestellung des Internetkäufers ist die erste Willenserklärung (**Antrag**).
* Durch die Auftragsbestätigung des Anbieters kommt der Kaufvertrag zustande (**Annahme**). Anstelle einer schriftlichen Bestätigung kann auch die Lieferung der Ware treten (schlüssiges Handeln).

Im Internethandel stellt sich das Zustandekommen des Kaufvertrages im Regelfall wie folgt dar:

Der Kunde wählt aus dem Warenkatalog des Onlinebetreibers (**Anpreisung**) Produkte aus und **bestellt** die Waren. Der Shop-Betreiber antwortet auf die Bestellung eines Kunden zunächst mit einer **Bestelleingangsbestätigung** per E-Mail, die in Textform (als Anlage zur Mail) die Information über das Widerrufsrecht und die Allgemeinen Geschäftsbedingungen enthält. Damit hat der Onlinehändler seine Informationspflichten erfüllt (siehe unten), ohne dass der Kaufvertrag zustande gekommen wäre, weil die eigentliche **Bestellungsannahme** noch fehlt. Sie folgt in einer weiteren Mail (z. B. im Zusammenhang mit einer Versandmitteilung, siehe unten). Damit ist der Vertrag rechtswirksam.

Beispiel

Beispieltext aus einer Bestelleingangsbestätigung

Bitte beachten Sie: Diese E-Mail dient lediglich der Bestätigung des Bestellungseingangs und stellt noch keine Annahme Ihres Antrags auf Abschluss eines Kaufvertrages dar. Ihr Kaufvertrag kommt zustande, wenn wir Ihre Bestellung annehmen, indem wir Ihnen eine E-Mail mit der Benachrichtigung zusenden, dass der Artikel an Sie abgeschickt wurde.

Beispiel

Versandmitteilung eines Onlineshops (gekürzt)

(Angabe der Bestelldaten und Mitteilung über den Versand)

Ihre Bestellung ist damit vollständig ausgeführt. Ihr Kaufvertrag ist mit dieser E-Mail zustande gekommen.

Der Onlinehändler hat den Kunden z. B. in den Allgemeinen Geschäftsbedingungen darüber zu informieren, wie in seinem Shop ein Kaufvertrag zustande kommt.

Kaufvertrag im Internet

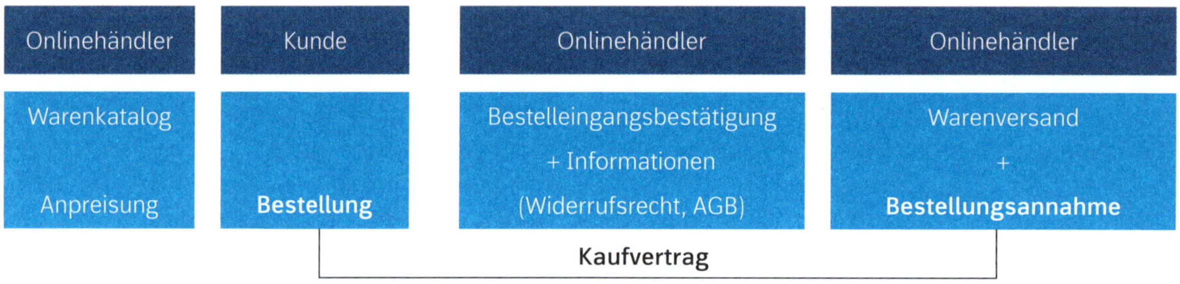

5.3 Widerrufsrecht

Verbraucher können den online abgeschlossenen Kaufvertrag innerhalb von **14 Werktagen** ohne Angabe von Gründen widerrufen (ausgenommen sind z. B. Sonderanfertigungen nach Kundenwunsch, Audio- und Videoaufzeichnungen, Software sowie Hygieneartikel).

Der Onlinehändler hat den Kunden über sein Widerrufsrecht und die Folgen, die sich daraus ergeben, zu informieren. Dies geschieht gewöhnlich

* auf der Internetseite des Onlineshops (siehe rechts) und
* auf der Bestellseite (jeweils durch Anklicken eines Links) oder
* spätestens bei der Lieferung der Ware.

Für den Beginn des Widerrufsrechts gilt:

Shop-Informationen

* Impressum
* Datenschutz
* AGB
* **Widerrufsrecht**
* Kontakt

Das Widerrufsrecht beginnt grundsätzlich ab Vertragsabschluss. Ist eine Warenlieferung Gegenstand des Vertrages, frühestens ab Erhalt der Ware.

Der Kunde hat nach seiner Widerrufserklärung 14 Tage Zeit, die Ware an den Onlinehändler zurückzusenden. Der Onlinehändler muss ebenfalls innerhalb von 14 Tagen die geleisteten Zahlungen des Kunden erstatten. Die Kosten für die Rücksendung trägt der Kunde. Voraussetzung ist die Information des Kunden in der Widerrufsbelehrung.

Vielfach gestalten Onlinehändler das Widerrufsrecht zugunsten des Kunden und erklären sich schon in der Widerrufsbelehrung bereit, die **Rücksendekosten** (ganz oder teilweise) zu übernehmen.

Hat der Kunde die Ware vor der Rücksendung nicht nur geprüft, sondern auch schon benutzt und dadurch im Wert gemindert, kann der Einzelhändler den Ersatzwert verringern. Es ist für den Einzelhändler aber schwierig, zu beweisen, dass der Wertverlust durch den Kunden verursacht worden ist.

Beispiel

Muster einer Widerrufsbelehrung (gekürzt)

Widerrufsrecht
Sie haben das Recht, binnen vierzehn Tagen ohne Angabe von Gründen diesen Vertrag zu widerrufen.

Um Ihr Widerrufsrecht auszuüben, müssen Sie uns ... mittels einer eindeutigen Erklärung (z. B. ein mit der Post versandter Brief, Telefax oder E-Mail) über Ihren Entschluss, diesen Vertrag zu widerrufen, informieren ...

Folgen des Widerrufs
Wenn Sie diesen Vertrag widerrufen, haben wir Ihnen alle Zahlungen, die wir von Ihnen erhalten haben ... unverzüglich und spätestens binnen vierzehn Tagen ab dem Tag zurückzuzahlen, an dem die Mitteilung über Ihren Widerruf dieses Vertrags bei uns eingegangen ist ...

Sie tragen die unmittelbaren Kosten der Rücksendung der Waren ...

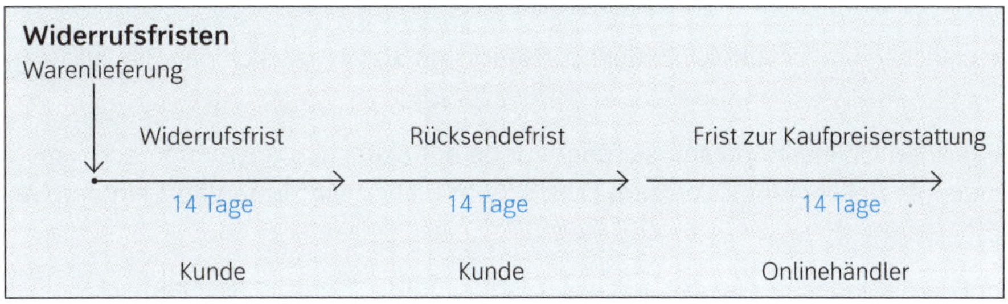

5.4 Allgemeine Geschäftsbedingungen (AGB)

Damit Allgemeine Geschäftsbedingungen gegenüber Verbrauchern wirksam vereinbart werden, muss der Kunde in zumutbarer Weise von ihrem Inhalt **vor Vertragsabschluss** Kenntnis nehmen können. Dies geschieht in Onlineshops gewöhnlich während des Bestellvorgangs (und zusätzlich an einer leicht zugänglichen Stelle des Onlineshops, häufig in einem Fußtext auf **jeder Seite**).

Dem Kunden werden Links zu den AGB angeboten, die er anklicken kann. Häufig sichert sich der Onlinehändler ab, indem er oberhalb des Bestell-Buttons eine Checkbox für die AGB einrichtet, die der Kunde ausdrücklich anklicken muss, bevor er seine Bestellung abschicken kann.

☐ Ich habe die AGB gelesen und bin mit deren Geltung einverstanden.

Im Onlinehandel muss dem Kunden der AGB-Text aber auch per Mail oder in Papierform zur Verfügung gestellt werden. Der sicherste Weg besteht darin, den Text mit der **Bestelleingangsbestätigung** (siehe oben) zu verschicken, weil die AGB dann eindeutig **vor** Vertragsabschluss dargeboten worden sind. Anlässlich der Bestelleingangsbestätigung wird der Kunde also über sein Widerrufsrecht und über die AGB informiert.

5.5 Datenschutz

Jeder Internethändler muss den Besucher auf seiner Webseite zu Beginn der Nutzung über die Verwendung seiner personenbezogenen Daten informieren. Dies geschieht in einer **Datenschutzerklärung**, die am besten auf jeder Seite des Onlineshops durch Anklicken abrufbar ist.

In der Erklärung wird der Kunde informiert, wie mit seinen Daten umgegangen wird, die er bei einem Besuch des Onlineshops abgibt.

Shop-Informationen

* Impressum
* **Datenschutz**
* AGB
* Widerrufsrecht
* Kontakt

* **Besucht** ein Kunde einen Onlineshop lediglich, dürfen die Daten des Nutzers nur in anonymisierter Form gespeichert werden.
* **Bestelldaten** (Name, Adresse usw.) dürfen ohne Zustimmung des Kunden verwendet werden, aber ausschließlich für die Abwicklung der Bestellung.
* **Darüber hinausgehende Verwendungen** (z. B. die Zusendung von Newslettern) erfordern ein **ausdrückliches Einverständnis** des Kunden. Gibt der Kunde sein Einverständnis, muss er gleichzeitig darauf hingewiesen werden, dass er seine Einwilligung jederzeit widerrufen kann.

☐ Ja, ich möchte über Angebote und Gutscheine per E-Mail informiert werden.
Abmeldung jederzeit möglich.

Beispiel

Datenschutzerklärung (gekürzt)

Sie können diese Website auch besuchen, ohne Angaben zu Ihrer Person zu machen. Wir speichern lediglich Zugriffsdaten ohne Personenbezug. Erfasst werden im Wesentlichen Datum und Uhrzeit und der Browsertyp sowie die von Ihnen betrachteten Seiten. (...)

Die personenbezogenen Daten, die Sie uns z. B. bei einer Bestellung oder per E-Mail mitteilen (z. B. Ihr Name und Ihre Adresse, Ihre E-Mail-Adresse oder Ihr Geburtsdatum), verwenden wir ohne Ihre gesonderte Einwilligung ausschließlich zur Erfüllung und Abwicklung Ihrer Bestellung. (...)

Wir versichern, dass Ihre personenbezogenen Daten im Übrigen nicht an Dritte weitergegeben werden, es sei denn, dass wir dazu gesetzlich verpflichtet wären oder Sie vorher Ihre Zustimmung gegeben haben. (...)

5.6 Bestellablauf

Nachdem die rechtlichen Fragen zum Onlineshop geklärt sind, kann man sich den Bestellprozess als Ganzes anschauen.

In einem erfolgreichen Onlineshop kann sich der Kunde auf einfache Weise und nach logischen Gesichtspunkten durch den Bestellvorgang bewegen. Dies schafft Sicherheit für den Kunden und Vertrauen in den Onlineshop.

Im Regelfall wird dem Kunden der Bestellprozess durch Schaltflächen sichtbar gemacht:

Beispiel

1. Warenkatalog	2. Warenkorb	usw.		

Nachfolgend wird ein Bestellablauf dargestellt, wie er heute üblich ist.

Schritte	Beschreibung
Produkt(e) wählen und im Warenkorb ablegen	Der Kunde sucht die gewünschten Produkte im Warenkatalog und informiert sich über Produktdetails. Anschließend wählt er Artikel und Anzahl aus und legt sie per Klick in den Warenkorb. Die Artikel im Warenkorb müssen jederzeit und ohne Schwierigkeiten wieder entfernt oder geändert werden können (siehe nebenstehenden Warenkorb). 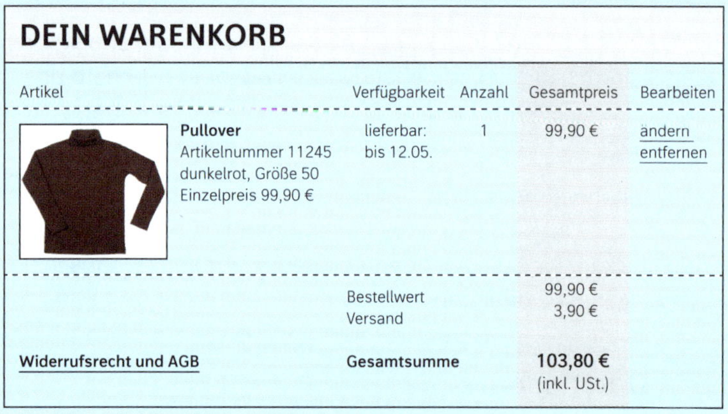
Zur Kasse gehen	Angemeldete Kunden gelangen sofort zur Kasse. Neukunden müssen sich zunächst registrieren, indem sie ihre Anmeldedaten (z. B. Lieferanschrift, Telefon, E-Mail-Adresse, Bankverbindungen usw.) in ein Formular eingeben.
Versand-bedingungen	Hier entscheidet der Kunde, an welche Anschrift geliefert werden soll. Wohn- und Lieferanschrift können durchaus unterschiedlich sein. Außerdem wird der Kunde über die Art (z. B. durch einen bestimmten Paketdienstleister) und die Kosten des Versandes informiert.
Zahlungs-bedingungen	Der Kunde kann i. d. R. zwischen verschiedenen Zahlungsverfahren wählen. Bestimmte Verfahren (z. B. per Kreditkarte) verlangen die Eingabe weiterer Daten, um den Zahlungsablauf sicherzustellen.
Wiederrufs-belehrung und AGB	Der Besucher erhält die Möglichkeit, sich über die Widerrufsbelehrung und die Allgemeinen Geschäftsbedingungen des Shop-Betreibers zu informieren. Dies kann auch bereits im Warenkorb passieren (siehe Abbildung oben).

Schritte	Beschreibung
Bestellung	Der Kunde schickt nun die Bestellung ab. Geschieht dies über eine Schaltfläche (Button), muss diese gut lesbar und z. B. mit dem Text „**zahlungspflichtig bestellen**" beschriftet sein. Damit liegt eine erste Willenserklärung vor. Vorher werden dem Kunden häufig die Bestelldaten noch einmal übersichtlich vor Augen geführt und eine Korrekturmöglichkeit eingeräumt.
Eingangsbestätigung	Gewöhnlich erhält der Kunde eine E-Mail, in der der **Eingang** der Bestellung bestätigt wird. Mit der E-Mail werden ihm noch einmal gesondert die Widerrufsbelehrung und die Allgemeinen Geschäftsbedingungen übersandt. Dies geschieht, weil der Kunde diese Informationen vor Abschluss des Kaufvertrages erhalten muss.
Bestellungsannahme	In einer Mail nimmt der Shop-Betreiber die Bestellung des Kunden an; die zweite Willenserklärung liegt vor, der **Kaufvertrag** ist zustande gekommen.

Zusammenfassung

Rechtsvorschriften		
Grundlagen:	Telemediengesetz, Fernabsatzrecht, Preisangabenverordnung, UWG, Datenschutz-Grundverordnung	
Fernabsatzvertrag:	Vertrag zwischen Verbraucher und Unternehmer, der über Fernkommunikationsmittel zustande kommt.	
Informationspflichten:		
* Produktkatalog:	* wesentliche Eigenschaften der Ware * Bruttoverkaufspreis	* erweiterte Kennzeichnungspflichten * Zahlungsbedingungen * Lieferbedingungen
* Impressum:	Vor- und Zuname, Kommunikationsdaten, USt-IdNr., Handelsregisterdaten	
* Bestellbutton:	auf die Zahlungsverpflichtung hinweisen	
* sonstige:	Widerrufsrecht, Widerrufsfolgen, AGB, Zustandekommen des Kaufvertrages	
Kaufvertrag:	Anpreisung – Bestellung – Bestelleingangsbestätigung - Bestellungsannahme	
Widerrufsrecht:	* Verbraucherrecht * Frist: 14 Tage * 14 Tage Rücksendefrist	* Rücksendekosten trägt der Käufer * 14 Tage Erstattungsfrist
AGB:	AGB vor Vertragsabschluss zur Verfügung stellen: * auf der Webseite * beim Bestell-Button * zusammen mit der Bestelleingangsbestätigung	
Datenschutz:	Datenschutzerklärung für den Kunden. Umfang der Datenerhebung:	
	* beim Besuch des Onlineshops * beim Kauf	* bei weiteren Datenverwendungen (Zustimmung erforderlich)
Bestellablauf:	Produkt → Warenkorb → Kasse → Versand → Zahlung → Widerrufsbelehrung/AGB → Bestellung → Eingangsbestätigung → Bestellungsannahme	

6 Kundenbeziehungsmanagement

6.1 Kunden binden

Kunden sind die wichtigste Grundlage für ein erfolgreiches Einzelhandelsgeschäft. Das gilt gleichermaßen für den stationären wie den Onlinehandel. Die Pflege der Kundenbeziehungen stellt daher eine der wichtigsten Aufgaben der Unternehmensführung dar. Am Anfang steht die Aufgabe, die notwendigen Daten vom Kunden zu bekommen, damit man mit ihm eine direkte Beziehung aufnehmen kann.

Beispiel

Kundendaten
* Post- und E-Mail-Adresse
* Umsätze des Kunden
* Bisher vom Kunden gekaufte Produkte (Bestellhistorie)
* Bevorzugte Ansprüche des Kunden
* Wie oft und wann zuletzt bestand Kontakt mit dem Kunden?

Kundenbeziehungsmanagement ist Teil des Marketings. Ziel ist es, die Zufriedenheit des Kunden mit dem Unternehmen zu maximieren und gegenseitiges Vertrauen zu erreichen. Das zielt letztlich darauf ab, eine möglichst große Zahl von **Stammkunden** zu gewinnen, mit denen man langfristig in Kontakt steht.

Kundenbeziehungsmanagement (Customer-Relationship-Management, CRM): Ausrichtung der unternehmerischen Aktivitäten auf den Kunden mit dem Ziel, langfristig die Kundenzufriedenheit zu erhöhen und das Vertrauen des Kunden in das Einzelhandelsunternehmen zu stärken

Mithilfe moderner Computerprogramme, u. a. mit einem Warenwirtschaftssystem, können Kundendaten heute in einem Einzelhandelsunternehmen zentral erfasst und für die verschiedenen Einsatzgebiete aufbereitet werden.

Der Schwerpunkt von CRM ist die Pflege der Beziehungen zu den **vorhandenen** Kunden. Dahinter steht die Überlegung, dass es weniger aufwendig ist, seine Stammkunden zu halten als einen Neukunden zu gewinnen.

Es ist einfacher und kostengünstiger, einen Stammkunden zu halten, als einen Neukunden zu gewinnen.

6.2 Bisherige Maßnahmen zur Kundenbindung

In vielen Lernfeldern stand die Bindung des Kunden an das Geschäft bereits im Vordergrund. Diese Maßnahmen sollen im Folgenden kurz vorgestellt werden.

Thema	Erläuterungen
Lernfeld 2	
Anspruchsgerechte Verkaufsargumentation	In der Verkaufsargumentation bemühen sich Verkaufsmitarbeiter, dem Kunden Waren vorzulegen, die seinen Vorstellungen entsprechen und die für ihn den Nutzen aufweisen, den er vom Produkt erwartet. Eine gelungene Verkaufsargumentation ist geeignet, dem Kunden ein positives Einkaufserlebnis zu verschaffen und ihn damit dauerhaft an das Geschäft zu binden. Dazu gehört aber auch das gesamte kundenfreundliche Verkaufsgespräch mit seinen vielen Gesichtspunkten. Beispiel **Kundenbindung** * Sich Kundennamen merken * Kunden persönlich ansprechen * Kundenbezogen argumentieren
Lernfeld 3	
Serviceangebote an der Kasse	Viele Geschäfte bieten Serviceleistungen an wie Geschenkverpackung, Warenzustellung zum Kunden, Auswahlsendungen oder Bestellungen, die für Kunden ausgeführt werden. Dieser Service macht den Kunden deutlich, dass das Geschäft auch die Wünsche des Kunden erfüllen möchte, die über den Kauf von Produkten hinausgehen. Das stärkt die Bindung zwischen Kunden und Einzelhandelsgeschäft.
Kundenkarten und Gutscheine, Bonusprogramme, z. B. Payback	Kundenkarten signalisieren dem Kunden, dass er bevorzugt behandelt wird. Das schafft ein enges Band zum Kunden. Gleichzeitig können die Einkäufe des Kunden über die Kundenkarte erfasst und für das Kundenbeziehungsmanagement ausgewertet werden (Bonusprogramm). Auch über die Ausgabe von Gutscheinen wollen Einzelhändler Kunden an sich binden.
Lernfeld 5	
Direktwerbung	Direktwerbung zielt auf eine individuelle Kommunikation mit dem Kunden. Je genauer die Ansprüche des Kunden erfasst worden sind, desto gezielter kann der Einzelhändler den Kunden ansprechen. Direktwerbung ist ein typisches Mittel im Kundenbeziehungsmanagement.

Serviceleistungen	Gerade der stationäre Einzelhandel ist darauf angewiesen, seine Kunden mit Serviceleistungen langfristig an sich zu binden. *Beispiel* Bestehende Kunden durch weitergehende Serviceleistungen binden.
Couponing	Durch Gutscheine (Coupons) erhalten Kunden Vergünstigungen (Rabatte, Punkte) und werden dadurch an das Geschäft gebunden.
Lernfeld 10	
Reklamationen	Fehlerhafte Waren oder falsche Beratungen stören das Verhältnis zum Kunden. Der Einzelhändler muss sich dann bemühen, die gestörte Beziehung zum Kunden wieder zu stabilisieren und das alte Vertrauensverhältnis zurückzugewinnen. Hierzu dient eine großzügige Behandlung von Kundenreklamationen.
Click & Collect, Click & Reserve, Online-/Offline-retouren, digitale Betreuung	Die enge Verzahnung der Verkaufskanäle stationäres Geschäft und Onlineshop sichert die ständige Bereitschaft des Geschäftes für die Bestellungen der Kunden. Der Kunde erfährt eine Rundumbetreuung mit äußerst positiver Auswirkung auf die Kundenbindung. Die Kundenaktivitäten lassen sich gut für das CRM speichern und auswerten.
Lernfeld 12	
Onlineshop	Der Onlineshop ist heute die wichtigste Grundlage für ein Kundenbindungsmanagement. Über den Onlineshop fallen die meisten Kundendaten an. Außerdem liegen sie elektronisch vor, sodass sie sich durch CRM-Programme besonders leicht auswerten lassen.
E-Mail-Marketing/ Newsletter/ Kundenbriefe/ Kundenzeitschriften	E-Mails an Kunden (auch in regelmäßiger Form als Newsletter) sind eine besonders einfache und kostengünstige Methode, Kontakt mit Kunden aufzunehmen und in einen direkten Dialog mit ihnen zu treten. Die klassischen Medien (Kundenbriefe, -Zeitschriften) habe noch immer ihre Bedeutung für die Kundenpflege.
Public Relations/ Sponsoring	Public-Relations-Maßnahmen setzen Unternehmen in ein positives Licht. Das gilt auch für das Sponsoring. Besonders wirksam sind Maßnahmen mit **Event**-Charakter. *Beispiel* * Durchführung eines Grillkurses mit einem prominenten Grillmeister * Finanzielle Unterstützung eines regional bedeutsamen Sportereignisses
Beschwerdemanagement	Es gelten die gleichen Aussagen wie oben zum Reklamationsverhalten.

6.3 Shop-Funktionen zur Kundenbindung

Um die Bindung des Kunden an einen Onlineshop zu erhöhen und auch, um die Vertrauensbasis zu stärken, ist es sinnvoll, nicht nur Produkte anzubieten, sondern den Kunden Kommunikationsmöglichkeiten zur Verfügung zu stellen. Dabei handelt es sich um Plattformen, die vom Shop-Betreiber eingerichtet, aber von den Kunden/Nutzern mit Inhalten gefüllt werden.

Kundenbewertungen	Kunden erhalten im Onlineshop Gelegenheit, den Shop selbst oder gekaufte Produkte zu bewerten. Häufig wird eine Skala (z. B. Sterne von 1 bis 5) zur Verfügung gestellt und zum Kommentieren aufgefordert. **Letzte Kundenbewertung:** 05.03.20(0) um 12:15 Hat alles super geklappt. Immer wieder gerne. Vielen Dank! **>>Alle Bewertungen anzeigen** **Produktbewertungen:** Die meisten Kunden informieren sich vor ihrer Kaufentscheidung über die Bewertungen anderer Kunden. Vielfach entschließen sie sich erst durch eine positive Bewertung zum Kauf. Onlinehändler können daher ihren Umsatz steigern, wenn Sie es Kunden ermöglichen, im Shop eine Bewertung durchzuführen. Kunden bevorzugen Shops, die Bewertungen enthalten. Kundenbewertungen steigern auch das Vertrauen in einen Onlineshop und sie geben neuen Kunden Sicherheit bei ihrer Kaufentscheidung.

Negative Produktbewertungen müssen dem Verkauf eines Produktes nicht schaden, weil Kunden gegenüber rein positiven Bewertungen misstrauisch sind. Sie vermuten in diesem Fall Fälschungen. Der Onlinehändler sollte negativen Bewertung stehen lassen, sie aber mit freundlichen Worten beantworten.

Shop-Bewertungen: Der Onlinehändler sollte den Kunden am Ende des Kaufprozesses Gelegenheit geben, den Shop zu bewerten.

Beispiel **Bewertungsgesichtspunkte**

* Auffindbarkeit und Darstellung der Produkte
* Auswahl an Zahlungsarten
* Nutzerfreundlichkeit

Durch die Bewertungen erhält der Shop-Betreiber wertvolle Hinweise auf Schwächen in seinem Shop, die er dann gezielt abstellen kann. Shops mit Bewertungen werden außerdem von den Suchmaschinen positiv eingeschätzt.

Links zu sozialen Medien

Facebook
WhatsApp
Twitter u. a.

Soziale Medien sind besonders geeignet, eine enge und langfristige Bindung zu den Kunden herzustellen. Sie können direkt über Netzwerke wie Facebook oder Twitter angesprochen werden. Im besten Fall kommt es zu einem regen Austausch mit den Kunden. Auch Kunden untereinander können in Kontakt treten, Kaufentscheidungen weiter verbreiten (teilen) und Produkte oder den Shop bewerten. Über geschlossene Nutzerkreise können bestimmte Kunden auch gezielt ausgewählt und mit speziellen Angeboten angesprochen werden.

Kein anderes Medium hat eine solch intensive Auswirkung auf die Kundenbindung wie die sozialen Medien. Sie sprechen in besonderem Maße die Kommunikationsgewohnheiten der heutigen Kunden an.

In den Netzwerken müssen allerdings auch die Unternehmensseiten aufgebaut und betreut werden. Die Kontaktpflege mit den Nutzern ist aufwendig.

Newsletter

Elektronische Rundschreiben, mit denen Unternehmen ihre Kunden per E-Mail informieren. Ein Onlineshop nutzt Newsletter, um die Kunden auf neue Produkte oder Sonderangebote aufmerksam zu machen. Der E-Mail-Versand ist technisch einfach und kostengünstig.

Preisvergleichsportale (Preissuchmaschinen)

Ein Preisvergleichsportal ist eine Webseite, auf der man zu einem gesuchten Produkt Angebote verschiedener Onlineshops findet. Dadurch lassen sich die Preise der Anbieter vergleichen. Das Portal selbst ist kein Shop, sondern stellt nur die Links zu den Onlineshops zur Verfügung. Onlineshops wenden sich aktiv an diese Preisvergleichsportale und stellen ihre Produkte dort ein.

Preisgleichsportale (Beispiele)
www.billiger.de
www.guenstiger.de
www.idealo.de
www.geizhals.de
www.preisvergleich.de

Die Portale finanzieren sich durch Werbung und durch Provisionen, die die beteiligten Onlineshops bezahlen müssen. Gewöhnlich wird per Click abgerechnet (**Pay-per-Click**).

Da heute Kaufentscheidungen häufig über diese Portale angebahnt werden, ist es für Onlinehändler fast unumgänglich, auf diesen Portalen vertreten zu sein. Allerdings eigenen sich nicht alle Produkte für eine Preissuchmaschine. Niedrigpreisige Produkte, die in starkem Preiswettbewerb stehen, lassen sich häufig nicht gewinnbringend über ein Portal vermarkten.

Kunden schätzen die Preisvergleichsportale, weil sie sich schnell einen guten Marktüberblick verschaffen können und so Sicherheit für ihre Kaufentscheidung gewinnen. Letztlich stärkt die Beteiligung an einem Portal auch das Vertrauen in den Onlineshop, nämlich als Belohnung für den Mut, sich dem Wettbewerb zu stellen.

Gütesiegel

Onlinehändler können ihren Shop von unabhängigen Dienstleistern prüfen lassen. Die Prüfung bezieht sich

* auf die technischen Abläufe des Shops und
* auf die Rechtssicherheit.

Gütesiegelanbieter (Beispiele)

* Trusted Shop
* EHI Geprüfter Onlineshop
* TÜV Süd Safer Shopping

Erfüllt der Shop alle Anforderungen des Dienstleisters, erhält er ein Gütesiegel (Zertifikat) und kann damit werben. Der Shop wird laufend überwacht und muss für diese Leistung auch bezahlen.

Für zwei Drittel aller Onlinekäufer ist eine solche Zertifizierung für die Kaufentscheidung bedeutsam. Sie gibt dem Käufer Sicherheit vor Einkaufsfallen („**Fake-Shops**") und stärkt gleichzeitig das Vertrauen in den Shop. Im Einzelfall gewährt der Dienstleister dem Kunden sogar einen besonderen Schutz vor Lieferausfällen.

Kontakt-möglichkeiten	Onlinehändler, die den Kunden die Kontaktaufnahme per Telefon und E-Mail ermöglichen, stärken das Vertrauen der Kunden in den Shop. Ein Anruf darf aber nicht zu langen Warteschleifen und Vertröstungen führen. Auch E-Mails müssen schnell beantwortet werden. Der Aufwand für den Einzelhändler ist entsprechend groß.

Preisvergleichsportale (Preissuchmaschinen): Webseiten, auf denen man gezielt nach Produkten suchen und deren Preise bei verschiedenen Anbietern vergleichen kann

Gütesiegel: Bescheinigung (Zertifikat), dass ein Onlineshop bestimmte rechtliche und technische Anforderungen erfüllt

Zusammenfassung

Kundenbeziehungsmanagement

Definition:	Aktivitäten zur langfristigen Erhöhung von Kundenzufriedenheit und Kundenvertrauen	
Maßnahmen:	* Verkaufsargumentation * Serviceangebote (Kasse) * Kundenkarten/Gutscheine * Direktwerbung * Serviceleistungen (Betrieb) * Couponing	* Reklamationsbehandlung * Click & Collect/Reserve u. dgl. * Onlineshop * E-Mail-Marketing * Public Relations/Sponsoring * Beschwerdemanagement
Shop-Funktionen:		
* Kundenbewertungen:	* zum Produkt: Fördern den Umsatz und das Vertrauen in den Shop * zum Shop: Informationsgewinnung zur Optimierung des Shops	
* Links zu sozialen Medien (Facebook u. a.):	* besonders geeignet, Kunden eng und langfristig zu binden * gezielte Kundenansprache * Kundenkontakte untereinander	
* Newsletter:	technische einfache und kostengünstige Methode, um Kunden direkt anzusprechen	
* Preisvergleichsportale:	Webseiten, auf denen man gezielt nach Produkten suchen und deren Preise bei verschiedenen Anbietern vergleichen kann.	
* Gütesiegel:	Bescheinigung, dass ein Onlineshop bestimmte rechtliche und technische Anforderungen erfüllt.	
* Kontaktmöglichkeiten	Kontaktangebot für Kunden, z. B. per Telefon und E-Mail	

7 Shop-Controlling

Es kostet oft sehr viel Geld, einen Onlineshop einzurichten und zu betreiben. Daher ist es wichtig, regelmäßig den Erfolg des Shops festzustellen. Das ist Aufgabe des Shop-Controllings. Unter Controlling versteht man die Steuerung eines Unternehmens mithilfe von Kennzahlen.

Nachfolgend werden die wichtigsten Kennzahlen vorgestellt, mit denen sich feststellen lässt, wo sich Schwachstellen im Shop befinden und welches Betriebsergebnis der Shop erbringt.

Controlling: Steuerung eines Unternehmens mithilfe von Kennzahlen

Ein Onlineshop ist letztlich ein Versandhandelsunternehmen, für das die gleichen Kennzahlen gelten wie für ein stationäres Geschäft (z. B. Umsatz, Rohergebnis, Durchschnittsbon). Der Einkaufsprozess läuft aber in einem Onlineshop anders ab als im Geschäft. Daher gibt es für den Shop auch spezielle Kennzahlen.

7.1 Konversionsrate

Die Konversionsrate bringt allgemein zum Ausdruck, wie viele Klicks eines Besuchers zu einer Aktion geführt haben. Dies soll am Beispiel eines Onlineshops deutlich gemacht werden, beginnend mit dem Klick auf den Link, der zum Onlineshop führt.

Die Konversionsrate zeigt dann, wie viele Besucher des Webshops zu Kunden werden, die Umsatz bringen.

Konversionsrate: Verhältnis von eingehenden Bestellungen zur Zahl der Besucher

Man spricht auch von einem **Konversionstrichter**, weil sich die große Zahl der Besucher schrittweise zur kleinen Zahl der Besteller verengt.

Es bestehen zwei Berechnungsmöglichkeiten:

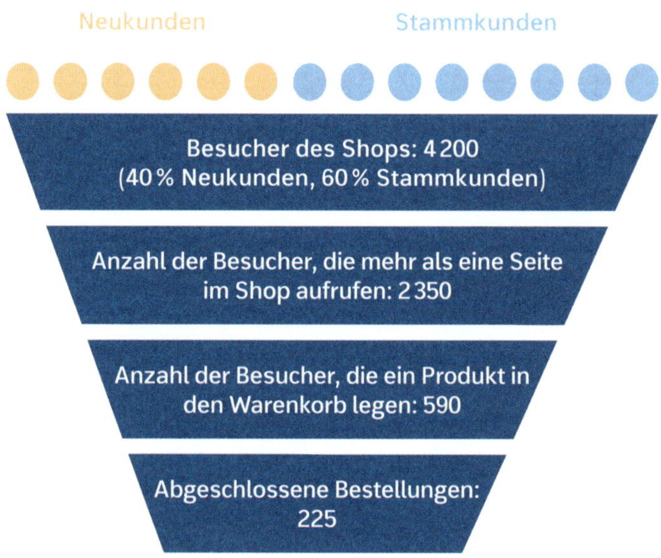

■ Gesamtbetrachtung

Es wird die Zahl der Bestellungen der Zahl der Besucher (z. B. pro Woche/Monat/Jahr) gegenübergestellt.

$$\text{Konversionsrate gesamt} = \frac{\text{Bestellungen} \cdot 100}{\text{Besucher}}$$

$$\text{Konversionsrate gesamt} = \frac{225 \cdot 100}{4\,200} = 5{,}36\ \%$$

Die durchschnittliche globale Konversionsrate liegt bei 1–2 %; gute Onlineshops schaffen 10 % und mehr.

■ Schrittweise Betrachtung

Hier wird der genaue Weg betrachtet, den der Besucher im Onlineshop zurücklegt.

Mehrfach-Seitenaufruf	Wie viele Besucher haben mehr als eine Seite des Onlineshops aufgesucht (ausgedrückt in Prozent)? $\text{Mehrfach-Seitenaufruf} = \frac{\text{Mehrfach-Seitenaufrufe} \cdot 100}{\text{Besucher}}$ $\text{Mehrfach-Seitenaufruf} = \frac{2\,350 \cdot 100}{4\,200} = 55{,}95\ \%$
Warenkorbeinlage	Wie viele der Kunden, die mehr als eine Seite aufgerufen haben (2 350), legen auch ein Produkt in den Warenkorb (in Prozent)? $\text{Warenkorbeinlage} = \frac{\text{Warenkorbeinlage} \cdot 100}{\text{Mehrfach-Seitenaufrufe}}$ $\text{Warenkorbeinlage} = \frac{590 \cdot 100}{2.350} = 25{,}11\ \%$
Bestellungen	Wie viele der Kunden, die ein Produkt in den Warenkorb eingelegt haben (590), schicken auch die Bestellung ab (in Prozent)? $\text{Bestellungen} = \frac{\text{Bestellungen} \cdot 100}{\text{Warenkorbeinlage}}$ $\text{Bestellungen} = \frac{225 \cdot 100}{590} = \mathbf{38{,}14\ \%}$

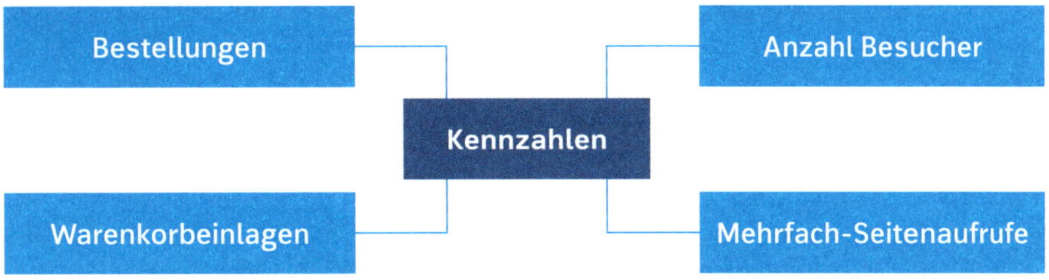

▪ Retourenquote

Die Rücksende- oder Retourenquote gibt an, wie viele Sendungen von den erledigten Aufträgen (Bestellungen) zurückgeschickt worden sind. Da Retouren Kosten verursachen, vor allem weil die zurückgeschickte Ware häufig aufgrund von Gebrauchsspuren und Beschädigungen nicht mehr verkauft werden kann, ist eine niedrige Retourenquote für den Erfolg eines Onlineshops wichtig.

Retouren siehe Seite 115

Berechnung

Bestellungen: 12 400

Rücksendungen: 992

$$\text{Retourenquote} = \frac{\text{Rücksendungen} \cdot 100}{\text{Bestellungen}} = \frac{992 \cdot 100}{12\,400} = \mathbf{8\ \%}$$

7.2 Formularanalyse

Die Konversionsrate zeigt lediglich, wie viele Besucher zu Kunden werden (evtl. auch noch die Zwischenschritte). Die Frage, an welcher Stelle ein Besucher den Shop verlässt und warum, kann damit noch nicht beantwortet werden. Vielleicht wollte sich der Besucher nur ein wenig umschauen, wie das im stationären Einzelhandel auch vorkommt. In diesem Fall kann man nur hoffen, dass der Besucher bei Gelegenheit wieder vorbeischaut und dann tatsächlich kauft.

Es gibt allerdings im Onlinehandel eine Besonderheit, die beim Einkauf in einem Einzelhandelsgeschäft nicht vorkommt: Der Bestellvorgang am Computer ist für viele Menschen schwierig, weil sie technische Probleme haben. Die Formulare, in die ein Kunde seine Daten einzutragen hat (Warenkorb, Adressdaten usw.), können so komplex aufgebaut sein, dass selbst ein geübter PC-Benutzer in Schwierigkeiten kommt und den Shop verlässt.

Um diesem Problem auf die Spur zu kommen, gibt es **Analyseprogramme**, die das Nutzerverhalten beim Ausfüllen der Formulare genau darstellen können.

Abbruchbericht (Drop-Report)

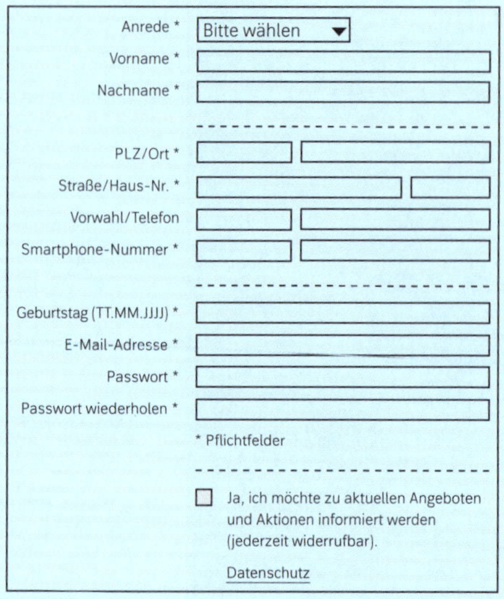

Dieser Bericht gibt zu jedem Formular-Feld eine Abbruchquote in Prozent an. Das heißt im Beispiel rechts: 8 % der Besucher haben das Feld „Vorwahl/Telefon" nicht ausgefüllt und die weitere Eingabe im Formular abgebrochen (siehe Drop-Report unten). Da es kein Pflichtfeld ist (ohne Sternchen) hätten die Besucher das Feld auch überspringen können. Sie haben aber viel schärfer reagiert und sich aus dem Formular zurückgezogen. Offensichtlich haben die Besucher Probleme, das Feld auszufüllen oder sie wollen ihre Telefonnummer nicht hinterlegen. Problematisch ist auch das Feld „Geburtstag" (Abbruchquote 4 %). Weil es ein Pflichtfeld ist, kann der Besucher es nicht unausgefüllt lassen. Das führt zwangsläufig zu einem nicht ordnungsgemäßen Ausfüllen des Formulars und damit zum Abbruch.

Im Feld „Passwort wiederholen" haben einige Besucher offensichtlich Schwierigkeiten, ihr Passwort ein zweites Mal korrekt einzugeben.

Der Shop-Betreiber muss sich überlegen, wie er die problematischen Felder „entschärfen" kann, damit der Besucher seine Eingaben fortsetzt, denn er steht unmittelbar vor dem Abschicken der Bestellung.

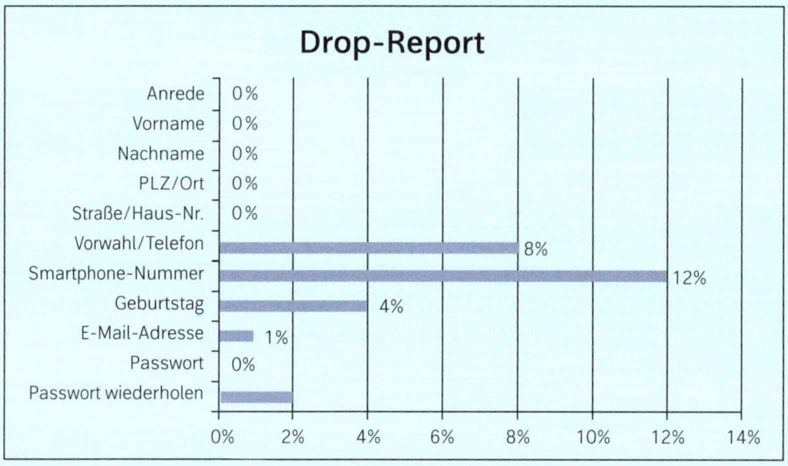

Zeitbericht (Time-Report)

Hier wird festgestellt, wie viel Zeit der Besucher benötigt, um die einzelnen Felder auszufüllen. Eine lange Verweildauer im Feld deutet auf Unklarheiten oder Schwierigkeiten beim Ausfüllen hin.

Leere-Felder-Bericht (Blank-Field-Report)

Er gibt Auskunft darüber, welche Felder des abgeschickten Formulars der Besucher frei gelassen hat. Häufig ist das ein Hinweis, dass Besucher diese Felder nicht ausfüllen wollen. Es ist daher zu fragen, ob sie überhaupt notwendig sind.

Wiederholungsbericht (Refill-Bericht)

Der Bericht gibt an, wie oft Besucher das Formular erneut ausfüllen, nachdem sie vergeblich versucht haben, das Formular abzusenden. Die Ursache liegt hier oft in technischen Problemen der Software, die auch korrekt ausgefüllte Formulare als fehlerhaft einstuft und ignoriert.

tracking = (engl.) verfolgen

■ Maus-Tracking

Einem Onlineshop-Betreiber stehen auch Werkzeuge zur Verfügung, mit denen er genau verfolgen kann, welchen Weg die Maus eines Benutzers nimmt.

Beispiel

* Auf welche Bereiche klickt der Besucher?
* An welchen Stellen verweilt der Besucher mit seiner Maus besonders lange?
* Wo wird schnell weitergeklickt?

Der Shop-Betreiber sieht dadurch, welche Teile seines Shops für Besucher interessant sind und welche attraktiver gemacht werden sollten.

7.3 Finanzkennzahlen

Hier werden Kennzahlen betrachtet, die in der Kosten- und Leistungsrechnung eines jeden Einzelhandelsgeschäftes von Bedeutung sind.

Bruttoumsatz	Onlineshops mit Auswertungsmodulen liefern jederzeit Daten über den Bruttoumsatz des Shops insgesamt und jedes Kunden.
Durchschnittsbon	Betrag, den ein Kunde durchschnittlich bei jedem Einkauf ausgibt. Man spricht auch vom **Umsatz pro Warenkorb**. In diesem Zusammenhang ist auch die **Anzahl der Artikel** pro Warenkorb interessant.
Rohergebnis	Wird von den Nettoumsätzen des Shops der Wareneinsatz (Einkaufspreise der verkauften Produkte) abgezogen, erhält man das Rohergebnis aus dem Shop-Umsatz.

7.4 Erfolgsfaktoren für den Onlineshop

Was macht einen Onlineshop erfolgreich? Es gibt keine Patentrezepte. Die Chancen, einen erfolgreichen Onlineshop zu betreiben, steigen allerdings, wenn man folgende Gesichtspunkte beachtet:

Erfolgsfaktoren	Erläuterungen
Zielgruppenbezogenes Sortiment/gelungene Produktdarstellung	* Ein Nischenanbieter hat bessere Chancen als ein Allesanbieter. * Bilder werten Produkte auf und steigern die Kaufbereitschaft des Shop-Besuchers.
Benutzerfreundlichkeit	Der Kunde will bequem einkaufen und sich im Shop leicht zurechtfinden. Eine leistungsstarke Suchfunktion erleichtert es ihm, die gewünschten Produkte zu finden. Der Bestellvorgang sollte für den Kunden gut überschaubar sein. Ein übersichtlicher Warenkorb, der jederzeit geändert werden kann und frühzeitig über den Inhalt sowie den Endpreis informiert, ist besonders wichtig. Der Besucher muss sofort erkennen, ob die Ware verfügbar ist und wann sie geliefert wird.
Guter Service	Kundenberatung durch umfangreiche Produktbeschreibungen, telefonische Erreichbarkeit
Niedrige Versandkosten	Hohe Versandkosten dürfen einen günstigen Produktpreis nicht infrage stellen.
Hohe Sicherheit	Kundendaten und Kreditkarteninformationen müssen verschlüsselt werden.
Hohe Geschwindigkeit	Onlinehandel lebt von kurzen Lieferzeiten.
Datenschutz	Kundendaten nur nach gesetzlichen Vorgaben verwenden. Nur die nötigsten (verkaufsbedeutsamen) Daten abfragen.
Kundenfreundliche Zahlungsverfahren	Wer mehrere Zahlungsarten anbietet, stärkt das Vertrauen der Kunden.
Unterstützung durch Marketing	Der Shop muss von den Suchmaschinen (z. B. Google) gefunden werden. Suchmaschinenoptimierung (SEO, Search Engine Optimization) ist notwendig.
Kundenbindung	Kontakt zum Kunden halten, kleine Geschenke (oder einen Gutschein) dazugeben, Kundenbefragungen durchführen
Rechtssicherheit	Preisangaben, Produktbeschreibungen, Widerrufsbelehrung, Allgemeine Geschäftsbedingungen und Impressum müssen rechtlich einwandfrei sein.

7.5 Bewertung von Onlineshops

Jeder Einzelhändler kann seinen Onlineshop nach eigenen Vorstellungen gestalten. Da die Software aber vielfach eingekauft wird, ähneln sich die Shops der unterschiedlichen Anbieter. Trotzdem gibt es einheitliche Gesichtspunkte, mit denen man die Qualität eines Shops bewerten kann.

Nachfolgend werden die wichtigsten Kriterien vorgestellt, die zu einer Shop-Bewertung herangezogen werden können.

Beurteilungsgesichtspunkte für die Gestaltung eines Onlineshops

Startseite
1. Klarer Seitenaufbau ohne Überfrachtung?
2. Ansprechende farbliche Gestaltung mit Produktabbildungen?
3. Wird man auf das Angebot neugierig gemacht?
4. Ist der Anbieter deutlich erkennbar (Impressum, „Wir über uns")?

Produktsuche
5. Ist die Suchfunktion auf der Startseite im Blickfeld des Betrachters?
6. Wird das Sortiment sinnvoll aufgeteilt (durch Warengruppen)?
7. Werden Filter angeboten, um die Zahl der Treffer einzuschränken, z. B. nach Größe, Preis, Farbe?
8. Wird die Auswahl durch eine kurze Produkterläuterung erleichtert?

Kundenführung
9. Verständliche und einheitliche Klickwege (bei Vorwärts- und Rückwärtsnavigation)?
10. Werden passende Produkte miteinander verbunden?
11. Gibt es einen einheitlichen Seitenaufbau?

Produktinformationen
12. Einheitlicher Aufbau der Informationen?
13. Anschauliche, verkaufsaktive Erläuterung?
14. Wird der Nutzen hervorgehoben?
15. Wird ein Liefertermin genannt?
16. Werden Kundenbewertungen angeboten?

Warenkorb
17. Ist der Warenkorb von jeder Seite aus erreichbar?
18. Enthält der Warenkorb eine Kurzinformation zu den Produkten?
19. Können Artikel geändert oder gelöscht werden?
20. Gibt es eine Schaltfläche zurück zum Shop?
21. Ist die Kostenaufstellung übersichtlich?

Kasse
22. Erhält der Kunde eine Übersicht über den Bestellprozess?
23. Werden verschiedene Zahlungsmöglichkeiten angeboten?
24. Wird die Bestellung vor dem Kaufbutton noch einmal zusammengefasst?

Zusammenfassung

Shop-Controlling		
Controlling:	Steuerung eines Unternehmens mithilfe von Kennzahlen	
Konversionsrate:	* Verhältnis von eingehenden Bestellungen zur Zahl der Besucher * Besucher → Mehrfachseitenaufrufe → Warenkorbeinlagen → Bestellungen	
Formularanalyse:	* Abbruchbericht * Zeitbericht	* Leere-Felder-Bericht * Wiederholungsbericht
Finanzkennzahlen:	* Bruttoumsatz * Rohergebnis	* Durchschnittsbon (Umsatz pro Warenkorb/Anzahl Artikel pro Warenkorb)
Erfolgsfaktoren:	* zielgruppenbezogenes Sortiment * gelungene Produktdarstellung * benutzerfreundlich * guter Service * niedrige Versandkosten	* hohe Sicherheit * geschützte Kundendaten * kundenfreundliche Zahlungsverfahren * unterstützendes Marketing * rechtlich sicher
Shop-Bewertung:	* Startseite * Produktsuche * Kundenführung	* Produktinformationen * Warenkorb * Kasse

Der Onlineshop im Warenwirtschaftssystem INTWASYS

1 Einrichtung des Programms

Das Programm ist Teil des integrierten Warenwirtschaftssystems **INTWASYS**. Es kann als Unterrichtsbegleitmaterial BuchPlusWeb von der Webseite des Bildungsverlags EINS abgerufen werden. Es liegt in gezippter Form vor. Nach dem Entzippen kann das Programm auf dem Desktop oder in einem Verzeichnis zur Verfügung gestellt werden.

2 Start von INTWASYS

Das Verzeichnis INTWASYS enthält nebenstehende Unterverzeichnisse und das eigentliche Programm INTWASYS

* **Benutzer:** Leeres Verzeichnis, das die Arbeitsergebnisse des Programmanwenders aufnimmt.
* **Daten:** Es enthält die Datensätze für die einzelnen Lernsituationen.
* **INTWASYS Libs, INTWASYS Resources, Voreinstellungen:** Systemdateien, die vom Programm verwendet werden.
* **INTWASYS.exe** (oder je nach Einstellung des Computers nur INTWASYS): Programmdatei für das Warenwirtschaftssystem.

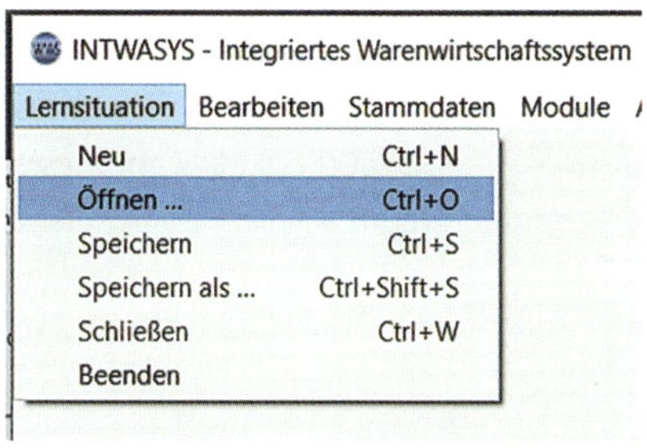

Das Programm wird durch einen Doppelklick gestartet. Es erscheint das Eröffnungsbild von INTWASYS (siehe oben).

Klickt man auf den Menüpunkt „Lernsituation“, öffnet sich das Verzeichnis „Daten“ und man kann den gewünschten Datensatz auswählen. Für die Arbeit mit dem Onlineshop benötigt man den Datensatz

WWS 3 Lernsituation 1 Onlineshop Arbeitsauftrag

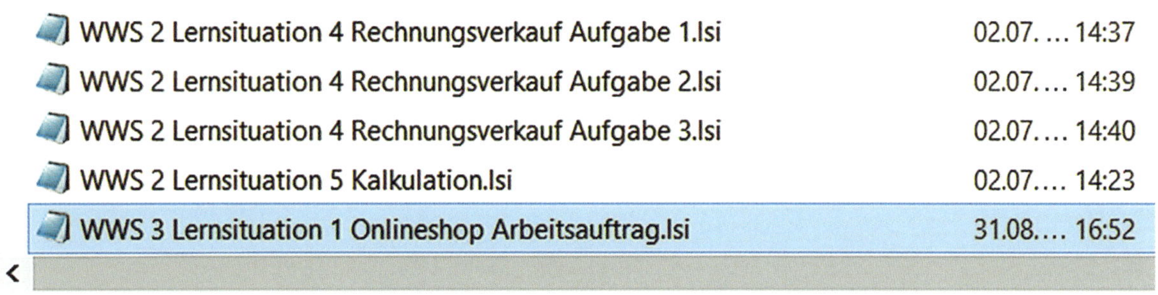

3 Eingabe von Daten für den Onlineshop

Siehe Lernsituationen 1–7, beginnend ab Seite 46

In den nachfolgend vorgestellten Menüs können die Entscheidungen zur Einrichtung eines Onlineshops aus den Lernsituationen umgesetzt werden.

3.1 Unternehmensstammdaten

Über den Pfad

STAMMDATEN – UNTERNEHMEN

kann man den Reiter „Onlineshop" anklicken (siehe nebenstehend).

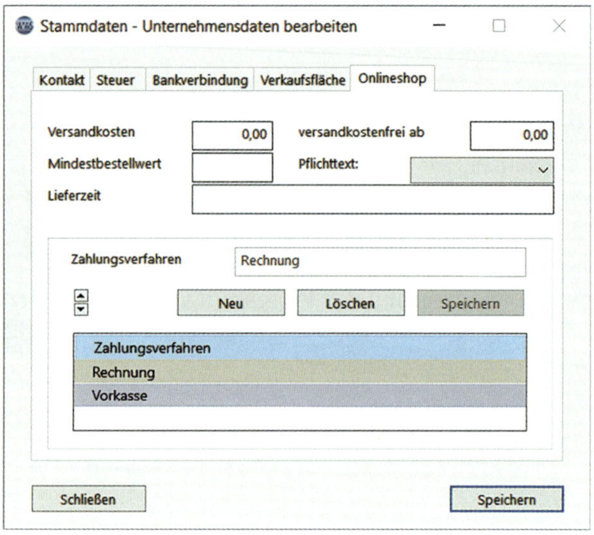

In dieser Maske können die wesentlichen Daten für den Onlineshop eingetragen werden.

* **Versandkosten**
  Das Feld nimmt die Versandkosten auf, die der Kunde im Shop für eine Sendung zu bezahlen hat, z. B. 5,00 €
* **versandkostenfrei ab**
  Hier wird festgelegt, ab welchem Einkaufsbetrag der Kunde eine versandkostenfreie Lieferung erhält.
* **Mindestbestellwert**
  Der Betrag, der hier eingetragen wird, muss vom Kunden bei seinen Bestellungen mindestens erreicht werden.

Siehe Informationspflichten, Seite 126

* **Pflichttexte**
  Ein Onlinehändler hat die Käufer in seinem Shop über verschiedene rechtliche Sachverhalte zu informieren. An dieser Stelle können die Texte aufgerufen und bei Bedarf an verän derte rechtliche Anforderungen angepasst werden. Diese Änderungen werden dann im Onlineshop wirksam.

* **Lieferzeit**
  Der Einzelhändler informiert den Kunden über den Zeitraum, in dem der Kunde mit der Lieferung seiner bestellten Waren rechnen kann, z. B. 4–5 Tage. Diese Lieferzeit gilt für alle Produkte im Onlineshop einheitlich.
* **Zahlungsverfahren**
  Voreingestellt sind Rechnung und Vorkasse. Diese Eintragungen können gelöscht, verändert und ergänzt werden.

Beispiel

Button „Neu" anklicken, ein Zahlungsverfahren in das Feld eintragen. Durch „Speichern" wird das Verfahren in der Liste unten ergänzt.

Mit den beiden Pfeilen lässt sich die Reihenfolge der Eintragungen verändern.

3.2 Artikelstammdaten

Über den Pfad

STAMMDATEN – ARTIKEL

kommt man zu den Artikelstammdaten. Wie bei den Unternehmensstammdaten werden auch hier die Einstellungen für den Onlineshop vorgenommen (siehe Bereich „**Onlineshop**“ in der Abbildung rechts.

Die Eintragungen werden vom Programm an festgelegte Positionen im Warenkatalog des Shops übertragen (siehe „Aufbau des Onlineshops“ unten).

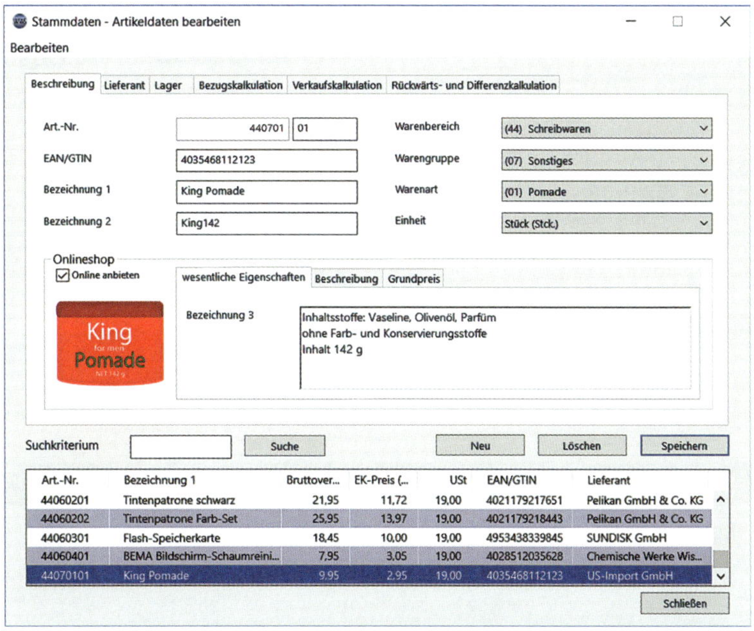

Einstellungen	Erläuterungen
wesentliche Eigenschaften (Bezeichnung 3)	z. B. Größe, Gewicht, Farbe, Inhaltsstoffe und Funktion sowie Sonderregelungen für Textilien und Lebensmittel (Textilkennzeichnungsgesetz, Lebensmittelkennzeichnungsverordnung)
Beschreibung (Detailbeschreibung)	Verkaufswirksame Produkteigenschaften werden kundenbezogen formuliert. Sie sollen den Shop-Besucher zum Kauf des Produktes veranlassen.
Grundpreis	Wenn Ware nach Gewicht, Volumen, Länge oder Fläche angeboten wird, ist der Grundpreis anzugeben. Einzugeben ist die Bezugsmenge (z. B. 100 g, 1 kg, 1 m) und der errechnete Grundpreis.
Produktabbildung	In einem Onlineshop, in dem der Kunde das Produkt nicht persönlich in Augenschein nehmen kann, ist eine Produktabbildung unumgänglich. Eine Bilddatei (z. B. im JPG- oder PNG-Format) kann einfach mit der Computermaus auf die freie Fläche unter „Online anbieten“ gezogen werden. Die Bilddatei sollte nicht geöffnet sein, sondern z. B. folgendes Format haben: BEMA Schaumreiniger.jpg
Online anbieten	Wenn hier ein Häkchen gesetzt wird, erscheint das Produkt im Warenkatalog des Onlineshops.

Siehe Informationen im Onlineshop, Seite 118 und 126

Im Shop ist bereits eine bestimmte Auswahl an Produkten aus dem Sortimentsbereich Schreibwaren/Büro enthalten.

4 Zum Onlineshop wechseln

Sind alle Eingaben erledigt, kann man in den Onlineshop wechseln. Dies geschieht über den Menüpunkt „Onlineshop“ im Ausgangsmenü (siehe Abbildung rechts).

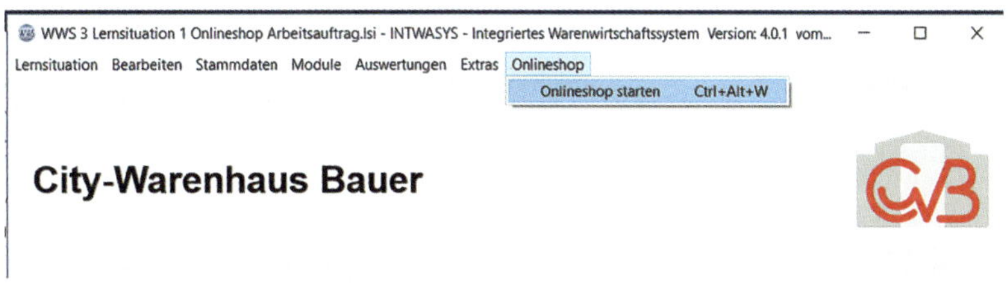

Zunächst erscheint ein Hinweis zu den technischen Besonderheiten des Shop-Zugangs. Durch Anklicken des Buttons „Onlineshop starten“ kommt man zum Shop.

4.1 Aufbau des Onlineshops

Shop-Elemente	Erläuterungen
Kopfzeile	
Anmeldung	Bereits registrierte Kunden können sich hier mit ihrem Benutzernamen und ihrem Passwort anmelden.
Registrieren	Neue Kunden müssen zunächst mit den Daten im Onlineshop erfasst werden, die für die Auftragsabwicklung notwendig sind, z. B. Anschrift, E-Mail-Adresse, aber auch Benutzername und Passwort.
Warenkorb	Der Warenkorb erfasst alle ausgewählten Produkte des Shop-Besuchers und stellt sie übersichtlich zusammen. Die Auswahl kann im Warenkorb aber noch verändert werden.
Kasse	Mit dem Schritt zur Kasse wird die Kaufentscheidung des Kunden zum Abschluss gebracht. Er entscheidet sich für ein Zahlungsverfahren und bestätigt, dass er die AGB und die Widerrufsbelehrung des Shop-Anbieters gelesen hat. Mit einem Klick auf den Button „Kostenpflichtig bestellen" gibt der Kunde eine erste Willenserklärung zum Abschluss des Kaufvertrages ab.
Onlineshop verlassen	Der Kunde verlässt den Onlineshop.
Produktübersicht	
Sortimentsbaum	Auf der linken Seite der Produktübersicht werden die Warengruppen aufgelistet, in denen Produkte angeboten werden. Dies erleichtert dem Shop-Besucher die Navigation.
Produktbeschreibungen	In der Mitte der Maske werden die angebotenen Produkte näher beschrieben: * Produktbezeichnung, Preis, Artikelnummer, Abbildung u. a. werden aus den Artikelstammdaten des Warenwirtschaftssystems übernommen. Ebenso die wesentlichen Eigenschaften („Inhaltsstoffe ..."), die kundennahe Beschreibung der Produkteigenschaften („Die traditionsreiche Pomade ...") und der Grundpreis. * Die Versandkostenregelung und die Lieferzeitangabe stammen aus den Unternehmensstammdaten.
Fußzeile	
Impressum	Erscheinungsvermerk über den Betreiber des Onlineshops.
Datenschutz	Der Kunde muss darüber informiert werden, wie der Shop-Betreiber mit den Kundendaten umgeht und welche Möglichkeiten der Kunde hat, seine Daten zu beeinflussen.
AGB	Zurverfügungstellung der Allgemeinen Geschäftsbedingungen für den Kunden.
Widerrufsbelehrung	Information des Kunden über sein Widerrufsrecht und die Folgen, die sich daraus für ihn ergeben.
Kontakt	Angabe der Kommunikationsadressen des Shop-Betreibers.

Die Fußzeilentexte sind für den Shop-Besucher auf sehr einfache Weise zu erreichen (durch Anklicken, ohne langes Suchen in tiefgehenden Verzweigungen).

4.2 Bestellablauf

1. Im Onlineshop bestehen drei Zugangsmöglichkeiten:
   * Man **meldet** sich im Onlineshop mit seinen Zugangsdaten an (siehe oben).
   * Man **registriert sich** im Shop, sofern man noch kein Kunde ist (siehe oben).
   * Man **wählt Produkte aus** und verschafft sich im **Warenkorb** einen Überblick über die Einkäufe. Bevor es zur Kasse weitergeht, wird der Besucher aufgefordert, sich mit Benutzername und Passwort anzumelden.
2. Im Warenkorb kann die Warenauswahl noch verändert werden (Stückzahl verändern, löschen oder durch weitere Einkäufe ergänzen).
3. Der nächste Schritt ist die **Kasse**. Dort ist zunächst ein Zahlungsverfahren auszuwählen und zu bestätigen, dass man die AGB und die Widerrufsbelehrung gelesen hat. Die Texte können in der Fußzeile des Shop-Seite angeklickt und damit aufgerufen werden. Hier besteht eine weitere Möglichkeit, den Warenkorb noch zu verändern, z. B. die Anzahl eines ausgewählten Produkts erhöhen oder auch weitere Artikel einzukaufen (Button „Warenkorb bearbeiten").

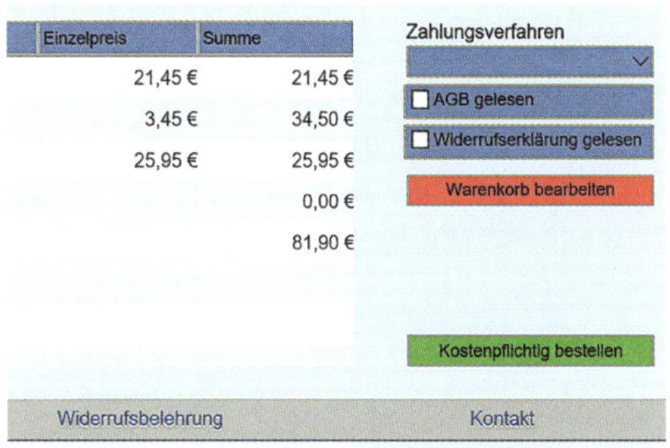

4. Den Abschluss des Bestellvorgangs bildet der Klick auf den Button „**Kostenpflichtig bestellen**". Nach einer zusätzlichen Abfrage („Kostenpflichtig bestellen?") kann der Vorgang endgültig beendet werden.
5. Der Onlineshop schickt dem Kunden als E-Mail eine **Bestätigung** über den Eingang der Bestellung. Dazu wird der Warenkorb des Kunden noch einmal aufgelistet. Gleichzeitig werden ihm die AGB und die Widerrufsbelehrung in Form von PDF-Dateien zur Verfügung gestellt.
6. Anschließend wird der Onlineshop beendet. In der Praxis wäre das der Zeitpunkt, zu dem der Shop-Besucher den Onlineshop verlässt.
7. Aus Sicht des Einzelhändlers kann man an dieser Stelle zum Warenwirtschaftssystem zurückkehren.

4.3 Fortsetzung der Onlinebestellung im WWS

Die Onlinebestellung im Shop wird im eigentlichen Warenwirtschaftssystem erfasst und kann dort weiterverarbeitet werden.

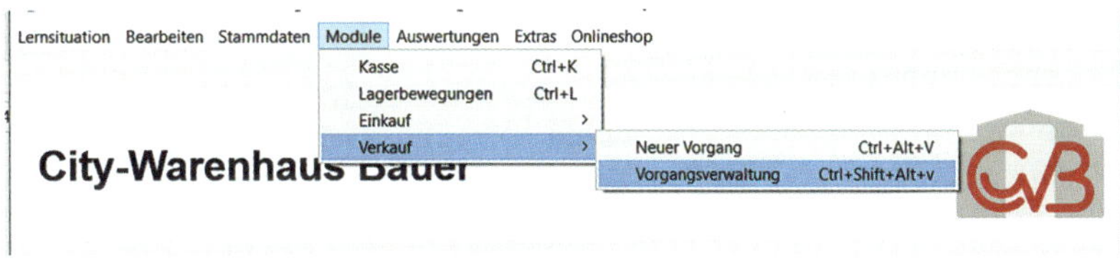

Dafür stehen innerhalb der Vorgangsverwaltung zunächst die Vorgänge
* Onlinebestellung und
* Onlinebestellung – Versandmitteilung

zur Verfügung.

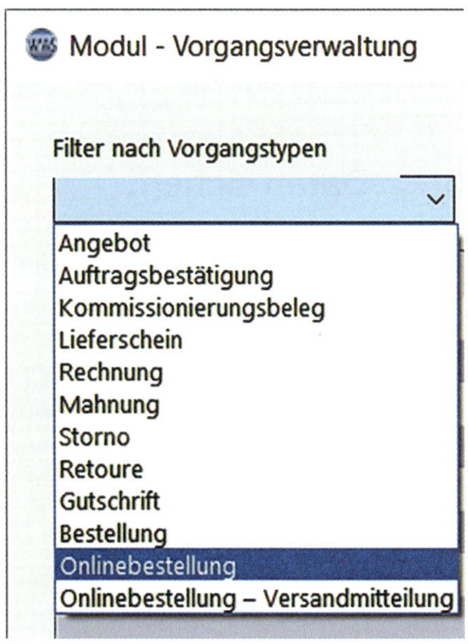

Mit dem Vorgang „Onlinebestellung" kann man sich die Bestellungen von Kunden über den Onlineshop ansehen und in weiteren Schritten bis zur Rechnungserstellung fortsetzen.

1. Schritt: Aufruf der **Onlinebestellungen**
   Im Onlineshop sind die Kunden bis zur Bestelleingangsbestätigung (per E-Mail) über den Bestellprozess informiert worden. Die Daten der Bestellung sind vom Onlineshop in das Warenwirtschaftssystem übertragen worden.
2. Schritt: **Versandmitteilung** an den Kunden verfassen.
   Sobald die bestellten Produkte versandt werden können, erhält der Kunde über das Warenwirtschaftssystem eine Versandmitteilung. Dazu ruft man die Onlinebestellung eines Kunden auf und setzt den Bestellprozess folgendermaßen fort:
   1. Button „Fortfahren" anklicken
   2. Neuen Vorgangstyp auswählen (hier Onlinebestellung - Versandmitteilung)
   3. Button „weiter" betätigen

Die Versandmitteilung bildet die 2. Willenserklärung für den Abschluss des Kaufvertrages (die 1. Willenserklärung war die Bestellung des Kunden, siehe Punkt 4 im Bestellablauf oben). Siehe dazu auch den Text in der Versandmitteilung unten.

Am Ende des Bestellprozesses steht eine Abfrage, ob die Warenmenge vom Lager abgebucht werden soll. Da die Versandmitteilung gewöhnlich gekoppelt ist mit der Übergabe der Ware an einen logistischen Dienstleister, kann die Frage mit „Ja" beantwortet werden.

3. Schritt: **Lieferschein** erstellen

Der Sendung wird als Begleitpapier ein Lieferschein beigefügt. Das Warenwirtschaftssystem erstellt diesen Beleg, indem man den Vorgang „Versandmitteilung" eines Kunden aufruft und mit dem Vorgang „Lieferschein" fortsetzt.

Versandmitteilung (Ausschnitt)

Onlinebestellung

Pos.	Art.-Nr.	Bezeichnung 1 Bezeichnung 2	Menge	Einheit
1	44030102	Füllfederhalter Faktor PJ 44	1	Stück
2	44040102	Kunststoff-Ordner farbig	10	Stück
3	44060202	Tintenpatrone Farb-Set HP 2323	1	Stück

Lieferbedingungen:

Ihre Sendung befindet sich auf dem Versandweg.
Ihre Bestellung ist damit vollständig ausgeführt.
Ihr Kaufvertrag ist mit dieser E-Mail zustande gekommen.

Da diese Funktion auch bei „normalen" Aufträgen verwendet wird, z. B. wenn ein Kunde Waren schriftlich im City-Warenhaus Bauer bestellt, wird zum Schluss auch hier abgefragt, ob die Liefermange vom Warenbestand abgebucht werden soll. Die Ware darf natürlich nicht zweimal abgebucht werden.

4. Schritt: **Rechnung** verfassen

Dieser Schritt verläuft ähnlich wie die vorherigen: Der Vorgang „Lieferschein" eines Kunden wird aufgerufen und in den Vorgang „Rechnung" überführt.

Zusammenfassung Bestellprozess

Im Onlineshop	Im Warenwirtschaftssystem
* Registrierung/Anmeldung * Warenauswahl * Warenkorb aufrufen, evtl. verändern * zur Kasse gehen: – Zahlungsverfahren auswählen – Kenntnisnahme von AGB und Widerrufsbelehrung bestätigen – kostenpflichtig bestellen * Bestelleingangsbestätigung per E-Mail	* Onlinebestellung aufrufen * Versandmitteilung verschicken * Lieferschein erstellen * Rechnung verfassen

5 Daten sichern

Die Arbeitsergebnisse sollten über den Pfad

LERNSITUATION – SPEICHERN ALS...

gesichert werden. Das Programm öffnet automatisch das Verzeichnis „Benutzer". Im Idealfall stehen dort alle veränderten Datensätze für einen Wiederaufruf zur Verfügung. Im Verzeichnis „Daten" bleiben die Ursprungsdatensätze erhalten und können jederzeit ohne die durchgeführten Veränderungen aufgerufen werden. Dies kann z. B. notwendig sein, wenn man fehlerhafte Eingaben gemacht hat und wieder von vorne anfangen möchte.

Zusammenfassung

E-Commerce – Onlineshop		
Basis:	Warenwirtschaftssystem INTWASYS	
Start:	INTWASYS.exe – Lernsituation laden	
Dateneingabe:	Unternehmensstammdaten:	
	* Versandkosten * versandkostenfrei * Mindestbestellwert	* Pflichttexte (Impressum, Kontakt, AGB, Widerrufsrecht, Datenschutz) * Lieferzeit * Zahlungsverfahren
	Artikelstammdaten:	
	* wesentliche Eigenschaften * Beschreibung * Grundpreis	* Produktabbildung * Produkt online stellen
Shop-Aufbau:	* Kopfzeile: Anmeldung, Registrierung, Warenkorb, Kasse, Onlineshop verlassen * Produktübersicht: Sortimentsbaum, Produktbeschreibungen * Fußzeile: Impressum, Datenschutz, AGB, Widerrufsbelehrung, Kontakt	
Bestellablauf:	**im Shop**: anmelden/registrieren → Produktauswahl → Warenkorb → Kasse → Zahlungsverfahren → AGB/Widerrufsbelehrung → kostenpflichtig bestellen → Bestelleingangsbestätigung **im WWS**: Onlinebestellung aufrufen → Versandmitteilung → Lieferschein → Rechnung	
Datensicherung:	mit „speichern als“ im Verzeichnis „Benutzer“	

Bundesverband E-Commerce und Versandhandel Deutschland e. V., Berlin: 51, 112
Foto Stephan – Behrla Nöhrbaß GbR, Köln: 122
fotolia.com, New York: Coprid 31
ibi research an der Universität Regensburg GmbH, Regensburg: 125, 125
iStockphoto.com, Calgary: khvost 130
Jouve Germany GmbH & Co. KG, München: 6
LIVING CONCEPT, Münster: 1, 1, 1, 1
Microsoft Deutschland GmbH, München: 85, 141
Shutterstock.com, New York: art marta 79; Tashal 49, 54
Stadtarchiv Ratingen, Ratingen: 36
stock.adobe.com, Dublin: Alexander 54; djile Titel; grafikplusfoto 117; Javier brosch 117; kebox 126; kkolosov 120; MH 59; Osmy, Martina 117; Raths, Alexander 1; That Stock Company 46; THesIMPLIFY 127; Zahner, Lars 114
Voth, Martin, Heiden / Köln: 7, 7, 7, 9, 9, 10, 10, 12, 12, 12, 12, 12, 13, 14, 14, 15, 15, 19, 20, 20, 20, 21, 21, 21, 21, 22, 24, 25, 25, 26, 30, 31, 31, 32, 36, 36, 37, 40, 43, 43, 43, 44, 44, 44, 45, 54, 55, 55, 60, 64, 65, 65, 66, 66, 68, 72, 73, 73, 74, 75, 75, 77, 80, 83, 84, 84, 85, 86, 86, 86, 87, 87, 87, 88, 88, 88, 89, 90, 90, 90, 90, 90, 91, 91, 91, 91, 92, 92, 92, 92, 93, 93, 94, 94, 94, 94, 95, 95, 95, 95, 97, 97, 98, 98, 99, 99, 100, 100, 100, 101, 101, 101, 102, 102, 103, 103, 103, 104, 104, 104, 104, 105, 105, 105, 106, 106, 107, 107, 108, 117, 118, 119, 127, 133, 133, 133, 133, 133, 141, 141, 141, 142, 142, 143, 143, 144, 145, 145, 145, 146.

Wir arbeiten sehr sorgfältig daran, für alle verwendeten Abbildungen die Rechteinhaberinnen und Rechteinhaber zu ermitteln. Sollte uns dies im Einzelfall nicht vollständig gelungen sein, werden berechtigte Ansprüche selbstverständlich im Rahmen der üblichen Vereinbarungen abgegolten.